O FIM DA EVOLUÇÃO

O FIM DA EVOLUÇÃO

*Reivindicando a Nossa Inteligência
em Todo o Seu Potencial*

Joseph Chilton Pearce

Tradução de Marta Rosas

EDITORA CULTRIX
São Paulo

Título do original: *Evolution's End.*

Copyright © 1992 Joseph Chilton Pearce.

Publicado mediante acordo com a HarperCollins Publishers, Inc.

Todos os direitos reservados. Nenhuma parte deste livro pode ser reproduzida ou usada de qualquer forma ou por qualquer meio, eletrônico ou mecânico, inclusive fotocópias, gravações ou sistema de armazenamento em banco de dados, sem permissão por escrito, exceto nos casos de trechos curtos citados em resenhas críticas ou artigos de revistas.

O primeiro número à esquerda indica a edição, ou reedição, desta obra. A primeira dezena à direita indica o ano em que esta edição, ou reedição, foi publicada.

Edição	Ano
1-2-3-4-5-6-7-8-9-10	02-03-04-05-06-07-08-09

Direitos de tradução para o Brasil
adquiridos com exclusividade pela
EDITORA PENSAMENTO-CULTRIX LTDA.
Rua Dr. Mário Vicente, 368 — 04270-000 — São Paulo, SP
Fone: 272-1399 — Fax: 272-4770
E-mail: pensamento@cultrix.com.br
http://www.pensamento-cultrix.com.br
que se reserva a propriedade literária desta tradução.

Impresso em nossas oficinas gráficas.

Para David Bohm

Sumário

Agradecimentos 9
Introdução 13

PARTE UM: O UNIVERSO CEREBRAL

1. O Enigma do Idiota-Sábio 23
2. Campos de Neurônios 34
3. Mente e Matéria 43
4. Campos de Inteligência 54
5. O Cérebro Tri-uno: As Nossas Três Mentes 57
6. Imagens da Vigília e do Sonho 66
7. Visão 74
8. Som 82
9. Estados Mentais: O Corpo para Combinar 91
10. Quem se Lembra? 99

PARTE DOIS: COMO DESENVOLVER O CONHECIMENTO DO MUNDO

11. O Vínculo Coração-Mente 111
12. O Vínculo Mãe-Filho 117
13. A Ruptura do Vínculo 125
14. Nome e Coisa 135
15. Ciclo de Competência 142
16. A Vontade e os Dois Terrores 147
17. Intuição: Ver Dentro e Ver Além 151
18. O Brincar 157
19. O Fim da Brincadeira 166
20. Operações Concretas 173

21. Operações Formais   181
22. Grandes Expectativas   189
23. Compensação e Morte   194

PARTE TRÊS: ALÉM DO MUNDO QUE CONHECEMOS

24. Pós-Operações   203
25. Acesso ao Campo   212

Notas   223
Bibliografia   238

Agradecimentos

O *Brain/Mind Bulletin* de Marilyn Ferguson foi uma das principais fontes de referência deste livro. Sou-lhe grato. Meu muito obrigado a Michael Toms, da New Dimensions Radio — velho amigo, responsável pelas aquisições da Harper e consultor geral deste livro. Obrigado a Leela Heard, pela ajuda nos principais cortes e na revisão do texto original, e a Janet Reed, pelo maravilhoso copidesque. Obrigado também a Frank Nuessle, da Enhanced Audio Systems, pelo apoio constante ao longo dos anos. Um agradecimento muito especial a Julie Saiber-Heyman, pelos anos de paciente gerenciamento de minhas palestras mundo afora, nas quais pude refletir sobre tantas das questões abordadas aqui e de cujo público recebi tanto material de apoio. Minha gratidão aos meus mestres de meditação é imensa, como também a que tenho a Bernadette Roberts, por permitir que eu me abrisse para toda uma nova dimensão à medida que este livro tomava sua forma final.

Origens

No começo não havia existência nem não-existência:

Nem o mundo nem o céu além [...]
Que se pudesse respirar, sem respirar, por sua própria vontade;
Além disso não havia nada em absoluto [...].

No começo havia o amor,
Que foi o germe primordial da mente.
Os que viam, perscrutando com sabedoria em seus corações,
Descobriram a relação entre a existência e a não-existência.

Elas estavam separadas por uma linha transversal.
O que havia acima e o que havia abaixo?
Havia os que eram dotados de forças iniciais e poderosas,
Impulso de baixo e movimento em frente de cima.

Quem é que sabe? Quem aqui pode afirmar?
Quando nasceu e de onde veio — esta criação?
Os deuses são posteriores a esta criação do mundo —
Assim, quem sabe de onde ela veio?

Daquilo de que veio a criação,
Tenha ela sido fruto de uma união ou não,
Aquele que a observa das alturas do céu,
Só Ele sabe — ou talvez nem mesmo Ele saiba!

RIG VEDA[1]

Introdução

Vários fatos me vêm à mente quando me pedem para resumir as idéias contidas neste livro. Lembro-me, por exemplo, de uma palestra que fiz na University of Adelaide, na Austrália, e de um camarada do governo me falando de uma visita que havia feito pouco tempo antes às escolas norte-americanas: "As escolas lá estão um caos. Todos correm de um lado para o outro tentando vender sua resposta, mas ninguém faz a pergunta certa. Essa sua palestra, além de fazer a pergunta certa, deu também a resposta." Eu achei aquilo engraçado, já que a palestra não era sobre educação. Muita gente descobre um bom número de questões em minhas palestras e *workshops*. Um funcionário do departamento de justiça criminal do Havaí me ouviu falar numa universidade local e pediu-me que fizesse uma palestra para seu departamento. Eles lá estavam espantados com a epidemia de crimes violentos e prisões superlotadas e precisavam, segundo ele, escutar minha "análise da causa e da solução". Só que essa palestra tinha sido sobre o tema deste livro, que não é (pelo que eu saiba) de jeito nenhum sobre crime e violência. Tampouco tem a ver com suicídio infantil — e no entanto, após uma outra palestra, uma grande rede de televisão me convidou para participar como consultor de uma série que estão pensando em fazer sobre esse infeliz tema.

Meu trabalho inspira tamanha variedade de reações porque explora certas questões fundamentais sobre a mente humana e o nosso desenvolvimento como espécie:

- como nossa experiência de mundo e de nós mesmos se forma dentro do "oceano de neurônios" que há no cérebro;
- por que, pela própria natureza da mente/cérebro, somos levados a "dominar" o mundo físico e a ultrapassar seus limites;
- por que não conseguimos nos desenvolver e, por isso, culpamos o mundo, e
- quais os passos que podemos dar, como pessoas, para completar nosso desenvolvimento natural e atingir o potencial que a natureza reservou para nós.

Este livro mostra a relação entre um vago anseio, que começa na metade da adolescência, e nossos crescentes problemas pessoais e sociais. Ambas as coisas decorrem da nossa incapacidade de desenvolver o neocórtex ou "novo cérebro", a última das façanhas da evolução, e assim ele fica quase sempre adormecido em nós.

Cada vez mais cientistas e pesquisadores concordam em que nós usamos muito pouco dessa que é a parte maior e mais recente de nosso sistema nervoso central, embora outros argumentem que nós automaticamente o utilizamos por inteiro, já que o cérebro funciona em bloco. Uma nova perspectiva se abre quando consideramos a diferença entre uso e desenvolvimento. Eu, por exemplo, uso meus músculos automaticamente, ao passo que o fisiculturista desenvolve os dele intencionalmente, e a diferença é espantosa. A questão — e o desafio — é desenvolver o potencial, e não utilizá-lo de forma semiconsciente.

A primeira parte deste livro analisa o modo como nossa experiência individual se forma na mente/cérebro, traduzindo-se a partir de uma reserva comum de potencial, ou "campo universal", que todos nós compartilhamos. Quando se apreende a natureza desse campo unificado e o jogo interior entre a unidade e a diversidade, a perspectiva e a atitude mudam. Para explicar e esclarecer isso, recorri a fontes científicas e exemplos reais que facilitam a leitura. A primeira parte deste livro é mais densa e talvez seja um desafio maior que a segunda, mas para entender esta em toda a sua riqueza de sentidos, é preciso antes passar pela primeira.

Porém, os parâmetros que utilizei para interpretar esse material são bem diferentes dos parâmetros dos pesquisadores. Sem que eu percebesse, meu ponto de vista se foi formando ao longo de décadas de uma intensa busca interior ou de "vida do espírito", como dizia meu primeiro mestre de meditação, George Jaidar. Essa jornada interior levou-me da formação convencional sulista, através dos inebriantes reinos do poeta William Blake e dos contemplativos cristãos, como Meister Eckhart, a anos de meditação oriental, a retiros altamente enriquecedores e até a um *ashram* na Índia. E então me permitiu redescobrir os contemplativos ocidentais que eu tanto amava em meus anos de juventude (numa espiral que me pegou bem de surpresa, como costuma fazer o movimento da jornada interior).

Quando olhamos para dentro, nossa visão de fora se altera. A partir de uma mudança de perspectiva como essa, encontro nos relatórios científicos fatos que, por um lado, são úteis, mesmo que também encontre, por outro, algo que lamento — a visão acerca de quem somos e do que é a vida que, apesar de inteiramente equivocada e destrutiva, é adotada pela maior parte da comunidade científica. Os fatos e a verdade, como o uso e o desenvolvimento, não são necessariamente a mesma coisa. Muitos fenômenos inexplicados que não foram aceitos pelos círculos científicos por não se encaixarem em seus modelos, encontram explicação no modelo da mente que aqui é oferecido. Recentemente, por exemplo, um médico ouviu um paciente aflito chamá-lo repetidas vezes. Mais tarde, no mesmo dia, o médico soube que esse paciente havia morrido, no exato momento em que ele captou telepaticamente seus chamados, num acidente que poderia ter sido evitado. O fato de um apelo de tamanha clareza poder atingi-lo sem a presença de nenhum meio concreto não estava de modo algum em sintonia nem com seu treinamento nem com suas convicções, o que o fez escrever uma carta tocante ao *Brain/Mind Bulletin*, de Marilyn Ferguson, indagando se alguém poderia ajudá-lo a explicar de alguma maneira essa experiência.

Este livro responde a essa pergunta de uma forma periférica, enquanto lança um pouco de luz sobre a presente epidemia de crimes, violência, fracasso no ensino, na família e assim por diante. Entretanto, a verdadeira tese deste livro está na fantástica e ilimitada possibilidade inerente às estruturas superiores de nossa mente/cérebro, na natureza de seu desenvolvimento, na razão pela qual muitas delas não se desenvolvem e em como podemos interferir. O bondoso médico, por exemplo, não vivenciou outra coisa que não um fragmento de uma inteligência extremamente prática, destinada pela natureza a desenvolver-se em nós por volta dos 4 anos de idade, mas impossibilitada de fazê-lo por razões que esclareceremos no decorrer deste trabalho. Embora tenham a mesma sina, os potenciais que abrigamos são muito mais maravilhosos — e é neles que está a próxima empreitada da evolução.

Por muitos anos Karl Pribram, o pai da pesquisa do cérebro, defendeu os "processos paralelos" da mente/cérebro, funções viáveis além e acima das estruturas neurais abordadas nos livros.[1] Além disso, existem processos paralelos além e acima dos próprios centros cerebrais superiores. Embora não disponíveis à pesquisa comum, estes também têm dentro de si tudo aquilo que nos torna humanos e podem, com efeito, transportar-nos do humano ao divino. Todas as nossas filosofias perenes, caminhos espirituais, religiões, sonhos e esperanças brotaram de um conhecimento intuitivo de que essas inteligências superiores existem, de que a vida é mais que apenas um reflexo condicionado, de que nós não somos apenas cães pavlovianos treinados para salivar ao som de uma campainha ou macacos nus. Por um lado divinizamos nosso potencial, projetando aquilo que fomos destinados a ser numa nebulosa, em vez de cumprir nosso potencial evolucionário, e assim nos tornamos vítimas da política dessa projeção. Por outro lado, negamos nossa natureza evolucionária, baseando-nos nos modos de funcionamento mais primitivos e físicos da mente/cérebro, sujeitando-nos aos sacerdotes-mágicos, que conseguem manipular melhor esse domínio físico — o que é bem mais destrutivo.

Como a natureza cria novas estruturas a partir das bases das estruturas estabelecidas, nosso imenso "novo cérebro", o cérebro que relegamos inteiramente ao subdesenvolvimento, é construído no chassi de uma estrutura neural bem antiga, a qual compartilhamos com todos os animais. Esse antigo chassi nos proporciona toda a experiência física do corpo e do meio ambiente, possuindo hábeis condutores particulares, programados em milhões de anos para manter o sistema físico que habitam. Eles são inteligências encerradas nos genes, não podem por si sós abandonar o volante. Se desenvolvermos a estrutura superior de nossa mente/cérebro, ela automaticamente coloca essas estruturas inferiores a seu serviço, empregando os ex-condutores da melhor maneira possível. Isso é, também, o padrão do avanço evolucionário. Alinhando-nos a ele, conseguimos tornar-nos seres humanos esplêndidos, capazes de escalar alturas divinas. Porém se não conseguirmos desenvolver a estrutura superior, dando-lhe apenas o uso padrão, acabaremos invariavelmente empregando sua capacidade intelectual a serviço de nossos mais primitivos sistemas de "defesa". Isso quer dizer que aqueles antigos condutores inflexíveis têm fragmentos do novo poder infundido em seus novos costumes, o que se revela involucionário. O novo potencial se perde e, para compensar, empregamos o antigo sistema de modos nocivos, tornando-nos criaturas que se comportam de uma maneira que deixaria indignados até os mais "inferiores" dentre os animais.

Dividida entre esses sistemas neurais inferiores e superiores, e com a evolução pressionando por um avanço rumo à sua nova modalidade, a nossa situação se torna precária. A consciência pessoal, com seu intelecto egóico, responde por 5% do total de energia inteligente da mente/cérebro. (O resto fornece o meio e mantém a situação desses 5% pessoais.) No entanto, com essa mísera percentagem, tentamos manipular forças universais de magnitude incomensurável e depois ficamos nos perguntando por que dá tudo errado. Volta e meia escutamos alguém dizer que precisamos tomar as rédeas da evolução e fazer aquilo que a incompetente natureza, em seus quinze bilhões de anos de incrível criação, obviamente não teve inteligência para fazer. Apesar de o intelecto egóico adorar essas besteiras arrogantes e primárias, esse tipo de coisa só serve para nos empurrar de uma catástrofe pessoal, social e ecológica a outra. E, pelo visto, ainda não fomos capazes de dar-nos conta de nosso erro. Como disse certa vez o arquiteto Henry Bergman, "todos os problemas que hoje enfrentamos são o resultado direto e inevitável das soluções brilhantes de ontem".

A evolução não está em nossas mãos — não se processa às cegas — nem é uma "dança majestosa que não vai a lugar nenhum", como, não sem uma certa elegância, formulou Stephen Jay Gould esse clichê confortavelmente acadêmico e inteiramente falacioso.[2] Qualquer um que observe a natureza tripartite de nosso cérebro e o paralelo direto que existe entre ele e o desenvolvimento infantil verá um claro sentido de evolução, uma progressão distinta, se bem que estocástica[3], do "concreto ao abstrato", nas palavras de Jean Piaget, ou da matéria ao espírito, nas de Henri Bergson. A evolução finalizou há muito tempo seu esquema biológico para esse grande empreendimento que somos nós — estamos prontos; só precisamos desenvolver aquilo que está adormecido, embora perfeito, dentro de nós.

Não obstante, somos o campo onde se desenrola uma luta evolucionária que, na verdade, é justamente como as lendas e os mitos a representaram: a luta entre "forças superiores e forças inferiores". Não se trata da luta entre um submundo demoníaco e um reino celestial, mas sim da luta entre aquelas antigas, vitais e bem estabelecidas estruturas neurais que funcionam como planejado e estruturas neurais relativamente recentes, em grande parte desconhecidas e subdesenvolvidas, que são difíceis de explorar. Não temos outra escolha ao nascer a não ser identificar-nos com essas funções ancestrais, já que elas constituem nossa experiência primária do corpo e do mundo. O desconhecido estado superior, que diz respeito ao nosso sistema neural mais recente, só se forma quando participamos ativamente de sua formação. Ele funciona numa freqüência diferente da nossa base física e não pode ser abordado como objeto. E a única coisa que lhe resta é fluir para os sistemas neurais inferiores, transformando-os e usando-os. Uma força com essas características não-físicas é interpretada pelos instintos de sobrevivência de nosso sistema de manutenção como equivalente à morte. Já que esse antigo sistema controla o nosso universo sensorial, empenhando-se em manter um *status quo* seguro, o impulso evolucionário é interceptado num nível que nos escapa à consciência. Assim, a possibilidade de nos tornarmos seres humanos mais plenos se frustra antes mesmo que cheguemos a descobrir que ela de fato existe, deixando-nos com um desejo insatisfeito que projetamos nos mitos e nos sonhos. No entanto, como você vai ver, com um pouco de esforço podemos driblar esse impasse neural e nos abrir para um desenvolvimento maior. E, embora seu início seja previsto pela natureza para meados da adolescência, podemos dar essa virada em qualquer idade. "O trabalhador que chega a esta vinha à décima primeira hora recebe o mesmo salário que o que chega à primeira." Quando agimos de acordo com o propósito da evolução, contamos com a força desse propósito, ganhamos acesso interior a outras modalidades, o medo e a raiva desaparecem de nossa vida e nada mais é o mesmo. O médico Larry Dossey escreve com grande eloqüência a esse respeito.[4]

A Parte Dois descreve como esse processo evolucionário se desenvolve em nós desde a tenra infância, os incríveis potenciais que nos reserva e quando deve ter início em nós, onde começa a dar errado e por que se interrompe prematuramente. O papel crítico desempenhado por uma conexão biológica entre o coração e o cérebro é aqui analisado. Um estágio inicial, hormonal, desse diálogo entre coração e mente é a chave para o crescimento do intelecto e da capacidade de adaptação. As inúmeras provas apresentadas nessa parte demonstram que nossas escolas faliram não por causa de sistemas educacionais "deficientes" (mal que sempre nos atacou), mas sim porque a maioria das crianças sofreu danos neurológicos que colocam a educação acima de suas possibilidades. Afirmar isso não é nada agradável nem fácil, como eu — pai de cinco filhos e avô de doze netos — bem posso atestar. As causas específicas dessa crise da infância são detalhadas, por meio inclusive da discussão de cinco recentes inovações sociotecnológicas que são os fatores que mais contribuem para sua existência.

Em momento posterior da adolescência, quando fisicamente a formação do organismo está perto do fim, a natureza prevê o desenvolvimento de uma "inteligência do coração". Esse estágio deveria colocar nosso intelecto a seu serviço, fornecendo uma base que possibilitasse o desenvolvimento superior mediante as estruturas neurais mais novas. Os dois capítulos finais são dedicados a essa suprema jornada que deveria ter início na adolescência e continuar vida afora, se encontrasse um ambiente propício. Ela pode não acontecer devido mais à natureza relativamente nova e desconhecida dessa capacidade que às deficiências morais da sociedade, como acreditei por muito tempo. Nenhum pai, nenhuma mãe, nenhuma sociedade poderá dar aquilo que não tem ou alimentar aquilo que desconhece. Os capítulos finais discutem o que se sabe a respeito desse desenvolvimento maduro, algumas das formas de iniciá-lo e por que só essa inteligência superior que há dentro de nós pode alterar nosso caminho rumo à destruição global e pessoal.

Neste livro se faz uma distinção entre intelecto e inteligência. A inteligência, presente em todas as formas de vida, luta pelo bem-estar e pela continuidade; o intelecto, uma característica humana, luta pelo novo e pela possibilidade. O prólogo do *Rig Veda* fala de um "impulso partindo de baixo e um movimento para a frente, partindo de cima". O intelecto é esse impulso que temos para a resolução de problemas, em geral criados por ele mesmo, e a análise de possibilidades. O intelecto, essa aposta da evolução, tenta não só nos aliciar como também nos preparar para um novo patamar da existência. Ele diz respeito ao cérebro, ao passo que a inteligência, ao coração. O intelecto pode ser comparado a um lado "masculino" da mente, talvez — analítico, lógico, linear, tendente à ciência, à tecnologia, à busca exterior da novidade e da invenção; enquanto a inteligência é mais um lado "feminino", aberto para a intuição e o mistério da vida, voltado para a busca de equilíbrio, comedimento, sabedoria, plenitude e para a continuidade e o bem-estar de nossa espécie e da Terra.

A descoberta criativa, como a vida criativa, surge da união entre a paixão intelectual e a insondável matriz da inteligência. Sem o intelecto, nós ficaríamos estagnados e jamais evoluiríamos; sem a inteligência, nós nos perderíamos no caos e nos destruiríamos, fazendo a evolução perder sua aposta. Porém, quando se desenvolve sem uma inteligência que lhe corresponda, o intelecto não vai em busca do desconhecido nem se prepara para uma nova dimensão. Ele se firma cada vez mais no que já é conhecido, usando a imaginação criadora de nossa mente/cérebro superior para manipular e mudar o seu meio, em vez de nos preparar para ir além do meio, como nos cabe. Ele manipula o meio, sem considerar nem prever as conseqüências de sua impulsiva invenção. O intelecto, por um lado, com sua visão afunilada, só pergunta: *"Isso é possível?"* e provoca desastres. A inteligência, por outro, aquele misterioso "movimento para a frente, partindo de cima" pergunta: *"Isso é adequado?"* e irá, se desenvolvida, usar o intelecto para finalizar o movimento "do concreto ao abstrato", como quer a evolução.

Cada um de nós, homem ou mulher, naturalmente personifica tanto o intelecto quanto a inteligência, sendo que a natureza complementar dessas duas polaridades é a tensão criativa entre a mente e o coração, a própria centelha da vida. Contudo, o fracasso ronda quando desenvolvemos o intelecto em detrimento da inteligência, como vimos fazendo já há várias gerações. Assim, a complementaridade fundamental existente entre eles cai por terra, transformando na principal polaridade da vida as lutas mesquinhas, mas letais, das posições do ego — pessoais, sociais e por fim globais. O agonizante corpo social que hoje vemos é o exterior visível de uma guerra civil interior comparável.

O colapso das relações entre homens e mulheres, hoje comum entre nós, é uma anomalia biológica que simboliza a divisão entre mente e coração surgida em cada um de nós. O intelecto, na tentativa de usurpar a natureza e a sabedoria do coração para aplicá-los em seu próprio interesse, separou-se do coração. E, como uma criança afastada da mãe, todo o seu desenvolvimento está em perigo. Na verdade, a figura materna hoje em dia está desaparecendo, dando lugar a uma geração órfã. Mas sem ela os seres humanos não se saem muito bem. Matriz e guardiã da nossa espécie, nutriz, fonte de força e orientação por milênios sem conta, a mãe se tornou o alvo do intelecto masculino, engolida como mercadoria fácil e barata, deixando-nos, homens e mulheres, órfãos, destituídos e perdidos. Em todos os lugares, vemos o rompimento do laço entre o coração e a mente. Destruímos todos os vínculos — desde o que há entre mãe e bebê, criança e família, criança e terra, jovem e sociedade até o vínculo entre homem e mulher, sobre o qual descansa a própria vida, agredindo a terra em que vivemos, a terra viva, nossa maior mãe e fonte de vida — numa projeção exterior da ansiedade e da raiva que sentimos por dentro. Se o intelecto vencer a batalha contra a inteligência do coração, a guerra estará perdida para todos nós. Seremos apenas uma experiência que não deu certo, o fim da evolução em seu sentido negativo. Este livro explica *como* as coisas ficaram assim, por que *não precisam* ser assim e como poderíamos abrir-nos para essas dimensões interiores, como está previsto desde sempre.

PARTE *um*

O UNIVERSO CEREBRAL

CAPÍTULO 1

O Enigma do Idiota-Sábio

O paradoxo pode ser um umbral para a verdade.

GEORGE JAIDAR

Dentro da classe de pessoas que se classificam como idiotas há um subgrupo cujos integrantes eram chamados de idiotas-gênios.[1] Agora eles são conhecidos por idiotas-sábios, mas os termos de ambas as expressões são paradoxais, pois essas pessoas têm um QI de 25 em média. Elas são em geral incapazes de aprender o que quer que seja; poucas inclusive conseguem ler e escrever. No entanto, elas aparentemente têm acesso ilimitado a um determinado campo de conhecimento que nós sabemos que elas não podem ter adquirido. Os gêmeos idênticos, George e Charles, por exemplo, são "sábios calendáricos".[2] Pergunte-lhes quando será a Páscoa daqui a dez mil anos e a resposta será dada imediatamente, junto com todas as informações calendáricas pertinentes, como horário das marés etc. A Páscoa depende tanto dos ciclos lunares quanto solares e é um dos cálculos mais difíceis, mas George e Charles não calculam; eles simplesmente reagem a estímulos recebidos, se tais estímulos tiverem relação com seu estreito espectro de capacidade. Pergunte-lhes em que dia ocorreu algum fato histórico antes de 1752, o ano em que a Europa deixou de usar o calendário gregoriano para usar o juliano, e verá que suas respostas consideram automaticamente o sistema certo. Eles conseguem vasculhar até quarenta mil anos, no passado ou no futuro, e dizer o dia da semana em que caiu ou cairá qualquer data que se escolha. Se você lhes der a data de seu aniversário, eles podem dizer quais os anos em que ele cairá numa quinta-feira. Em suas horas vagas, esses gêmeos conseguem permutar números primos de vinte dígitos, demonstrando uma capacidade paralela nem sempre vista nessas pessoas. No entanto, eles não conseguem nem fazer somas, por mais simples que sejam, nem compreender o que significa a palavra *fórmula*. Se lhes perguntarem como aprenderam a considerar a mudança de sistemas calendáricos de 1752 eles ficarão confusos, já que uma pergunta tão abstrata está além de sua compreensão. O mesmo ocorrerá com um termo como *sistema calendárico*.

Os gêmeos, que são incapazes de cuidar de si mesmos, estão internados desde os 7 anos de idade. A maioria dos idiotas-sábios — composta por indivíduos ineducáveis, analfabetos e do sexo masculino — vive dessa forma. (Oitenta por cento de todos os idiotas, sábios ou não, são homens — o que, embora não tenha muito a ver, não deixa de ser uma questão à parte.) Durante a II Guerra Mundial, os britânicos utilizaram dois idiotas-sábios matemáticos que funcionaram basicamente como computadores. Ao que se sabe, eles eram infalíveis. Um deles foi posto diante de um tabuleiro de xadrez que tinha um grão de arroz no primeiro dos 64 quadrados. Perguntou-se então quantos grãos haveria no último se em cada quadrado o número de grãos de arroz fosse sendo dobrado. Ele levou 45 segundos para dar a resposta, pois o total é maior que o número estimado de átomos existentes no Sol. Segundo meus amigos matemáticos, a resposta é $1{,}8447 \times 10^{19}$ ou 18.447.000.000.000.000.000. (Os zeros aqui representam apenas o total de casas desse quintilhão, já que meus amigos não possuíam computadores potentes o bastante para rodar a seqüência inteira.) Quando se pergunta a esses idiotas-sábios como eles conseguem chegar a essas respostas, eles sorriem, felizes por estarmos impressionados, mas não têm a menor idéia do que significa uma pergunta como essa.

Um idiota-sábio musical, quando se vê diante de um instrumento e de uma partitura, vai tocá-la a toda velocidade. Só que, se ninguém virar a página, ele vai repeti-la sem cessar, sem perceber o que está fazendo. Uma execução assim rápida se torna mecânica e sem emoção. Por outro lado, existe um desses idiotas-sábios que, apesar de cego, consegue repetir ao piano com toda a perfeição, inclusive com todas as nuanças de expressão e emoção, qualquer peça, por mais complexa que seja, bastando-lhe escutá-la apenas uma vez.

Os idiotas-sábios não são nem treinados nem treináveis. Os que conseguem ler música num relance não conseguem ler mais nada. No entanto, eles demonstram uma reação sensório-motora impecável aos símbolos musicais, apesar de faltarem os aportes essenciais da emoção e de todas as inteligências superiores.

Essas pessoas são capazes de muitas coisas se consideradas como um grupo, embora raramente tenham, isoladamente, mais de uma dessas incríveis capacidades. Houve um, levado para observação no Columbia University Medical Center, de Nova York, cuja especialidade eram carros. Ele olhava para a movimentada rua lá embaixo e depois conseguia descrever de memória todos os automóveis que vira, por ordem, classificando-os por marca, modelo e ano, inclusive os que haviam acabado de ser lançados em Detroit ou Tóquio. Esse rapaz não sabia ler e assim continuará até o fim de seus dias.

Recentemente foi publicado um excelente estudo sobre essas pessoas: trata-se do livro *Extraordinary People*, do médico Darold Treffert.[3] Suas observações, feitas ao longo de vários anos, proporcionam uma ampla amostragem cruzada desse grupo. No final das contas, porém, os idiotas-sábios continuam sendo um enigma. Embora consigam dar as respostas pedidas, não sabem como fazem isso — eles não sabem como sabem.

Certa vez conheci um jovem diagnosticado como autista que era fascinado por aquecedores de água. Ele sabia muita coisa a respeito do tema, conhecia várias marcas, modelos, tipos e sempre perguntava a quem encontrava pela frente que aquecedor essa pessoa tinha. Embora analfabeto e ineducável, dificilmente seria um idiota. Suas perguntas eram inteligentes e pertinentes, e ele seria capaz de discorrer horas e horas sobre o seu aquecedor, se você lhe informasse a marca ou o tipo.

Darold Treffert menciona um idiota-sábio cujo vocabulário cotidiano não passava de 58 palavras. Apesar disso, quando lhe pediam, ele era capaz de dizer qual a população de qualquer cidade dos Estados Unidos acima de cinco mil habitantes; o nome, o número de apartamentos e o endereço de dois mil dos principais hotéis norte-americanos; a distância de qualquer cidade até a maior cidade daquele estado; os dados estatísticos referentes a três mil rios e montanhas; as datas e os fatos mais relevantes acerca de mais de duas mil invenções e descobertas. Esse é o que poderíamos chamar de idiota-sábio geográfico.

O problema é que, na maioria dos casos, pelo que se pode observar, o idiota-sábio não adquiriu, não poderia ter adquirido e é basicamente incapaz de adquirir a informação que dá. Se lhe dermos o estímulo adequado, uma pergunta sobre sua especialidade, ele dá a resposta certa, mas não consegue dar a si mesmo esse estímulo; ele não pode desenvolver a capacidade como se fosse uma inteligência, não podendo ir além de seus estreitos limites.

———

O poeta William Blake compreendeu o que está em jogo aqui quando disse que "o homem nasce como um jardim já plantado e semeado. O mundo é pobre demais para produzir uma semente que seja".[4] O que ele quer dizer é que, quando viemos ao mundo, já trazemos tudo conosco. Howard Gardner sugere que possuímos uma multiplicidade de inteligências independentes, campos de capacidades distintos, como o lingüístico, o musical, o matemático, o espacial, o das inteligências inter- e intrapessoal e assim por diante.[5] Cada um deles representa seu próprio agrupamento de potencial independente, e o cérebro os utiliza em qualquer tipo de aprendizagem. Nossos "picos de atividade numa população de neurônios" ressoam com e a partir de "campos" de inteligência correspondentes. (Onde esses campos se encontram é o que consideraremos posteriormente.)

Um idiota-sábio tem predisposição à inteligência de sua especialidade graças a uma experiência da tenra infância, a qual ativa um "campo de neurônios" capaz de traduzir a partir de um "campo de inteligência", dentro de limites estreitos. Como isso acontece é o principal tema da segunda parte deste livro. Walt Whitman nos dá uma pista a respeito dessas predisposições:

> Havia uma criança que ali passava todos os dias,
> E a primeira coisa que via, naquilo se transformava
> E aquela coisa se tornava uma parte dela naquele dia
>   ou numa certa parte do dia
> Ou em muitos anos ou ciclos cada vez maiores de anos.[6]

A mãe de George e Charles, os idiotas-sábios calendáricos, tinha um calendário perpétuo, um treco metálico muito bem bolado, com vários cilindros denteados. Girando-se um deles, todos giravam até atingir o alinhamento adequado e indicar uma data futura ou passada num período relativamente amplo. Os garotos eram fascinados por esse calendário e brincavam constantemente com ele. Não importa que não conseguissem decifrar seu código. O objeto funcionou como um estímulo que ativou o "campo calendárico" correspondente, da mesma forma que a fala da mãe ativa a reação ao fonema no bebê.

Um desses idiotas-sábios sabe fazer reproduções perfeitas em miniatura de qualquer máquina ou aparelho que veja, usando apenas papel de embrulho e cola. Seus pais não eram casados. A mãe o adorava, mas o pai, que morava com eles, insistia para que a mulher entregasse o filho para adoção. Ela resistiu por um ano, durante o qual passava a maior parte do tempo com o filho no colo, enquanto fazia modelos de automóveis — algo que não é um *hobby* muito comum entre as mulheres, principalmente as que acabam de ter um bebê. Finalmente ela cedeu, o bebê foi mandado para uma agência e teve uma infância terrível, peregrinando por diversos lares adotivos e acabando, como seria de esperar, com um desenvolvimento muito abaixo do normal. Só que ele tinha esse pendor para fazer boas réplicas de tudo que via, usando inclusive os materiais mais inusitados. Isso ratifica os estudos dos médicos Thomas Verny, David Cheek, David Chamberlain e outros, que demonstram como as experiências iniciais da infância deixam sua marca num nível essencial, influenciando nosso futuro.[7]

O fato de a inteligência agrupar-se em campos universais ou compartilhados explica muitos fenômenos descartados pela opinião acadêmica clássica e lança luz sobre os parâmetros do raciocínio humano. Quando trabalhavam no Stanford Research Center, em Palo Alto, Califórnia, os médicos Russel Targ e Harold Puthoff investigaram por vários anos a "visão a distância"[8], na maioria das vezes com auxílio de bolsas federais de pesquisa. Robert Jahn, ex-reitor da

Escola de Engenharia da Princeton University, também incluiu a visão a distância em sua pesquisa de dez anos sobre "anomalias", fenômenos que ficam fora das "margens da realidade"[9] aceitas pela ciência. Na visão a distância, um "receptor" fica no laboratório, monitorado por equipamentos que registram freqüências cerebrais e reações corporais, enquanto outra pessoa, o "emissor", distante dali, observa algo escolhido aleatoriamente como "alvo", dentre diversas possibilidades (objetos ou pontos de referência famosos da área). O receptor descreve ou desenha, no laboratório, um esboço daquilo que acha que é o alvo. Em geral ele o identifica corretamente.

Robert Jahn descobriu que muitas vezes o que parece erro do receptor é simplesmente um relato correto mal-interpretado pelos pesquisadores — esses "erros" se revelam mais importantes que os acertos. Por exemplo, se o alvo fosse a fachada de um determinado prédio, o sujeito poderia ver o prédio de qualquer ângulo, de dentro de um de seus cômodos ou mesmo por trás — e esse fator que envolve o acaso torna a validação muito mais complicada e a visão a distância muito mais reveladora. Se o alvo fosse uma fonte numa praça pública, o sujeito poderia captar uma pessoa sentada num banco adjacente lendo um livro. Essas discrepâncias dão autenticidade aos experimentos e revelam muito sobre o funcionamento da mente-cérebro. Em 1984, num experimento de Targ, um russo descreveu detalhadamente um carrossel, alvo escolhido ao acaso quatro horas depois em San Francisco. Segundo Targ, a visão a distância de um evento futuro pode ocorrer mais facilmente porque "a razão entre sinal e ruído é melhor". Ou seja, nossos sistemas normalmente não são induzidos ou predispostos a captar sinais futuros, portanto essa área de potencial está aberta, enquanto o presente está lotado de ação e exigências. A questão é que o receptor capta aquilo que deve ser visto no experimento, seja presente ou futuro. O idiota-sábio que conseguia dizer marca, modelo e ano dos automóveis, inclusive os mais modernos, estava basicamente captando informações dessa mesma maneira.

Já que a parte dos fundos de um prédio pode ser "recebida" enquanto a da frente está sendo vista e supostamente "transmitida" e já que o evento pode ser pressentido várias horas antes de qualquer "transmissão", podemos nos perguntar — e com toda razão — se "alguma mensagem está sendo transmitida". É quase certo que a pessoa que de fato está vendo e supostamente "transmitindo" não é essencial; o experimento de modo geral provavelmente determina o resultado tanto quanto qualquer outra coisa. A telepatia, que era o que no início se testava, tem tanto que ver com isso quanto com o "discurso teológico" proferido pelo meu filho quando tinha 5 anos, de que falarei a seguir. Não há transmissão de "mensagens", como afirma Abner Shimony com relação à ação de partículas a distância em termos de mecânica quântica; uma função muito mais reveladora da mente-cérebro está sendo demonstrada. Enquanto termos como *parapsicologia* turvam o entendimento e deixam de ter importância, termos como *não-localidade* e *campos de variáveis compatíveis* são altamente relevantes, como veremos aqui.

Quando eu tinha meus trinta e poucos anos, ensinava letras clássicas e estava interessadíssimo em teologia e na psicologia de Jung. A questão da relação entre Deus e o homem chegava a ser quase uma obsessão; eu lia muito sobre o assunto. Um dia, quando me preparava para a primeira aula da manhã, meu filho de 5 anos entrou no quarto, sentou-se na beira da cama e proferiu um discurso de vinte minutos sobre a natureza de Deus e do homem. As palavras que usava eram perfeitas, poderiam ter sido publicadas, e ele falou com toda clareza, sem pausas nem pressa. Usou uma terminologia teológica bastante complexa e me disse, ao que parecia, tudo que havia a ser dito. Enquanto eu o ouvia, pasmo, fiquei todo arrepiado e acabei caindo no choro. Eu estava em meio ao estranho, ao assombroso, ao inexplicável. O transporte que o levava ao jardim-de-infância chegou, buzinando, ele se levantou e foi embora. Eu fiquei perturbado e cheguei atrasado à aula. O que escutara fora impressionante, mas grandioso demais e demasiado além de qualquer conceito que eu pudera formar até então. O abismo era tão grande que eu mal pude me lembrar dos detalhes e muito pouco do amplo panorama que ele me apresentou ali. Meu filho depois não teve mais nenhuma lembrança desse fato.

Nesse caso uma criança inteligente, normal, viveu uma espécie de "surto sábio", pois reagiu a um campo de informação que não poderia ter adquirido. Usar um termo como *telepatia* é errado; ele não estava captando nada daquilo de mim. Eu não havia adquirido nada parecido com o que ele descrevia e, na verdade, só conseguiria fazê-lo dali a mais de vinte anos, depois de muito praticar a meditação. Da mesma forma que as inteligências padrão que Howard Gardner estuda (matemática, musical etc.) se transmitem como "campos de potencial" disponíveis para todas as mentes-cérebros, a experiência em geral também se agrega sob a forma de "campos". Quanto mais um fenômeno ou experiência se repete, individual ou socialmente, mais forte o seu efeito de campo.

Anos atrás, Karl Pribram propôs um "domínio de freqüência a partir do qual o cérebro construiria matematicamente a sua realidade", vendo o cérebro como um micro-holograma do macro-holograma que é o universo.[10] Para Russel Targ, nós "vivemos numa espécie de sopa holográfica, mais perto em espaço-tempo do que permite um realismo ingênuo". (Com "realismo ingênuo", ele se refere ao conceito de dualismo que separa a mente da realidade, o qual provém da época de Descartes e domina a maior parte do pensamento contemporâneo.) Essa sopa cósmica, porém, é altamente organizada e qualquer ação decorrente do cérebro faz uma seleção lógica a partir dela. As informações divulgadas por Targ e Jahn não são aleatórias; elas decorrem de experimentos muito bem planejados e cheios de sentido. Até mesmo as discrepâncias de tempo, misturando presente e futuro, são inerentes à natureza do experimento. Eles queriam testar justamente essas possibilidades, e seus "experimentos" eram sempre arranjos cuidadosos que promoviam estímulos altamente seletivos, os quais induziam reações seletivas específicas, precisamente como a mente-cérebro faz de qualquer modo, a cada instante, enquanto vai construindo nossa experiência normal.

O discurso teológico de meu filho não foi por acaso — ele estava intimamente ligado às minhas mais caras buscas e interesses. As crianças, como observou Carl Jung, vivem na sombra dos pais, e meu filho tinha comigo uma relação muito estreita, antes de mais nada. Observe que o relato dele foi direto e claro, como o de um idiota-sábio, enquanto a pessoa que vê a distância geralmente descreve o alvo com muitos rodeios, o que indica que elas têm de interpretar, decodificando a partir de uma mescla de impressões. A correspondência entre o sujeito e o alvo em geral é bem clara, não há questionamento quanto à validade da recepção, mas o que é descrito é muitas vezes representativo, análogo ou paralelo, como no caso de ver o alvo por trás, ao invés de pela frente. No caso do idiota-sábio, a informação fornecida é bem definida.

Entre os ingredientes da sopa cósmica à qual o nosso cérebro recorre estão os que vivenciamos como matéria, emoção e conhecimento. Independentemente de essa fonte ser usada para criar informação, comportamento, capacidade ou os fenômenos do mundo físico, ela é a mesma para todos os cérebros. O método de acesso aos campos determina a natureza daquilo que é então vivenciado desses campos. Não importa qual o nome que damos a essa fonte — campo de consciência, categorias de experiência, sopa holográfica, domínio de freqüência ou inconsciente coletivo; várias generalizações podem ser feitas, revelando o funcionamento da nossa própria experiência, de tudo aquilo que vivemos.

Essa fonte não é "inconsciente" (coletivo ou individual): ela é o próprio manancial da consciência, embora em geral estejamos inconscientes dela. Essa fonte é a própria inteligência; ela dá ensejo e propulsão à mente-cérebro, fornecendo todos os potenciais que traduzimos e vivemos. Ela surge como uma freqüência primária única que guarda dentro de si todas as freqüências variáveis — uma possibilidade infinita para a experiência da conscientização, uma unidade que propicia uma infindável diversidade, uma totalidade da qual se valem todas as ações executadas no âmbito de nossos campos neurais. A fonte é universal; nossa reação fornece a individualidade necessária. No entanto, cada uma dessas coisas — o individual e o universal, a diversidade e a unidade — está na outra, como no caso dos complementos. A sopa cósmica é a mesma, não importa se o idiota-sábio a usa para ter acesso a um fato limitado ou o gênio, para a grande revelação: a diferença está no meio que usa essa sopa.

Não podemos de modo algum separar o cérebro da fonte, já que só por intermédio dele essa fonte é acessível; tudo que podemos saber sobre ela é o que nosso cérebro faz. Eles são complementares, aspectos polares do mesmo fenômeno ou função; não podemos ter um sem o outro.

Na natureza, todas as funções são dinâmicas: cada uma de nossas reações a esse processo retroalimenta dinamicamente a fonte da qual provém o nosso potencial. Essa retroalimentação altera o conteúdo, embora não a natureza geral da fonte. A fonte da sopa é a mesma para todos, mas o nosso desenvolvimento pessoal e a forma específica com que cada um de nós traduz a partir dela determina a nossa própria vivência dessa fonte.

Já que, como demonstra o trabalho de Targ e Jahn, os eventos futuros podem ser seletivamente percebidos e a distância não tem nada a ver com o fenômeno, o domínio de freqüência da fonte da sopa obviamente está fora do espaço-tempo; atravessa e/ou não se limita ao espaço-tempo. Os físicos quânticos usam o termo *não-localidade* para se referir a essas forças organizadoras que não são "espaço-temporais", não estão no espaço-tempo, e esse termo permite uma explicação para esse aspecto do domínio de freqüência.[11] Não podemos situar o potencial, apenas a tradução que dele vivemos. Como os campos neurais do cérebro e o potencial não-localizado funcionam como uma dinâmica de freqüências ressonantes, os campos neurais do cérebro obviamente são "quase espaço-temporais", situando-se ao mesmo tempo dentro e fora do espaço-tempo a que dão origem. Nenhuma pesquisa foi capaz de determinar em que ponto do cérebro a percepção de fato se processa, pois esta não é situável. No entanto, cada uma de nossas reações ao estímulo da percepção altera o campo de onde ela provém. A nossa experiência é uma dinâmica entre um potencial não-localizado e o nosso ato individual de localização desse potencial como o mundo do espaço-tempo que percebemos.

A metáfora usada por Targ — a da "sopa" — implica uma mistura aleatória de ingredientes homogeneizados, mas ela é categorizada discretamente em claros agrupamentos que dão origem à mesma espécie de reação. Um estudo da descoberta criativa nas ciências, nas artes ou na busca espiritual ilustraria isso. Façamos uma revisão das etapas clássicas da busca criativa, conforme descrita por Marghanita Laski, Jerome Bruner, Peter McKellar e vários outros:[12] primeiro somos tomados por uma apaixonada devoção em relação a um determinado projeto, problema ou possibilidade de criação; isso nos induz à busca da solução e dos meios para encontrá-la. Por fim esgotamos todos os materiais disponíveis, atingindo assim um platô e uma estagnação — um momento de gestação. O objetivo parece escapar-nos e então, frustrados, desistimos ou talvez coloquemos o problema de lado. Isso abre caminho para o surgimento da resposta, da Heureca!, que parece vir "do nada", inteira, além do pensamento, uma revelação.

A maioria das pessoas criativas, cientistas, artistas e gênios espirituais, concorda que a Heureca! parece um presente, uma graça recebida, e não algo elaborado por elas mesmas. Gordon Gould, que inventou o *laser* em 1957, deu este depoimento: "A coisa toda me veio de repente à cabeça [...]. Entrei em choque. Passei o resto do fim de semana escrevendo o máximo que podia para depois registrar os direitos de tudo. Mas o lampejo intuitivo exigiu-me os vinte anos anteriores de trabalho em física e ótica para poder construir, pedra por pedra, aquele invento. [...] Acho que a mente está sempre revolvendo inconscientemente todas essas coisas, juntando-as como se fossem as peças de um quebra-cabeça."[13]

Dezenas de depoimentos foram registrados[14], mas a questão continua: nesta situação, quem não tem consciência do quê? Quem ou o que continua a calcular os infinitos detalhes e relações, a mudar, transformar e reagrupar as categorias de possibilidades naquela sopa de categorias até formar a combinação certa? Existem casos espantosos em que pessoas que não têm a menor relação e estão em pontos opostos do globo descobrem simultaneamente um novo processo matemático ou científico. A Heureca! parece provir de um caldeirão de fermento interior, um transbordamento que é mais ou menos o mesmo em Einstein ou no idiota-sábio. Este, porém, só consegue dar informações; o gênio pode criar algo novo. A diferença não está na fonte, mas sim no método de acesso e no estímulo que promove esse transbordamento. A resposta do idiota-sábio é quase instantânea; a resposta à busca apaixonada de um artista, um cientista ou um santo, embora possa brotar em apenas um instante, pode demorar a vida inteira para surgir. As respostas criativas tendem a adquirir forma simbólica e geralmente devem ser traduzidas para o domínio comum. A capacidade que o indivíduo tem de traduzir o símbolo para a linguagem comum ou a linguagem da disciplina relacionada é tão crucial quanto o valor ou sentido real inerente ao símbolo e muitas vezes determina a aceitação ou rejeição do próprio *insight*. Gordon Gould passou o fim de semana escrevendo (traduzindo) o máximo algo que ocorreu num único instante, assim como o matemático William Hamilton passou quinze anos traduzindo os quatérnions que lhe vieram à mente num átimo.

Geralmente, a resposta que vem do nada mal se parece com o material arduamente coletado ao longo da busca, embora raramente essa resposta venha sem uma cuidadosa preparação. A verdadeira criação não requanta os mesmos velhos ingredientes, como a invenção tantas vezes faz; ela usa novos. O idiota-sábio jamais poderia "traduzir" uma resposta simbólica, pois não tem as estruturas simbólicas mentais que são a marca da alta inteligência. Ele jamais "resolve problemas" ou dá uma resposta criativa, apenas informação pura e simples. Calcular 2^{64} é coisa de computador, e não capacidade de resolver problemas — não chega nem de longe aos pés da criatividade presente em $E=MC^2$, no Anel Benzeno ou na Massa B Menor.

O idiota-sábio tem uma linha direta de comunicação com uma categoria de sopa, mas em geral só com ela, enquanto nós podemos acessar um número quase infinito de categorias, tantas quantas possamos sintonizar, tendo a orientação e o ambiente adequados. Entretanto, essa generalidade é paga com a precisão, pois normalmente, ao contrário do idiota-sábio, não temos acesso direto à nossa fonte de sopa. Nossa inteligência é submetida a um longo e absorvente processo de desenvolvimento, ao longo do qual vamos construindo a capacidade de lidar com um sem-número de ingredientes da sopa, escolher e selecionar e até mesmo criar novos ingredientes a partir dos antigos. Além disso, à medida que vamos progredindo em alguma matéria, nossas habilidades, a princípio difíceis e pouco fluidas, vão-se tornando mais espontâneas. Criamos uma espécie de "sexto" sentido intuitivo que vai além da informação em si. Passamos ao processo e deixamos de limitar-nos a produtos.

Só podemos ter acesso a inteligências superiores como as matemáticas na medida em que podemos "correlacionar", transportar uma habilidade a outra, como a leitura, inteligência espacial, uma sofisticada apreensão de símbolos abstratos e assim por diante. Podemos inclusive, até certo ponto, colocar nossas criações matemáticas, assim como as mais restritas linguagens abstratas simbólicas, em termos verbais. As áreas de compatibilidade entre processos aparentemente não-relacionados ou já existem ou são criadas. E o idiota-sábio não tem acesso a nenhuma delas, pois ele não pode ser senão um canal para um determinado ingrediente dessa fonte de sopa.

É bem provável que a incapacidade de desenvolver diversas inteligências seja o que permite ao idiota-sábio esse acesso tão direto com a única que lhe está disponível. Sua perícia se aprofunda por falta de competição. Seu potencial não precisa fazer concessão a nada e pode transbordar com pureza imaculada — e profunda limitação. A falta de inteligência intelectual do idiota-sábio mostra que o campo acessado é a própria inteligência, que a inteligência de fato se reúne em agregados compatíveis e é, em algum nível, independente de nós, uma energia consciente "não-localizada". Assim nossa inteligência individual, mensurável talvez em alguma escala testável, é nossa capacidade individual de correlacionar e sintetizar ações entre inteligências independentes, sendo que qualquer uma delas poderia, em sua forma límpida, transbordar por nosso intermédio como faz no idiota-sábio.

Traduzir inteligências de seu estado potencial para a experiência pessoal que delas temos é o que ocorre durante o desenvolvimento infantil e, na verdade, a vida inteira. Esse é o tema que ocupa a maior parte deste livro. Cada inteligência ou habilidade, como a linguagem, por exemplo, é um potencial que nos chega à percepção através de circuitos neurais do cérebro, à medida que esses circuitos reagem a estímulos ambientais de uma ordem semelhante. Por meio de nítidas etapas de desenvolvimento, essa dinâmica de estímulo-reação provoca uma estrutura de conhecimento, uma capacidade independente à qual podemos recorrer em qualquer momento, um "pico de atividade numa população de neurônios" com coerência e capacidade de reação.

Parte do programa da natureza é fazer essas inteligências desabrocharem dentro de nós para que se desenvolvam no momento mais adequado a cada uma. Assim como filé e champanhe não são a refeição indicada para um bebê cujos dentes ainda não nasceram e o leite materno não se encaixa bem na dieta de um adolescente, nossa dieta de desenvolvimento é igualmente específica. Podemos deixar de nutrir uma determinada inteligência se fizermos muita pressão para obtê-la demasiado cedo, se esperarmos demais ou se simplesmente a ignorarmos. O fato de estar "embutida" sob a forma de potencial não é uma garantia de atualização. Jean Piaget achava que a intuição se revelava como capacidade por volta dos 4 anos. Já ouvi vários pais contarem histórias maravilhosas sobre as faculdades intuitivas dos filhos e poderia acrescentar várias a respeito dos meus, como aquela já mencionada em que um deles "canalizou" uma teoria teológica. O bebê e a criança (como também o adulto) só querem o que a natureza lhes destinou: aprender; construir essas estruturas de conhecimento. E para isso basta um ambiente adequado — basta estar acompanhado de um intelecto maduro e inteligente, aberto às possibilidades da mente e temperado pela sabedoria do coração; basta reconhecer que para o ser humano tudo pode ser possível — contanto que se pergunte sempre: "Isso é adequado?"

CAPÍTULO 2

Campos de Neurônios

> Seja a informação desejada a orientação ou a direção do movimento de um estímulo visual, o intervalo de tempo entre dois determinados sons ou a localização de uma fonte de som no espaço, a resposta será sempre representada como a localização de um pico de atividade dentro de uma população de neurônios.
>
> ERIC I. KNUDSEN *ET AL.*, *IN ANNUAL REVIEW OF NEUROSCIENCE*

Saul Sternberg, dos Bell Laboratories, descobriu ao fim de um estudo de dez anos que, diante de uma pergunta que pode ser respondida com *sim* ou *não* (por exemplo), o cérebro demora tanto para processar um *não* quanto para processar um *sim*. Mais intrigante ainda é que, mesmo quando acertamos a resposta (sim, digamos), o cérebro continua processando todos os aspectos alternativos dessa questão — os aspectos "negativos" e outros meandros. Nós não nos damos conta desse "dever de casa" nem nos empenhamos nele. Simplesmente cuidamos de outras coisas, alegremente esquecidos da atividade frenética que está se processando na mente. No caso da resolução de problemas matemáticos, o cérebro continua a toda velocidade, aparentemente calculando todos os aspectos alternativos concebíveis daquele determinado problema, mesmo muito depois que o matemático gritou: "Heureca!", escreveu a resposta e começou a fazer outras coisas. Talvez exagerando um pouco, Sternberg estimou que o cérebro calcula continuamente cerca de trinta itens ou dígitos por segundo.[1]

É significativo que a mente-cérebro dê continuidade a essa ação sem que nos demos conta. As partes do cérebro envolvidas no processamento, do problema matemático ou seja lá o que for, continuam calculando todas as novas relações introduzidas por aquele problema e suas soluções. Enquanto isso, outras áreas prosseguem com outros tipos de trabalho — o que respalda a teoria das inteligências independentes de Howard Gardner.[2] Cada campo de inteligência funciona como um tipo de sopa à parte, dentro da sopa maior, contendo diversos ingredientes exclusivos, típicos de sua própria receita. Qualquer relação/participação com aquele problema matemático, por exemplo, ocasiona um re-relacionamento de cada subseção do campo matemático geral. Todos os campos relacionados (espacial, lingüístico etc.) devem dar espaço à novidade introduzida para que se mantenha a unidade ou integridade daquela inteligência matemática como um todo.

De acordo com as pesquisas, o cérebro funciona por meio de "campos" neurais — grupos de neurônios que funcionam em blocos.[3] O neurônio é uma grande célula cerebral que vibra numa certa freqüência e morre quando essa vibração cessa. Ele só vibra em revezamento com outros neurônios, aos quais está conectado por delgados filamentos chamados dendritos e axônios. Os dendritos encontram outros conectores celulares em pontos chamados sinapses, nos quais ocorrem as principais trocas de energia de informação. No neocórtex, os neurônios organizam-se em campos de mais ou menos um milhão, relacionados por meio de dendritos e axônios. Um único neurônio adulto conecta-se a uma média de dez mil outros neurônios para formar esses grupos. As redes resultantes criam várias formas de experiência de informação mediante a troca de freqüência ou "informação" entre neurônios e campos. Cada neurônio ou campo neural tem não só sua especialidade, sua categoria particular de ingrediente da sopa para processar, mas também sua generalidade: ele pode emprestar seus serviços exclusivos, o ingrediente da sopa de sua especialidade, que fica a seu cargo, a outros campos neurais para processar outros ingredientes, fazer receitas maiores, misturas mais complexas; a freqüência de onda de um campo se modula de acordo com as necessidades da rede nessa transmissão em vaivém, conferindo infinita flexibilidade a todo o sistema. E assim, mais cedo ou mais tarde, toda e qualquer ação se relacionará ao cérebro como um todo, embora isso possa demorar bastante.

As células de um campo neural operam dinamicamente. E os campos neurais interagem como dinâmica. A dinâmica é um fluxo de mão dupla de informação ou energia. Todas as células de um campo estão simultaneamente transmitindo e recebendo o potencial de freqüência que está sendo processado. A soma da ação do grupo resulta no produto unificado daquele campo, o qual, por sua vez, acrescenta sua parte à produção geral de todos os campos envolvidos naquela determinada ação; tudo isso sendo ou terminando de algum modo como nossa percepção, nossa experiência vivida. Depois que ela entra em movimento, não se pode dizer que uma dinâmica começa aqui e termina ali. Numa dinâmica não há propriedades estáticas, tudo só existe por meio do movimento, sempre há um circuito de retroalimentação.

Os neurônios não podem conter nem armazenar informação, da mesma forma que os transistores ou as válvulas de um rádio não contêm nem armazenam os concertos que tocam. Eles "traduzem" freqüências potenciais com as quais têm ressonância e às quais se "sintonizaram" ou adaptaram.[4] Já que os neurônios só sobrevivem como padrões de freqüência ou unidades de vibração, eles mantêm uma vibração de baixa amplitude constante em todos os momentos, mesmo quando estamos dormindo ou inconscientes, da mesma forma que os músculos do corpo — entrelaçados como são à dinâmica cerebral que os orienta. Como um motor trabalhando em ponto morto, os campos neurais são propriedades prontas para entrar em ação quando acionadas, interagindo em níveis dos quais raramente temos consciência.

As novas informações, ou seja, freqüências de potencial para o qual o cérebro não possui nenhum padrão de tradução estabelecido, precisam encontrar campos ressonantes não-comprometidos ou campos cuja freqüência possa acomodar a nova de modo econômico — com um mínimo de modulação de freqüências.[5] Os campos podem ocasionalmente mudar, rearrumar suas atividades, interagir e cooperar, organizar novos campos e estabelecer novas conexões para processar novos potenciais. Alguns campos podem substituir outros e, dentro de certos limites, assumir as atividades de um campo afim caso uma determinada área do cérebro se danifique. A capacidade de um determinado campo aumenta à medida que ele interage com outros campos; sua especialidade própria pode ajudar a processar uma infinidade de informações afins, mudando a comunicação de um campo para outro, da mesma forma que cada letra do alfabeto pode participar de uma infinidade de palavras. Cada parte do cérebro, mais cedo ou mais tarde, implicará até um determinado ponto todas as demais; o cérebro funciona em níveis altamente específicos, individuais, em grupos e como um todo único e integrado. Michael Gazzaniga referiu-se a esse sistema de retroalimentação maciça como um "cérebro muito social".[6]

A pesquisa se concentrou, necessariamente, nas percepções acerca de um meio ambiente físico — um trabalho hercúleo. Só que o que realmente é fundamental na vida gira em torno do nosso ambiente emocional e mental, que não está disponível para esse tipo de pesquisa. O nosso dilema e maior preocupação não gira mais em torno das questões relativas ao planeta ou à biologia que das questões emotivo-intelectuais — crenças, paradigmas, auto-imagens. Meu filho de 5 anos deu aquela espantosa demonstração de teoria teológica quando um campo de inteligência transbordou — claramente no estilo idiota-sábio — em reação ao estímulo de minha obsessão, que foi também um estímulo para ele devido à intimidade de nossa relação. Como veremos adiante, ele estava justamente na idade em que esse tipo de coisa acontece. Só que nada disso era evidente para nenhum de nós dois, e o fato de que esses campos de inteligência funcionem independentemente de nós e, no entanto, em reação a nós não apenas ratifica a teoria de Howard Gardner como nos coloca importantes desafios. Dizer que nós "processamos informações"[7] significa que nosso cérebro constrói essa informação a partir de um conjunto diverso e desconhecido de potenciais de freqüência, um eterno *continuum* de experiências não-físicas compartilhadas. Os campos quânticos convencionais conseguem dar conta da nossa percepção de um mundo físico, só que o problema representado pela correspondência no que se refere a campos emocionais e intelectuais é maior — é tão evidente e importante quanto, só que muito maior. O que percebemos como ambiente ou como experiência vivida é um produto final ao qual nós *ipso facto* atribuímos a fonte dessa experiência. Essa idéia tão difundida quanto inevitável é um erro tão grave quanto atribuir a fonte da partida de futebol transmitida pela televisão ao próprio aparelho.

A aprendizagem de línguas representa um exemplo muito simples e claro da independência de inteligências, enquanto seu desenvolvimento demonstra (e exemplifica) a natureza do acoplamento estrutural. Dentro do amplo espectro de sons que somos capazes de distinguir existe um determinado grupo que classificamos como "fonéticos". O fonema é a menor unidade de som existente dentro da palavra. As sílabas e até mesmo as letras do alfabeto são formas de fonemas. Compartilhamos um "campo fonêmico", da mesma forma que Poincaré, Hamilton e minha filha que se debate com a tabuada compartilham um campo matemático. Milhares de línguas são faladas na Terra a cada instante e, no entanto, todas foram criadas a partir do mesmo conjunto de cinqüenta fonemas, da mesma forma que todos os sistemas aritméticos usam nove números e um zero. Nem todas as línguas usam todos os fonemas existentes, mas todas as línguas os usam seletivamente.

A partir do sétimo mês no útero, todos os bebês com audição normal reagem com um movimento muscular preciso a cada um dos fonemas das palavras pronunciadas pela mãe.[8] O mesmo músculo se mexe em reação ao mesmo fonema cada vez em que este é emitido, sem o mínimo lapso entre o estímulo sensorial e a reação motora. Na época do nascimento essas "estruturas sensório-motoras" da linguagem já se estabilizaram, e o bebê está pronto para o estágio seguinte.[9]

As palavras são formadas a partir do recurso aos "campos fonêmicos" existentes e da formação de novas conexões neurais que agrupem as próprias palavras. Estas, por sua vez, agrupam-se em redes relacionadas ou "subcampos" baseados na relação emocional, nas semelhanças entre os sons e no uso — substantivos, verbos etc. Cada palavra deve correlacionar-se a todas as palavras de categoria similar à sua, fazendo com que lentamente se forme um léxico mediante o inter-relacionamento de campos neurais. Cada categoria, por sua vez, abarca subgrupos — os substantivos se subdividem em frutas, flores, rostos etc. Todos os campos e subcampos se interconectam, dando origem ao sistema da língua. Ocasionalmente pode-se desenvolver um minúsculo abscesso ou lesão no cérebro, que afeta apenas um determinado grupo neural. No caso da visão, por exemplo, mesmo uma perda tão mínima pode dar origem a um ponto cego, a um verdadeiro "buraco" em nosso mundo visual exterior.[10] O mesmo se passa com a linguagem. Há o caso do homem que perdeu a capacidade de nomear as frutas, por exemplo, o que criava um "buraco" em sua fala quando essa categoria era abordada.[11]

A semelhança emocional é uma influência muito forte: a linguagem escatológica, por exemplo, descreve atos físico-sexuais normalmente não discutidos em sociedade e, por isso, é pudicamente guardada pelo cérebro em seu lugar cativo. Num caso famoso, um senhor sofreu uma lesão cerebral que, não se sabe como, ativou esse campo neural; a cada vez que tentava falar, vomitava contra a própria vontade palavras inaceitáveis, deixando a todos constrangidos.

Acrescentamos uma nova palavra ao nosso vocabulário encontrando sua categoria adequada. Isso, por sua vez, exige uma constante mudança de relações dentro de todas as categorias previamente relacionadas — o que, mais cedo ou mais tarde, envolverá todo o cérebro. O valor numérico dessas relações pode ser astronômico, mas nós temos na cabeça uma possibilidade astronômica para interações de campo.

A escrita preludia uma complexidade extra. Os símbolos exigem sua própria rede de similaridades e relações, e a escrita requer um controle muscular muito bem sintonizado. Essa rede visual abstrata deve estar relacionada à linguagem oral enquanto, ao mesmo tempo, mantém intacta a sua própria ação. Depois que aprendemos a ler e podemos deixar o piloto automático ligado, lemos tudo que estiver à vista. Quando lemos, se encontrarmos uma palavra nova e não a procurarmos imediatamente no dicionário, a compreensão pode sofrer uma interrupção, embora continuemos a ler num nível superficial. No momento em que compreendemos aquela palavra desconhecida, nossos circuitos neurais começaram a buscar um lugar para ela.

Como comprovará nosso capítulo sobre a linguagem, não se ensina uma língua a um bebê — ela é tão automática quanto a dentição se ele tiver audição normal e estiver num ambiente em que a língua seja falada. A aprendizagem da língua é um exemplo perfeito do que Maturana e Varela chamam de "acoplamento estrutural" entre os potenciais da mente e do ambiente.[12] Os estímulos fornecidos devem ter ressonância numa rede de células cerebrais que, por sua vez, possa ressoar com o campo fonêmico e traduzir ambas as coisas, como em todos os fenômenos. Esse campo fonêmico inato é um perfeito exemplo de campo de variáveis compatíveis (como será posteriormente cada categoria de palavra):[13] compatível no sentido de que um determinado fonema sempre dá lugar à sua precisa reação muscular no bebê e sempre leva à linguagem (como nenhum outro som fará); variável no sentido de que um músculo diferente reage a cada fonema ou de que um número infinito de línguas pode ser criado a partir dos resultados. Compatível no sentido de que todos os bebês normais reagem aos fonemas; variável porque não há dois que reajam ao mesmo fonema com os mesmos músculos. Compatível porque é seguido o mesmo padrão de desenvolvimento, independentemente do tipo de língua; variável porque cada criança desenvolve sua capacidade lingüística num ritmo próprio, que difere de uma para outra.

Os bebês cujas mães são surdas-mudas não têm um repertório de movimentos musculares à fala, não podem desenvolvê-la antes que esse repertório seja estabelecido e não fazem esses movimentos antes de um contato estreito e prolongado com ao menos uma pessoa que fale.[14] Então o imperativo e a principal regra natural do desenvolvimento, de enormes conseqüências, é que não se desenvolverá nenhuma inteligência ou habilidade sem a existência de um ambiente-modelo apropriado. A mente e o ambiente dão lugar um ao outro por meio do cérebro do recém-nascido só quando o ambiente está presente. Mesmo nossos instintos primitivos exigem contato direto e íntimo com os estímulos ambientais necessários correspondentes. Nascemos como um jardim semeado, mas as sementes precisam ser cuidadas e nutridas pelo ambiente adequado. Além disso, não se sabe até que ponto o caráter, a natureza e a qualidade do ambiente-modelo determinam o caráter, a natureza e a qualidade da inteligência que se desenvolve na criança. O fato de uma mãe que fale francês tenha um filho que também fale francês (ou que uma mãe que fale alemão tenha um filho que fale alemão e assim por diante) é válido para todas as inteligências.

Os gatos criados num ambiente de listras verticais posteriormente mostram-se incapazes de perceber formas horizontais e, inclusive, de aprender a fazê-lo: esbarram em todos os objetos horizontais.[15] Nós, seres humanos, somos mais flexíveis que os gatos, mas ainda assim estamos sujeitos ao mesmo imperativo natural do modelo; ocorre o mesmo acoplamento estrutural entre mente e ambiente. O nosso universo será tão grande quanto o universo de estímulos que tivermos inicialmente; nossa faixa de participação, tão ampla quanto nossa percepção da dinâmica em jogo.

A aprendizagem exige a passagem da generalidade à sintonia fina. O bebê no útero reage a sons gerais com movimentos gerais muito antes de estes se tornarem reações específicas a fonemas.[16] Da mesma forma, por volta do nono mês após o nascimento, o campo fonêmico aberto se fecha — ou se torna específico — para os fonemas usados na língua falada pela mãe. Os bebês japoneses, por exemplo, reagem a todos os fonemas até esse momento, quando então começam a confundir o som de R com o de L, como é típico da língua japonesa.[17] O modelo induz a reação do bebê, ativa o campo e então fecha aquele campo em nome daquela língua-modelo.

Sem dúvida, uma ampla gama de funções conhecidas e desconhecidas está envolvida na aprendizagem. Karl Pribram propõe a operação de "processos paralelos" além dos conhecidos e observáveis, tais como as junções sinápticas dos dendritos. Os pesquisadores muitas vezes se referem também à *mielinização* das estruturas cerebrais, usando o termo para indicar um certo amadurecimento ou estabilização da estrutura neural. Um recente artigo científico propõe um papel mais amplo e constante da mielina.[18] Baseado nesse artigo, que cobre vários aspectos do desenvolvimento, usarei o termo *mielinização* em sentido figurado, para indicar a estabilização ou amadurecimento dos campos neurais, reconhecendo a controvérsia inerente a esse emprego e sabendo que a mielinização é, na melhor das hipóteses, um dentre os muitos processos envolvidos.

Diversas vezes ao longo do desenvolvimento infantil o cérebro promove uma limpeza da casa — libera uma substância química que dissolve todas as conexões axodendríticas improdutivas, não-usadas ou supérfluas (e possivelmente também várias células de apoio), deixando intactos os campos neurais produtivos e desenvolvidos. Os neurônios que ficam criam os novos dendritos e axônios necessários ao estabelecimento de novos campos para novos estímulos-reações. A impermeabilidade de um campo a essa substância de limpeza parece estar ligada a essa proteína lipóide chamada *mielina*.[19] À medida que a aprendizagem vai ocorrendo, a mielina forma uma cobertura isolante em torno das longas conexões de axônios dos campos neurais envolvidos e seus correspondentes nervos musculares. A mielina é impermeável às substâncias usadas na limpeza; sua cobertura de algum modo ajuda a preservar aquela rede específica, tornando aquela habilidade permanente. E aparentemente ajuda a conduzir a energia que está sendo trocada entre os neurônios, o que acelera a dinâmica do fluxo de informação; quanto mais mielina, mais eficaz aquele campo. No princípio, podem ser necessárias várias conexões, exigindo de nós mais concentração. À medida que a aprendizagem prossegue, isso pode ser feito com menos conexões. A operação que inicialmente é lenta e dispendiosa vai sendo burilada até ser realizada com "piloto automático", quando a infinidade de campos neurais envolvidos tiverem se mielinizado o suficiente para tornar-se uma nova inteligência ou capacidade de que podemos dispor, pronta para ser utilizada quando precisarmos.

A repetição pode estimular a mielinização, como é o caso do bebê que move o mesmo músculo em reação ao mesmo fonema da fala da mãe. Quanto mais freqüente a reação, mais mielina se forma; quanto mais espessa a cobertura de mielina, mais rápida pode ser a transmissão de informação e menos energia exigirá sua condução; quanto mais firme e duradoura a aprendizagem, mais eficaz e compacta se torna aquela rede de neurônios. É por isso que a nossa primeira língua, embora sempre mais forte, ocupa muito menos espaço no cérebro do que a segunda.[20] É por isso também que a prática faz a perfeição e que a aprendizagem geralmente dura a vida toda quando é "fechada" ou mielinizada. Assim, vemos que os campos neurais entram em ação graças ao uso e, a depender de até onde vai esse uso, tornam-se permanentes.

A aprendizagem naturalmente nos "absorve" até que se torne autônoma, no todo ou em parte, pela mielinização dos campos neurais. Qualquer aprendizagem séria exige atenção e energia totais — e nosso eu egóico, que dirige as energias da mente, temporariamente se identifica com a tarefa ou se deixa absorver por ela. O amadurecimento da aprendizagem (sua mielinização, para usar essa função para descrição metafórica de todas as complexidades de uma aprendizagem) nos liberta dessa absorção. E então podemos deixar de lado a capacidade envolvida, usá-la à vontade e passar a outras coisas. Esse ciclo de absorção psíquica e libertação da absorção desempenha papel crítico em nosso desenvolvimento ao longo da vida inteira — ele é nossa evolução em forma condensada. Enquanto estivermos absortos numa aprendizagem ou num conjunto de aprendizagens — como as da primeira, segunda e terceira infância — não podemos apreender a possibilidade de nenhum modo superior de operação.

Nosso cérebro e o domínio de freqüência em que ele se abastece são complementares; formam uma dinâmica imbricada. Conforme a natureza da nossa sopa cósmica, toda vez que a provamos, nossa própria prova entra nos ingredientes que estamos provando. Nosso universo é participativo; cada participação faz parte das possibilidades de outra participação, reorganizando as relações entre os campos potenciais e os campos cerebrais que os traduzem.

Quando o automóvel foi inventado, uma nova categoria se formou nos campos de potencial. Quanto mais usamos automóveis, mais forte se torna essa categoria, como ocorre diariamente com a matemática ou a química. Estamos fazendo agora com o computador — uma invenção que está rapidamente mudando toda a nossa disposição mental e a forma de nossa sociedade — o que fizemos com o automóvel. Uma vez posta em ação, qualquer dinâmica criadora se autoperpetua, continuamente reforçada por sua própria produção de eventos, a qual dinamicamente retroalimenta sua fonte, dando lugar a uma nova exibição das características, numa retroalimentação *ad infinitum*. A natureza de nossa fonte é constante; sua exibição, de uma variedade infinita. Minha mente mantém uma imagem estável de meu ego, enquanto vai incorporando a ela um conjunto desmesuradamente novo e complexo de experiências, emoções e pensamentos. Sempre fui simplesmente *eu* — no entanto, percebo que meu *eu* aos 5 anos e meu *eu* de hoje têm muito pouco em comum, exceto essa concordância central de ser sempre *eu*.

Criando um Pentágono numa emergência, por causa de uma guerra, e canalizando para ele toda a energia nacional ao longo de vários anos traumáticos, nos veremos às voltas com os resultados muito depois que a guerra tiver acabado, já que esse campo gera sua própria reação, cria sua própria realidade, como é da natureza do potencial. Os campos mantêm-se ativos por participação — o aspecto positivo ou negativo dessa participação é irrelevante. Por exemplo, mesmo os eventos que aparentemente não têm relação com os automóveis são alterados por estes, tornando-os indispensáveis. Cada nova fábrica, invenção, combustível, ameaça de autovia último modelo que os personifique; cada estrada, atalho, superestrada, semáforo e guarda de trânsito que tente controlar tudo isso reforçam a categoria: automóvel. Não é de admirar que, mais cedo ou mais tarde, surja um idiota-sábio que se ligue a esse "campo morfogenético".[21] Esses campos de potencial nos moldam tanto quanto nós a eles — independentemente de o percebermos ou não.

CAPÍTULO 3

Mente e Matéria

> Mente e matéria são dois aspectos de um todo,
> não podendo, assim como a forma e o conteúdo,
> ser separados.
>
> FÍSICOS DAVID BOHM E DAVID PEAT

O ponto de vista que pressupõe um "todo" subjacente, conforme proposto pelos nossos dois físicos, é bastante antigo: o shivaísmo kashmir, uma psicologia-cosmologia aperfeiçoada há mais de mil anos, descreve nos mínimos detalhes essa dinâmica entre mente e matéria e sua evolução.[1] Todavia, cientificamente falando, esse ponto de vista, além de bem novo, é objeto de muita controvérsia. Em recente artigo publicado no *The Scientific American*, Abner Shimony escreveu acerca de um grande enigma da ciência atual, que é a "não-localidade".[2] Trazida à tona por testes de laboratório do "Teorema de Bell", repetidos já por quase vinte anos, a não-localidade vem perturbando o pensamento acadêmico clássico.[3]

Em resumo, sob certas condições, uma partícula de energia pode influir sobre as medições de outra partícula de energia mesmo estando a uma distância tão grande que não haja nenhuma possibilidade de que uma envie uma mensagem à outra. Da mesma forma, se criarmos as condições adequadas, duas pessoas em partes longínquas do mundo podem trocar informação enquanto tal, quando sabemos que não há possibilidade de envio de nenhuma "mensagem". Porém se mente e matéria são dois aspectos de um todo, então esse "todo" a que Bohm e Peat se referem é a própria "sopa cósmica", cuja natureza deveria solucionar igualmente os enigmas do Teorema de Bell, da visão a distância e do idiota-sábio. Só que a natureza desse "todo" não pode ser uma substância, uma coisa, um lugar, uma pessoa ou um deus, mas necessariamente apenas uma função, um processo. Já que tanto a matéria física quanto o idiota-sábio podem ter origem nele, esse processo deve desdobrar-se de acordo com a natureza de nossa interação com ele, nossos parâmetros, que então se tornam nossa experiência do processo. E essa é a natureza verdadeira e final da própria função. Ver, por exemplo, pode ser um ato criador. O processo criador é uma dinâmica que reage de acordo com nossa participação diante dele. O que vemos é o que temos — podemos ter tudo aquilo que podemos ver, e podemos aprender a ver de outras maneiras. Este capítulo analisará a relação entre o que se passa em nossa cabeça e a nossa experiência dos acontecimentos de "fora", enquanto preliminar a propostas para novas formas de ver.

Um campo neural é um grupo de até mais ou menos um milhão de neurônios conectados que operam na mesma freqüência. Em termos científicos, um campo é um estado de potencial. Os físicos referem-se aos campos de ondas, agrupamentos de freqüências ressonantes, que dão origem a átomos, moléculas, estrelas e luas, ratos, homens e cérebros. Se mente e matéria são aspectos de um todo, então os dois campos devem convergir em algum ponto. Proponho que essa convergência ocorre à medida que os campos neurais de nosso cérebro traduzem esses agrupamentos de potencial de acordo com a ressonância. Quando as freqüências entre neurônio e onda potencial combinam, ou podem ajustar-se e entrar em sincronia sem muita dificuldade, esse potencial é atualizado. Essa atualização é a nossa experiência. Temos um número quase infinito de campos neurais disponíveis e um sem-fim de estados potenciais os quais podemos utilizar.

O que um cientista experimenta, seja no laboratório, no reator nuclear ou cíclotron, sempre se reduz a um "pico de atividade numa população de neurônios", projetado "fora" já que é assim que o cérebro funciona. Se os cientistas analisarem a matéria física com suficiente minúcia, mais cedo ou mais tarde irão dar a volta completa e ver, por padrão, seus próprios processos internos, sem se dar conta disso. Assim, pode ser que a física quântica, nossa atual referência para quase tudo, seja *também* — e talvez apenas — uma expressão das traduções que ocorrem nesses campos neurais. E talvez seja por isso que hoje em dia a correspondência entre a física quântica e a consciência seja um tema tão popular. Talvez a mente finalmente tenha se ligado e esteja olhando para si mesma.

A maioria das pessoas sabe que as partículas de matéria que compõem o mundo físico aparentemente surgem de campos de ondas e que vivenciamos as partículas ("localizadas" e atuais), mas não os campos de ondas ("não-localizados" e apenas potenciais). Creio que, mais cedo ou mais tarde, todos saberão que os neurônios do cérebro são os dispositivos tradutórios entre essa onda/potencial e essa partícula/atualizada. Os cientistas usam termos tão figurados quanto o "colapso" de uma onda de energia em partícula quando participamos dessa onda. Essa participação ocorre o tempo todo, saibamos ou não. O "colapso" dessa partícula é nossa experiência particular de percepção. O mundo que vivenciamos é o resultado de um jogo de partículas-neurônios-ondas, para usar os atuais parâmetros "quânticos".

Se suas freqüências combinam, as ondas que dão origem às partículas podem sobrepor-se ou combinar-se numa espécie de acoplamento. As partículas originadas dessa combinação são "vinculadas", juntadas em complexa disposição, que pode ser a de uma rocha ou a de um micróbio, a que cria você ou a mim. Entretanto, o potencial de onda — essa combinação — não é uma parte perceptível da forma resultante, do mesmo modo que as microondas emitidas de um estúdio de TV não são perceptíveis no programa que assistimos. Perceber a onda é vivenciar sua disposição de partículas. Nosso ato de percepção traduz onda em partícula; nossos campos neurais e seus sentidos receptores são os meios dessa tradução.

Já há muitos anos que os cientistas vêm lutando com o problema da "não-localidade" encontrada nos resultados do Teorema de Bell — o fato de que o aspecto onda do complemento partícula-onda não "existe" como a sua partícula. As partículas de energia que são juntadas num sistema "fechado" (uma combinação de campos de ondas ressonantes) podem ser separadas desse sistema fechado e enviadas em direções opostas. Independentemente do quanto sejam separadas, elas mantêm exatamente a relação determinada por aquele sistema fechado. Suponhamos, por exemplo, que um grupo de moléculas observadas no microscópio formem um hexágono perfeito. Suponhamos então que essa figura seja quebrada e suas moléculas, enviadas em todas as direções rumo às telescópicas profundezas do universo. Descobriríamos que elas continuam mantendo sua relação hexagonal, agora astronomicamente aumentada. Saberíamos então que a força relacional de seu vínculo, o sistema fechado original que dava aquela forma, não era afetada pelo espaço-tempo. Isso seria exemplo de uma energia "não-local", já que estaria operando fora de todas as energias de nosso mundo cotidiano e não estaria sujeito a elas.

Nos testes do Teorema de Bell, os cientistas fazem exatamente isso. Eles rompem uma estrutura atômico-molecular e enviam suas partículas vinculadas em direções opostas. Um interferômetro muda o ângulo de rotação ou polaridade das partículas que vão numa direção, e as medições do grupo intacto, que vai na direção oposta, mostra um realinhamento instantâneo de suas polaridades para espelhar o estado de seu par vinculado. Os dois grupos mantêm a mesma relação encontrada no estado original submicroscópico, mesmo após as partículas haverem sido separadas pelas grandes distâncias "macroscópicas". Suponhamos ainda, num exemplo ainda mais inconcebível, que após casarmos minha mulher e eu descobrimos que espelhamos os atos um do outro, a combinação perfeita entre duas pessoas. Viajamos em direções opostas, um para Timbuktu e o outro para Kalamazoo, e constatamos, para nossa surpresa, que continuamos a espelhar os movimentos um do outro, embora tão distantes. Quando ela está plantando bananeira, eu também estou. A repetição simétrica e instantânea de movimentos descartaria a telepatia como explicação, assim como todos os dispositivos de transmissão conhecidos, inclusive a luz. Assim, diríamos que nossa relação seria não-local.

De grande importância nas provas do Teorema de Bell é que a "história" de um grupo de partículas, sua experiência no mundo, determina ou entra na história do segundo grupo, independentemente da distância. A influência é instantânea. Não há sinal que possa viajar mais rápido que a luz, portanto não há como o primeiro grupo possa haver sinalizado ao segundo acerca da mudança de polaridade. As projeções de computador demonstram que os dois grupos imediatamente espelhariam um ao outro, embora separados por todo um universo, por incontáveis bilhões de anos-luz.

Abner Shimony, escrevendo acerca da realidade do mundo quântico, discute como a "natureza bizarra da ação quântica" desafia todas as noções anteriores. Os átomos eram considerados entidades discretas que formavam grupos de moléculas por meio de atrações entre os próprios átomos, como os imãs e as limalhas. Quando se descobriu que os átomos eram formados por partículas infinitamente pequenas de energia, a mesma atração foi presumida. Partia-se do princípio de que a matéria agia sobre a matéria pela troca de energia, semelhante a bater numa bola com um taco. As tentativas de explicar os resultados do Teorema de Bell por meio dessas noções clássicas levaram a algo de que Einstein zombava, descrevendo como "assombrosos" atos a distância, como segurar o taco em St. Louis para bater numa bola lançada em Detroit.[4] Porém o que se descobriu é que a força que vincula as partículas é a função de onda que dá origem a essas partículas.

A breve explicação de um leigo fornecerá as metáforas necessárias ao esclarecimento da natureza do "todo" de nossa realidade mental. Sendo essencialmente luz e variações da luz, as partículas (e o universo criado a partir delas) têm na velocidade da luz o limite supremo do movimento.[5] Por outro lado, os campos de onda dos quais se manifestam pertencem inteiramente a um outro estado; não "movimento" de luz, mas uma freqüência da qual deriva a própria luz — não em espaço-tempo, mas a fonte do espaço-tempo. Eles são, para resumir, não-localizados, ao passo que as partículas que exibem são. Uma determinada combinação de ondas ressonantes fornece um "estado fechado" de partículas igualmente relacionadas. O sistema fechado pode exibir essas partículas aos quatro cantos do universo com tanta facilidade quanto no nível submicroscópico de ação "quântica" normal, já que o ponto de origem, o estado fechado de energia potencial, não está no espaço-tempo — não está no universo que resulta de suas exibições de partículas. Partícula e onda são dois estados diferentes, embora absolutamente interdependentes, tão distintos quanto a vigília e o sonho. Não se pode ter um sem o outro e não se pode ter os dois ao mesmo tempo, o que faz parte da natureza de qualquer complemento.

Igualmente importante é que, embora esses estados sejam tão diferentes, o que acontece no espaço-tempo afeta o estado de onda que lhe dá origem, da mesma forma que nossa vigília afeta os nossos sonhos e vice-versa. Assim, no teste do Teorema de Bell, a mudança de condição de um grupo de partículas muda seu campo de onda e, por padrão, o campo de onda alterado imediatamente afeta e muda outro grupo de partículas que exibe. Onda e partícula são uma dinâmica complementar, e as dinâmicas são questão de mão dupla, que envolve interconexões e interações. Não há lapso de tempo, já que o campo de que são feitas as duas exibições não está no tempo; o tempo é seu efeito. O que acontece no mundo físico da forma e do tempo tem impacto sobre o estado não-temporal que dá origem a esse mundo. O que se descarrega na terra, se descarrega no céu, mas essa descarga altera as estruturas do céu: cada mudança instantânea de estado efetua, por sua vez, uma das novas exibições (bilhões de vezes por segundo, de acordo com a física quântica). A relação é uma freqüência "não-temporal espacial" que modela a matéria e todos os eventos no mundo da matéria, mas esses eventos também podem criar e modelar novos campos.

Antes de continuar, gostaria de chamar a atenção para um erro que, a meu ver, vem evoluindo rapidamente, um erro relacionado ao Teorema de Bell. Refiro-me ao que dizem vários autores: que o Teorema de Bell "prova que todas as partículas da matéria estão ligadas", o que não é o caso. As partículas que mostram essa influência são partículas de um sistema fechado — partículas vinculadas. Se pudéssemos isolar uma partícula qualquer do ar e sua polaridade e, ao mesmo tempo, verificar a polaridade de outra partícula qualquer isolada num local remoto, não seria encontrada nenhuma influência. Nem todas as partículas estão unidas ou ligadas. Em vários pontos do universo, derramam-se oceanos de partículas aleatórias, já que a natureza opera conforme suas próprias profusões, criando vários caos que darão origem a várias ordens próprias. As condições nas quais o Teorema de Bell pode ser testado exigem campos de ondas vinculados que dêem lugar a partículas vinculadas. Então, e só então, encontramos um vínculo não sujeito às condições do espaço-tempo. Essa é, pelo menos, uma das coisas importantes dos testes do teorema. Russel Targ estabelece uma condição segundo a qual alguém na Rússia tenta adivinhar algo que ocorre em San Francisco quatro horas depois, e a tentativa dá certo. Se não se estabelecesse nenhuma condição, nada aconteceria. Evitar que dê certo e presumir que "todos os nossos pensamentos na verdade são um só, que nossa separação na verdade é só ilusão" é bobagem. Existem níveis nos quais os pensamentos podem, em condições muito especiais, intercambiar-se, e há níveis em que não o podem. Nem todas as partículas são vinculadas; isso seria um caos tão grande quanto nenhuma partícula estar vinculada. As partículas vinculam-se para criar certas estruturas formais. Que todas venham de uma única fonte já é outra questão, pois então seremos levados a descobrir que a fonte não está no mesmo estado que seu produto — e isso são outros quinhentos.

Uma das mais importantes propostas de base deste livro, uma proposta que me parece espantosamente evidente, resolve muitos quebra-cabeças relativos ao nosso cérebro e nossa experiência. A proposta, que tomo como axiomática a partir deste ponto, é a seguinte: para nossa experiência, os campos neurais do nosso cérebro são a mediana entre campo de onda e partícula exibida. Para nós, uma partícula se exibe conforme a percebemos. Nossa percepção é o evento-partícula "fora" do ambiente, exatamente como quer a natureza. O ambiente é o resultado desse "acoplamento estrutural" entre a mente e seu potencial. Porém o fato de a estrutura decorrente de nossa realidade ser um sistema interno "auto-organizador" não dá nenhuma base para que se presuma que nós "criamos" esse mundo como ele é para si mesmo. Árvore e pedra no meu quintal, morcego no campanário da nossa igreja: cada um é sua própria exibição; cada um é sua própria dinâmica recorrendo a, provindo de e retroalimentando a sopa cósmica. Como observou Ilya Prigogine, "O que quer que chamemos realidade só nos é revelado por meio de uma construção ativa da qual nós participamos".[6] A questão não é apenas uma realidade, mas o que se nos revela.

Os cientistas provam o efeito de onda criando experiências de laboratório nas quais um efeito de onda é detectável por nosso aparato sensório-perceptivo — poderíamos perceber como experiência de partícula um efeito de "onda" de outro modo imperceptível. Ao escrever sobre os experimentos científicos que verificam as teorias diz:

> O que precisa ser feito é manipular a realidade física, para "encená-la" de tal forma que ela se conforme o máximo possível a uma descrição teórica. O fenômeno estudado deve ser preparado e isolado até que se aproxime de alguma situação ideal que talvez não seja fisicamente atingível, mas que se conforme ao esquema conceitual adotado.[7]

Uma clara percepção do funcionamento da mente e da realidade vem sendo oferecida já há décadas pelo físico David Bohm (que se não for um sábio, é o mais próximo disso que pode haver na comunidade científica). Em 1957, Bohm publicou um trabalho intitulado *Causality and Chance in Modern Physics*, o qual, para muitas pessoas, deveria ter ganho um Prêmio Nobel. O ponto de vista que ele adota nesse trabalho levou-o a criar a teoria do "holomovimento", na qual descreve a força que dá origem à realidade como uma inteligência consciente que pode ser expressa como matéria ou energia. Ele transforma o desgastado paradoxo da dinâmica partícula-onda num paradoxo de proporções universais, o qual chama de ordens de energia "implicadas e explicadas". O que vem em seguida é minha descrição/aplicação do modelo de Bohm, misturada em doses generosas à minha limitada compreensão da física quântica, para ajudar-nos a destrinchar o mistério da nossa sopa cósmica.

Bohm propõe uma "ordem implicada" de energia como poder formador, que tem "implicada" dentro de si toda a nossa experiência física. Se a experiência é "explicação", tornar explícito o que é implícito, então o mundo percebido é a ordem "explicada", a expressão da ordem implicada. Para ilustrar isso, imagine que eu use um projetor oculto para exibir luzes numa tela. Se quisermos ver o *show* de luz, nós olhamos para a tela (ordem explicada) e sua exibição, e não para o projetor (ordem implicada). O *show* de luz é o nosso mundo de espaço-tempo; a tela é a nossa própria "tela mental". Participamos da exibição de luzes e constantemente as alteramos. Pensamos que *nós* as alteramos empurrando pedaços de luz pela tela, mas a mudança só ocorre por meio de reorganizações dentro do próprio projetor.

O projetor é o cérebro, naturalmente, e a tela, a nossa mente, mas em nossos parâmetros de "mundo quântico" esse projetor não existe, ao contrário das luzes que ele exibe. O projetor é "não-localizado", ou seja, não está lá naquela tela mental na qual o *show* de luzes ocorre, embora precise necessariamente ser uma parte complementar de todo o processo. A ordem implicada existe separando de si partículas de "si mesma", como energia, luz, matéria, emoções, pensamentos, que chamamos de ordem explicada. A história dessas partículas (o que acontece quando elas interagem) afeta, por sua vez, a ordem implicada que as projeta. Sem um projetor que fornecesse a luz de nossa experiência consciente, o mundo material não poderia existir. Sem a tela em que fazer a projeção, o projetor seria inútil. Uma dinâmica é um fluxo recíproco de mão dupla de energia de informação. Ordem implicada e explicação são uma dinâmica porque suas energias só existem em sua troca entre um estado e outro, ou seja, em sua complementaridade.

De acordo com Bohm, a ordem implicada, por sua vez, é o produto de um "potencial superquântico" muito mais poderoso. Ele o chama de ordem "supra-implicada", a qual "representa informação que 'guia' ou organiza o movimento auto-ativo do campo".[8] A ordem supra-implicada é causal e determina a natureza da ordem implicada, que é sua mediana, o elo entre a causalidade e a ordem explicada resultante. Uma hierarquia interativa tripartite de energia se desdobra: uma ordem explicada, que dá origem à nossa experiência vivida; uma ordem implicada, que dá origem a nossa consciência pessoal; e a ordem supra-implicada, uma ordem causal que dá origem e guia a ordem implicada. Sugiro a existência de uma relação direta e mesmo drástica entre essas ordens de energia e nosso sistema cerebral tripartite, como veremos em breve. Em todos os sentidos, nós *somos* essas três ordens.

Voltando à nossa analogia anterior, de projetor e tela, podemos dizer que a ordem supra-implicada é a própria fonte do projetor — ela o cria, liga e utiliza. Já que é todo poder concebível, um número ilimitado de universos poderia ser deduzido da ordem supra-implicada por suas formas inferiores de expressão. Para ir da matéria física à ordem implicada, deixamos um mundo de coisas e passamos a um domínio de freqüência mais poderoso de potenciais-formas e campos de ondas em organização. Para passar a um potencial completamente indiferenciado, um poder inconcebível, deixamos para trás a potencial-forma e entramos numa energia pura (livre do menor resquício das ordens inferiores de sua própria expressão).[9]

Assim, a ordem supra-implicada é todo poder concebível; a implicada, todo poder manifesto; e a explicada, o resultado final contracto assim manifesto. Embora todo nível de energia seja descontínuo, como o proverbial "salto quântico", cada um deles leva ao outro. Todos esses níveis de energia interagem e são simultâneos; a totalidade é vista em qualquer ponto do holomovimento. Qualquer ponto dentro da hierarquia total de energias é sempre o centro exato. O ponto final, de onde tudo provém, é "consciência sem objeto", um vácuo, um desconhecido absoluto.

Assim, a própria energia supracausal é cada vez mais sutil. A palavra *sutil*, derivada de uma palavra latina que significa "finamente tecido", é usada pelos físicos para descrever freqüências além da detecção física direta; quanto mais sutil uma energia ou mais delicadas as suas vibrações, maior a sua força possível ou potencial. Imagine-se que os "picos e depressões" da onda quântica se aproximam cada vez mais, tornando-se sempre mais rápidos e mais fortes. Atinge-se um limiar quando a onda potencial se reduz a uma vibração tão delicada que, se ainda mais reduzida, o intervalo entre o pico e a depressão desaparece. Então o pulso de onda deixa de existir e todo o movimento cessa. A esse estado de energia imóvel chamamos consciência pura, a qual é "o domínio da inteligência e da revelação", para usar uma frase mais recente de David Bohm, o ponto de imobilidade do qual provém o holomovimento.

Antes de Bohm, o físico Max Planck propôs um limite à possível delicadeza ou sutileza a que se poderia hipoteticamente reduzir a onda quântica, e chegou a $6,626 \times 10^{-34}$ joules/segundo, uma parte tão ínfima de um centímetro que mal se pode imaginar. No entanto, se computarmos o potencial quântico de um único centímetro cúbico de puro vácuo — o nada absoluto — ou seja, se encontrarmos quantas unidades de energia ele conteria usando como instrumento a Constante de Planck, descobriríamos que ele contém toda a energia que poderia existir, mais do que em todo o universo que se estende à nossa volta. O nada (o vazio, o vácuo, a não-localidade, o silêncio) contém em si tudo em forma potencial — uma aparente negação do bom senso que contribui para a natureza bizarra da realidade quântica.

Essa "constante" de Planck (representada pelo símbolo h) constituiu uma parte crítica da teoria quântica ao longo do século e é encontrada em quase todo experimento ou cálculo que precede novos campos da tecnologia. Teríamos poucas das quinquilharias técnicas de que hoje dispomos, como televisores, *lasers*, computadores, iniciativas de guerras nas estrelas e coisas que tais, se não fosse por esse h (ou uma métrica matemática equivalente). Partindo do princípio de que a Constante de Planck e a origem da ordem supra-implicada de Bohm sejam a mesma coisa, temos energia criadora que provém de um único ponto para dar origem a todas as realidades por meio de uma ação criadora que se divide em três: 1) a ordem supra-implicada — uma pulsação inicial (a Constante de Planck) dá origem a um potencial puro, indiferenciado; 2) a ordem implicada — a ordem supra-implicada desdobra-se numa miríade de exibições de freqüência, as quais guia; e 3) a ordem explicada — a ordem implicada dá lugar a uma exibição explicada, a ordem física em si. Embora imaginemos que todas as relações estejam na superfície, no nível físico, conforme dita o senso comum, na verdade (como demonstra a figura da p. 52), todo relacionamento é de dentro para fora.

Relembrando mais uma vez a nossa analogia da luz projetada sobre uma tela, se pudéssemos mudar nossa visão e refazer o percurso de cada ponto de luz até sua fonte, chegaríamos não a uma fonte diferente para cada luz, mas a um único projetor. O projetor é uma "unidade" que dá origem a uma infinita diversidade. De acordo com David Bohm, o vasto universo que se estende à nossa volta não é senão uma "pequena ondulação na superfície" do poder criador inerente ao estado supraquântico. A energia criadora é um holomovimento ininterrupto que ressoa de uma única fonte, embora se expresse como campos que não param de surgir, dando origem a infinitas expressões. Graças à natureza indivisível dessa energia, qualquer uma de suas "exibições" (como, por exemplo, você ou eu) é em um determinado ponto a totalidade de sua ordem de energia e, necessária e logicamente, uma exibição que participa da unidade do todo. Como diria William Blake, trata-se de "ver o mundo num grão de areia [...]".

Os filósofos orientais disseram que cada um de nós contém em si toda a criação. Assim, no shivaísmo kashmir, antiga psicologia-cosmologia já mencionada, encontramos um espantoso paralelo com a física quântica e o holomovimento de Bohm.[10] Nele as metáforas deixam de ser matemáticas, pois derivam de uma "métrica humana". Essa teoria afirma que toda criação decorre de um único pulso de energia vibratória chamada Spanda, que é a pulsação criadora inicial expressa por um ponto de consciência não-móvel denominado O Eu. O Eu simplesmente testemunha a energia criadora móvel que emana da Spanda. Segue-se uma série ainda maior de vibrações entrecruzadas que afinal se articula como matéria, um estado final irredutível de energia contracta, porém estável. Esse poder criador (em sânscrito, Kundalini Shakti) emana da Spanda, pulso inicial de energia infinita, para todo o mundo finito. Para cada um de nós esse mundo é nosso próprio corpo; a Shakti criadora está dentro de cada um de nós como uma onda de energia sutil que vai desde a base da coluna ao alto da cabeça, atingindo cada fontanela. Toda a criação se processa nesse espaço.

Cristalizada como matéria, a mais contracta forma de energia, essa força-Shakti é uma freqüência de onda que, se seu pico-depressão fosse medido, seria apenas um centésimo da grossura de um fio de cabelo. Emanando da energia física às expressões sutis e causais, essa Shakti se torna cada vez mais sutil e potente até que afinal, na Spanda — a própria fonte, nas fontanelas que temos no alto do crânio —, a onda de energia mediria apenas um milionésimo da grossura de um fio de cabelo. A partir daí já não é mais possível redução, já que a onda se contrai inteiramente, o pico e a depressão se fundem e o movimento cessa. Nesse ponto, o local do Eu que testemunha, essa energia é infinita, guardando dentro de si toda a força.

Conforme o shivaísmo, a Spanda e testemunha formam um todo indivisível e, assim, todo o processo de desdobramento da Spanda em matéria ocorre igualmente dentro de todos nós — nosso corpo é o próprio campo do jogo; cada um de nós é uma forma diversa dessa unidade, ao passo que, como corolário necessário, somos a própria unidade. A diversidade na unidade é o jogo jogado pela consciência, o jogo do universo. Daí a famosa afirmação sânscrita: *Tat Tvam Asi*, "tu és Isso" — esse Eu, essa unidade suprema. O todo, sendo indivisível, está dentro de nós e nós estamos dentro dele, estejamos conscientes disso ou não.

Juntando Bohm, Planck e o estudioso do shivaísmo, podemos "visualizar o invisível" num modelo que mostra que toda relação e toda ação surgem "verticalmente" dessas dinâmicas, e não lateralmente, dentro de um nível qualquer, como presumimos.

O fato de se preferir uma métrica matemática como a de Max Planck ($6,626 \times 10^{-34}$ joules/segundo) ou uma "métrica" mais humana ("1/100 milionésimo da grossura de um fio de cabelo") é apenas uma questão de estética intelec-

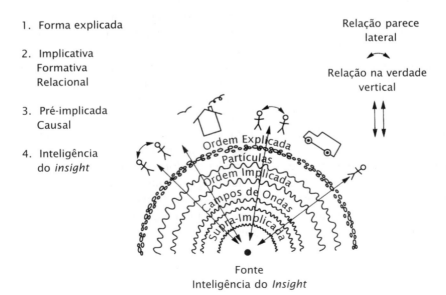

1. Forma explicada
2. Implicativa Formativa Relacional
3. Pré-implicada Causal
4. Inteligência do *insight*

Relação parece lateral

Relação na verdade vertical

Fonte
Inteligência do *Insight*

tual. A função subjacente é a mesma. A casa em que vivemos não muda, independentemente de medirmos sua área em metros (o que exige alguns instrumentos) ou em "pés" (algo que se pode fazer mais ou menos bem caminhando sobre a área). Porém, a depender da metáfora escolhida, você mudará a natureza da sua experiência de vida. Adotando a Constante de Planck, você poderá explorar as infinitas complexidades possíveis dentro da dinâmica implicada-explicada. Adotando a noção de Spanda, você adentrará o universo da inteligência do *insight*, numa jornada rumo ao silêncio e ao desconhecido. Seja como for, a função é a mesma. A forma escolhida determina a natureza da função que se desenrola. O parâmetro por meio do qual tentamos compreender a função determina a natureza do que aquela função é para nós. Essa é a natureza da função; é por isso que apenas a função é "verdade" e que o "todo" de Bohm, do qual provêm a matéria e a mente, não é um lugar, uma pessoa, uma coisa ou um deus, mas aquela singular função da unidade na diversidade — a dinâmica que somos nós e da qual provém tudo.

CAPÍTULO 4

Campos de Inteligência

A mente é conhecimento [...], conhecimento [que] é
idêntico ao objeto de conhecimento. [Este
conhecimento é liberação.]

GURU GITA

A fonte universal da sopa à qual recorremos é várias coisas: a força geradora que dá origem a coisas como as mentes-cérebros; o potencial sobre o qual as mentes-cérebros podem agir; a força dessa ação, que exprime esse potencial; e a reação às expressões assim compostas. Quanto mais complexa uma estrutura cerebral e mais completo o seu desenvolvimento, maior a porção da sopa a que tem acesso e que pode vivenciar. Parte da fonte dessa sopa move a minhoca em nosso canteiro, por meio dos poucos gânglios neurais de que ela precisa para levar sua "vidinha", e o pássaro em pleno vôo, para viver todas as delícias que há no mundo. A fonte é ao mesmo tempo pessoal e universal; o processo na minha cabeça se vale da mesma fonte à qual você e todas as demais formas recorrem.

Nossa experiência provém dessa fonte. Ao retroalimentá-la, a experiência a faz mudar continuamente, conformando-se às nossas reações da mesma forma que precisamos nos conformar à mudança correspondente em nossa fonte. Como disse um sábio há mais de dois mil anos, "O que você descarrega na terra, se descarrega no céu, e o que é descarregado no céu é descarregado na terra". O "céu" é uma metáfora da sopa cósmica, o domínio de freqüência ao qual o cérebro recorre para nos proporcionar a nossa experiência; a "terra" é essa experiência em si. O céu e a terra se refletem e, no entanto, são distintos: complementos perfeitos, como dizem Humberto Maturana e Francisco Varela ao descrever o "acoplamento estrutural" entre mente e ambiente.

Essa dinâmica de complementaridade subjaz a toda criação, seja ela vista como acoplamento estrutural, semeadura e colheita ou partícula de onda quântica. As formas inorgânicas, como as rochas, não podem participar da dinâmica que lhes dá origem. As colisões aleatórias de átomos e moléculas afinal as desgastarão, fazendo com que suas partículas se incorporem a outras formas, participando da evolução de um modo lento e fortuito. A vida orgânica entra na dinâmica dessa partícula de onda e acelera as coisas, à custa da estabilidade de uma rocha. Quanto mais complexa for essa vida orgânica — a começar das moléculas químicas orgânicas, passando pelos micróbios e terminando em formas como você e eu —, mais complexos são os campos de ondas e as interações possíveis entre onda e partícula. Ao contrário de uma rocha, o ser humano pode entrar na dinâmica que nos cria e brincar com ela, mas ganhamos essa possibilidade em detrimento da permanência e da estabilidade.

Os vírus e as bactérias podem interagir com seu meio, o qual é o parâmetro dessa interação — um mundo restrito. A natureza acrescentou nas criaturas pluricelulares um sistema nervoso: células especiais interligadas para controlar e coordenar as diversas células que lhes permitem interpretar uma maior variedade de campos potenciais, entrar em contato com um ambiente mais amplo e participar do universo maior daí decorrente. As minúsculas hidras de nosso aquário possuem o mais simples sistema nervoso que existe — alguns ocasionais neurônios ligados por filamentos neurais espalhados entre as duas camadas de células que compõem seus corpos.[1] No entanto, ao criar esse rudimentar sistema nervoso, a evolução deu um salto importantíssimo, abrindo caminho para nós. A pequena hidra pode participar e atuar em seu próprio nome e, ao fazê-lo, demonstra mais inteligência que as criaturas unicelulares.

Todas as criaturas respondem por seu próprio bem-estar por meio de uma força causal inteligente que as guia e dirige. Nosso sistema nervoso central é uma série espantosamente complexa de sobreposições e reorganizações do sistema simples da hidra. Nosso cérebro abarca campos sem conta, constelações específicas de neurônios que podem traduzir não importa quantos campos de potencial de onda em "forma de partícula" ou experiência particularizada, mesclando-os de infinitas maneiras. E não se pode estabelecer um limite entre um campo de onda de potencial e o campo neural correspondente no cérebro que traduz esse potencial em nossa experiência; nossos campos neurais são temporais-espaciais apenas em parte. Da mesma forma que a freqüência especificamente captada pelo aparelho televisor determina o que percebemos na tela, os campos de onda ou freqüências aos quais as estruturas neurais de nosso cérebro se sintonizam determinam a natureza do que percebemos como nossa realidade física, intelectual e emocional, a realidade de nosso pensamento e consciência.

A "história", ou expressão de nossa experiência individual, retroalimenta os campos gerais que dão origem a essa experiência. A cada instante nós colhemos o que semeamos, individual e coletivamente. Podemos vivenciar campos e criar novos campos, descarregando sem cessar na terra e no céu e vice-versa, muitas vezes lamentavelmente, já que toda a dinâmica se processa dentro de nós. A experiência emocional tende a constelar como campo, no qual há uma contínua bifurcação de subcampos de emoções variáveis porém similares; a emoção que vivemos provém de uma reserva comum, a que geramos com nossa reação a essa reserva comum retroalimenta essa reserva, permitindo que outras pessoas captem alguns de seus aspectos. A experiência intelectual cria campos "arquetípicos" de potencial como a matemática, a música, as religiões e assim por diante. Cada campo é uma "unidade", pois seu potencial contém toda a experiência de uma ordem semelhante que se manifesta como a contínua diversidade variável do campo; essa diversidade interage com aquele campo unificado do qual decorre, mudando seu potencial sem mudar sua natureza. (Søren Kierkegaard, contemplando a natureza absoluta e inalterável de Deus, gritou: "Mesmo a queda de um pardal O comove, mas nada O altera.") Assim, os campos de potencial são sempre da mesma natureza ou potencial geral, mas mudam continuamente, conforme a história de suas expressões, dando ensejo a uma criação aberta, fluida e evolucionária.

Nossos três diferentes estados de experiência — intelectual, emocional e físico — são óbvios. Todos sabemos o que é perder-nos em pensamentos, vernos presos a emoções ou deleitar-nos com os sentidos. Embora se sobreponham e entrecruzem, esses três estados saem de suas próprias freqüências. As pesquisas sobre o cérebro, que veremos no próximo capítulo, demonstram que esses estados exigem e, na verdade, possuem dentro de nós suas próprias estruturas neurais, seu próprio desenvolvimento e integração daquilo que constitui todo o nosso estágio de "desenvolvimento" do nascimento à maturidade.[2] As várias linhas de influência aqui abordadas se entretecerão ainda mais à medida que formos prosseguindo, proporcionando uma definição do ser humano que é ao mesmo tempo exemplar, impressionante e desafiadora.

CAPÍTULO 5

O Cérebro Tri-uno:
As Nossas Três Mentes

> Quando células simples se juntam [...],
> demonstram forças organizadoras em novas
> direções que eram impossíveis a qualquer das
> células individualmente.
>
> LUTHER BURBANK

> Todos os novos Campos abarcam unidades
> mórficas de nível inferior que [já] existiam [...].
> Novos padrões [...] contêm em si os antigos.
>
> RUPERT SHELDRAKE

> Quando o superior flui no inferior, transforma a
> natureza do inferior na do superior.
>
> MEISTER ECKHART

Possuímos três estruturas neurais claramente distintas dentro daquilo que pensávamos ser um único cérebro. Paul MacLean, do laboratório de comportamento e evolução cerebral do National Institute of Health, e seus assistentes obtiveram essa descrição dos sistemas neurais por meio de uma síntese de pesquisas não só de seu próprio centro, mas também de outros centros importantes, como os comandados por Karl Pribram e Wilder Penfield.[1] Essas três estruturas intracranianas representam os principais sistemas neurais desenvolvidos ao longo da história da evolução, por meio dos quais nós herdamos todas as realizações que nos precederam e conduziram a nós e, além disso, se me permitem, herdamos um salto quântico de potencial adicional que ainda não desenvolvemos.

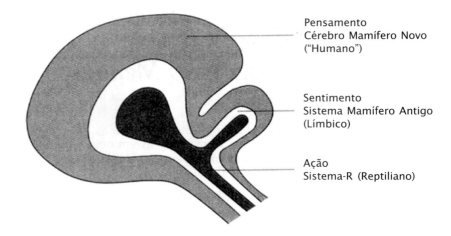

Pensamento
Cérebro Mamífero Novo ("Humano")

Sentimento
Sistema Mamífero Antigo (Límbico)

Ação
Sistema-R (Reptiliano)

MacLean denomina essas três estruturas de cérebro reptiliano, cérebro mamífero antigo e cérebro mamífero novo, conforme sua ordem de aparecimento e sua disposição ao longo da evolução. Nossas experiências de pensamento, sentimento e ação, assim como o sono, os sonhos e a vigília, estão todos relacionados a essa divisão tripartite. Karl Pribram sugere o termo *cérebro nuclear* em substituição a reptiliano, já que esse extensivo sistema nos presenteia com o mundo físico. O segundo cérebro, ele diz, representa esse ato de presentear, enquanto refletimos à nossa maneira humana sobre essa presentação e representação mediante o terceiro, que é a superior dentre as nossas estruturas. Porém usarei a terminologia mais vívida de MacLean, já que ela caracteriza tão claramente os comportamentos inerentes a cada um dos sistemas.

Esse sistema tripartite demonstra que a natureza constrói suas estruturas mais novas e mais complexas sobre as bases das anteriores, como quando uma célula se incorpora a uma criatura pluricelular, abrindo uma nova frente de potencial evolucionário. Cada uma das três estruturas tem suas próprias funções, características e comportamentos, podendo, até certo ponto, agir "lateralmente" — dentro de sua própria estrutura e de acordo com suas especialidades particulares. Os três destinam-se a agir verticalmente também, como uma unidade integrada.

Essas características resumem a evolução do próprio comportamento e fornecem paralelos exatos para os estágios de desenvolvimento infantil. O cérebro reptiliano ou sistema-R, como o chama MacLean, compreende nosso sistema sensório-motor e todos os processos físicos que nos proporcionam a percepção da vigília num corpo e num mundo.² O sistema-R, nosso meio de agir nesse mundo-corpo, "armazena" nossas várias aprendizagens acerca do mundo feitas por sistemas corticais superiores e transmitidas ao "piloto automático". Se só dispuséssemos desse sistema-R, nosso comportamento seria essencialmente primitivo. Incessantemente, sem emoção ou razão, nos entregaríamos à sobrevivência física: comida, abrigo, sexo (sobrevivência da espécie) e território. Visualmente, nosso mundo se limitaria a contrastes de luz e sombra, permitindo-nos ver apenas os contornos dos objetos mais próximos, com pouca profundidade ou dimensão espacial; nós interpretaríamos esse ambiente limitado de uma forma dualista simples, expressa em termos de "aversão-atração".

Empregado a serviço de nossos dois cérebros superiores, o sistema-R nos dá a ordem explicada. Aninhado acima dele está o nosso cérebro emocional, ou cérebro "mamífero antigo". Essa estrutura, com a ajuda dos lobos temporais e possivelmente outras partes do córtex mais novo, é chamado de cérebro emocional ou sistema límbico (de *limbo*, que também significa "orla"). Ele envolve o cérebro reptiliano, formando uma orla em torno deste, e proporcionando-nos uma inteligência muito mais sólida, adaptável e potente, além de um universo mais amplo e mais rico. Além disso, todos os pouco elaborados instintos do sistema reptiliano são transformados em formas de comportamento mais flexíveis e inteligentes quando incorporados a esse sistema superior. A reação reptiliana simples de aversão-atração, por exemplo, é elevada a um complexo de matizes que provêm de uma vasta rede de polaridades: gostar-não gostar, bom-mal, raiva-alegria, tristeza-felicidade, amor-ódio. Estas dirigem aquele primitivo servo reptiliano de acordo com uma estética em constante mudança, um desejo insaciável de relações sensoriais prazerosas, ansiedade pelas relações não-prazerosas, ressentimentos crônicos de experiências dolorosas anteriores e assim por diante. Aqui também há uma inteligência intuitiva que impele ao bem-estar do sujeito, da prole e da espécie.

Esse cérebro emocional, ou sistema límbico, é responsável pela manutenção de todas as relações, como por exemplo o nosso sistema imunológico e a capacidade orgânica da cura. Aqui está a base de todos os vínculos emocionais, como o da mãe-bebê, criança-família, criança-sociedade, par de fundação macho-fêmea etc. Ele está ligado ao sonhar, às visões do mundo interior, às experiências sutis e intuitivas e até aos devaneios e fantasias provenientes de seu vizinho de cima, o neocórtex. Esse sistema emocional intermediário junta os três cérebros, promovendo uma unidade, ou chama a atenção de um para o outro, conforme necessário. Ele pode colocar a inteligência inferior a serviço das superiores e vice-versa — pode também colocar o intelecto a serviço do sistema de defesa inferior numa emergência real ou imaginária.³

O terceiro e superior dentre os três sistemas, o neocórtex ou novo cérebro, é cinco vezes maior que seus dois vizinhos de baixo juntos e proporciona intelecto, raciocínio criativo, cálculo e, se desenvolvido, empatia, compaixão e amor. Aqui refletimos sobre os relatórios dos dois vizinhos de baixo acerca de nossa vida no mundo e nossas reações emocionais a esse mundo. Aqui planejamos, divisamos meios de prever e controlar o meio em que vivemos, o mundo e as pessoas; refletimos sobre a nossa mortalidade e morbidade galopante; pensamos em poemas de outros climas e tempos; vivenciamos mundos interiores e de além; negociamos leis restritivas ao comportamento alheio; inventamos religiões e filosofias, sopesando os destinos da humanidade.

Da mesma forma que o sistema límbico não poderia existir sem a base reptiliana, o neocórtex não poderia funcionar sem o apoio de ambos os "cérebros animais", o límbico e o sistema-R. Ele pode, se desenvolvido, ter acesso à própria causalidade; por meio desse potencial podemos alterar radicalmente as ordens inferiores, alterar a própria natureza do ambiente estabelecido por nossos dois sistemas primários. O neocórtex se divide em hemisférios, cada um com suas especialidades. Ele constrói diretamente seus próprios padrões neurais, correspondentes às aprendizagens "integradas" de seus dois vizinhos de baixo. As reações da cobra são predeterminadas por seu sistema neural simples; ela não precisa de orientação da mãe-cobra para reagir diante do mundo. À medida que essas reações são esboçadas em nosso sistema-R, vão retroalimentando diretamente o neocórtex, que constrói estruturas neurais paralelas àquilo que, do contrário, seriam mecanismos automáticos de estímulo-reação. Isso nos permite guiar e dirigir esses sistemas simples, modulá-los e usá-los para fins mais nobres; e a gravação desses padrões requer apenas a interferência de uma pequena parte de nosso enorme cérebro novo. Por meio dessa conexão tripartite do nosso "cérebro tri-uno", esses instintos e inteligências mais primários assumem um caráter inteiramente diferente, dispondo, além disso, do intelecto do nosso cérebro superior em caso de emergência. Por meio do desenvolvimento operacional, que discutiremos posteriormente, nosso "cérebro causal" superior também pode agir em sua padronização dos dois sistemas inferiores e mudá-los em graus variáveis, e até mesmo, como disse Mircea Eliade, fazê-lo "intervir nos constructos ontológicos do nosso universo".

Embora os três sistemas funcionem como uma só peça, até certo ponto podemos sintonizar os canais e concentrar nossa atenção e energia em um de cada vez, bem como usar qualquer um deles em nome do outro. Por exemplo, quando ficarmos presos nas preocupações com a defesa do território e da sobrevivência próprias do sistema-R, poderemos então usar o intelecto de nosso novo cérebro e as emoções do sistema límbico para canalizar a atenção, concentrando-nos na autodefesa. Naturalmente, também podemos utilizar esses sistemas inferiores em nome do superior, como ocorre na invenção e no raciocínio criativo.

Nossas inteligências de ordem inferior se refinam quando colocadas a serviço do neocórtex. O sistema-R é a base da sexualidade, por exemplo, mas o que o ser humano faz com esse instinto básico é (ou deveria ser) diferente do que faz a cobra. O sistema superior, neocortical, transforma esse impulso reprodutivo bruto em *Tristão e Isolda* ou *Romeu e Julieta*. Como observou Burbank, a incorporação do sistema simples ao mais complexo abre novas possibilidades: mesmo instinto, cenário diferente.

O sistema-R está envolvido no uso da linguagem, como se vê quando o bebê, no útero, move um determinado músculo em reação a cada fonema emitido pela mãe. Usamos esse sistema primário para falar e escrever ou observar outros falarem e escreverem. Além disso, esse nosso cérebro básico tem suas próprias imagens e, apesar de tão rudimentar, com a contribuição dos vizinhos de cima e seus desenvolvimentos evolucionários no que se refere à visão, mais a força modeladora da linguagem, nos dá a rica visão que temos de um universo sem fim.

Em nosso cérebro reptiliano existe uma "formação reticular", uma passagem através da qual nossos sentidos canalizam-se e, de uma forma ou de outra, coordenam-se antes de se dispersar rumo às duas estruturas superiores. Quando nossos biorritmos de sono-vigília fecham essa passagem, o mundo exterior desaparece e a percepção volta-se para um mundo interior; passamos da vigília ao sono. Reabrindo-se a passagem, o mundo físico reaparece; os cérebros superiores reengatam sua marcha para poder processar e preencher os relatórios acerca do ambiente que lhe são continuamente enviados e, assim, reagir a eles da forma mais adequada. Nossa percepção é tanto o receptáculo desses relatórios como um "ponto errante", que pode alternar-se entre qualquer um dos três cérebros, utilizando suas faculdades laterais ou verticais.

É preciso muito pouco de nosso novo cérebro para aumentar e fortalecer os antigos instintos territoriais, sexuais e de sobrevivência (fugir ou lutar) de nosso primário sistema-R. Talvez apenas uma pequena parte do neocórtex ressoe em uníssono com os sistemas inferiores, ou mesmo esteja disponível para concentrar-se neles. Se cairmos numa postura defensiva e concentrarmos o sistema superior nas necessidades do inferior, a maior parte do sistema superior terá simplesmente de funcionar em ponto morto até que o perigo tenha passado. Se a emergência (ou fúria) continuar, como na ansiedade crônica ou na paranóia, o sistema superior pode realmente chegar a atrofiar-se, já que tão pouco dele é necessário ou mesmo adaptável para servir ao sistema inferior. Assim, vemos que as crianças excessivamente ansiosas e inseguras estão sob risco intelectual e que os adultos paranóides, que usam o mínimo do intelecto, estão sujeitos a graves erros de julgamento.

Mesmo que o neocórtex possa agir diretamente sobre os relatórios sensoriais e, naturalmente, influenciar todas as ações sensórias, estas são canalizadas por intermédio do cérebro límbico ou emocional para operações gerais de catalogação, memória, aprendizagem e relação. O cérebro emocional age em conjunto com o neocórtex em todas as nossas imagens e visões criativas interiores. Durante o dia, a maior parte dessa capacidade se sobrepõe para transformar as rudimentares imagens do sistema-R, dando-nos o mundo vasto e rico que conhecemos. O sistema límbico emocional e onírico também dá corpo e substância ao pensamento criador. Ele deve transferir as criações causais do novo cérebro para o sistema físico e disponibilizá-las para tradução no mundo cotidiano. Da mesma forma, as informações mais abstratas acerca do ambiente devem ser traduzidas para o cérebro superior, e essa tradução ocorre via sistema límbico. Boa parte dela se processa como imagem, um dos maiores meios de integração entre as três estruturas.

O cérebro límbico-emocional desenvolve as nuanças da linguagem, que precedem o uso de fato das palavras pelo bebê. O relacionamento sintático de sons em agrupamentos que têm sentido é uma função emocional ou relacional. Se não fosse pelo cérebro sensório-motor, não poderíamos falar nem escrever. Se não fosse pelo sistema límbico, não poderíamos nos comunicar. E se não fosse pelo cérebro evolucionariamente mais avançado, não poderíamos pensar como pensamos.

Os dois cérebros mais antigos eram considerados meras sobras vestigiais, como as amígdalas ou o apêndice. Achava-se que toda ação verdadeiramente cerebral tinha lugar no neocórtex. A pesquisa atual indica o oposto: que a maior parte da nossa experiência provém da ação dos nossos dois cérebros primitivos — o sistema-R fornecendo nossa noção de ambiente-mundo; e o límbico, nossa noção de relacionamento, memória e ego individual. À primeira vista, o nosso imenso cérebro novo só traz benefícios "computacionais" periféricos.

Não há comparação entre nossos dois "cérebros animais" e as mesmas estruturas orgânicas em criaturas inferiores: os nossos são imensamente superiores aos delas. Conforme o desígnio da natureza, o superior deve incorporar o inferior e colocá-lo a seu serviço; esse desígnio transforma geneticamente o inferior desde o princípio, seja esse sistema superior desenvolvido ou não. O sistema reptiliano com que nascemos está anos-luz na frente do que possui o réptil, mesmo que (teoricamente) jamais desenvolvêssemos nenhuma das estruturas superiores. Portanto, mesmo que nosso comportamento se baseasse principalmente nos dois cérebros mais antigos e nós não desenvolvêssemos muito o mais novo (como afirmam hoje diversas autoridades), ainda conseguimos obter mais desses dois sistemas primários do que qualquer outra criatura.

A idéia, cada vez mais difundida, de que usamos no máximo até 10% do nosso cérebro superior é contestada por muitos neurocientistas, e não há muitos meios de testá-la. Nosso erro está em considerar "uso", em vez de "desenvolvimento". Há indícios muito fortes de que, de fato, nosso neocórtex é subdesenvolvido e que nós mal tocamos seu potencial, embora por padrão o utilizemos na íntegra, simplesmente porque as funções do cérebro são um todo integrado.

John Lorber, neurocientista britânico, descobriu durante uma pesquisa preliminar, mais de 150 pessoas que praticamente não tinham neocórtex.[4] Todas elas apresentavam hidrocefalia (água no cérebro) congênita. Os novos aparelhos de que dispomos para exame cerebral acusaram estruturas basais e límbicas normais, mas apenas cerca de 5% do total humano normal de neocórtex. Para todos os efeitos e fins, a cabeça dessas pessoas tinha 80% de água (ou, melhor dizendo, fluido encéfalo-espinhal). Para nosso desconcerto, o QI dessas "pessoas sem cérebro" podia ir até 120, vários deles tinham pós-graduação e ocupavam cargos importantes, além de parecerem perfeitamente normais — o que reforça o argumento de que nós aparentemente podemos nos dar razoavelmente bem usando apenas uma fração do cérebro novo. Os hidrocéfalos podem viver tão bem quanto nós, já que não usamos mais que eles o novo cérebro, embora eles usem e desenvolvam todo o que possuem, ao passo que nós desenvolvemos e usamos apenas o mínimo do nosso. Qualquer que seja a proporção, parece que saímos dessa empatados.

Alguns usam os exemplos de Lorber como prova de que o cérebro é como um holograma, e assim pode funcionar com apenas uma pequena parte. Isso é rebatido de diversas maneiras. Por exemplo uma lesão numa pequena área do cérebro pode eliminar todo um bloco de experiência, ação, visão, linguagem ou outro processo cognitivo, o que não pode ser compensado por outras áreas. Os derrames aniquilam as faculdades de um lado do corpo de milhares de pessoas por ano. A seção dos dois hemisférios por meio do corte do corpo caloso (que os une) traz graves perturbações ao seu funcionamento. E a perda de certas partes-chave do sistema límbico é catastrófica do ponto de vista do funcionamento geral. O cérebro contém muitas áreas especializadas cuja "ação lateral" não pode ser assumida por outras partes. Sem dúvida ocorre uma "ação holográfica", pois o cérebro se vale de campos holográficos ou morfogenéticos complementares aos seus campos, mas o cérebro não é uma parte de um holograma maior, ele *é* o processo holográfico, a função está em nós mesmos. Segundo Karl Pribram, o cérebro opera por meio de hologramas de *retalho* ou *bolso*, uma excelente descrição dos campos neurais.

Parece-me que está mais do que claro — e a partir daqui apresento esta proposta como axiomática — que nossos três cérebros traduzem para nossa experiência as três ordens de energia descritas por David Bohm. Sem dúvida os três operam verticalmente, de cima para baixo, ao dar-nos a matriz, a ordem explicada ou realidade física, apresentada pelo nosso sistema reptiliano. Porém nossos dois sistemas superiores não se limitam, de jeito nenhum, a coadjuvar nessa criação nem a simplesmente reagir diante dela. Ambos guardam em seus próprios processos laterais a experiência que temos dos potenciais causais das ordens implicada e supra-implicada, assim como o nosso desenvolvimento dentro dessas ordens. O simples reconhecimento de que há processos paralelos, possibilitados por nossas estruturas superiores, coloca tudo sob um novo foco, mostrando claramente qual o propósito por trás da evolução. Se esses processos paralelos se desenvolverão ou não dependerá porém, como de hábito, do imperativo natural do modelo. Ou seja, eles devem ser submetidos ao estímulo apropriado e a um ambiente propício. Ao reconhecerem como válido, como o fazem, apenas o domínio físico ou explicado, os parâmetros científicos, que vimos aceitando como visão de mundo e de eu, negam esses estímulos e impedem um ambiente propício. Isso ocasiona uma cisão entre intelecto e inteligência, eliminando a maior parte das funções que podem ser desenvolvidas pelas estruturas evolucionárias superiores e levando à ansiedade, ao desespero e à raiva, como ocorre em todos os movimentos devolucionários.

De qualquer modo, proponho, para resumir, que nosso sistema reptiliano registra a experiência física, mas não tem acesso aos campos formadores que dão origem a essa experiência. O cérebro límbico, por outro lado, pode ter acesso a esses campos implicados formadores de relacionamento e alterar ou expandir imensamente a padronização de nosso corpo-mundo físico. Entretanto, ele não pode ter acesso aos campos causais que estão por trás de tudo; essa é a função do neocórtex, que emprega ou interage com as freqüências primárias que causam a exibição. Por meio do acesso a esses campos causais e aos vários híbridos intermediários entre a pura causalidade e o ordenamento implicado, podemos analisar qualquer imagem ou formação experiencial que surja, percebendo intuitivamente os campos-forma antes que eles se concretizem e intervindo sobre uma ampla faixa da realidade.

Quando se capta a importância do nosso sistema tri-uno, o cotidiano começa a fazer mais sentido, revelando novos significados de vários aspectos da atual pesquisa científica. Robert Cloninger, por exemplo, publicou recentemente a descoberta de três sistemas químicos cerebrais: um que busca o novo, outro que mantém a sensação de recompensa e um que evita os danos;[5] as mesmas três categorias principais de comportamento humano descritas por Paul MacLean. Essas substâncias químicas cerebrais, porém, são nomes específicos dados a formas de energia que incidem sobre campos energéticos dentro de nós, o *modus operandi* da natureza, seu meio de comunicação, transferência e movimento. Os sábios shivaítas afirmavam que a Spanda original provocou um vasto mar de vibrações, cuja expressão final mais grosseira é a partícula, a forma mais contracta de energia. As constelações de partículas, apesar de serem apenas "exibições" de freqüências, fornecem então limites para as infinitas variações possíveis àquela freqüência básica em si. Trata-se da "medição" de um jogo auto-suficiente. Desse processo singular mas essencialmente simples jorra um universo, no fundo, uma vibração de freqüência;

no fim, o que conhecemos como nosso mundo. Percebemos esse universo vibratório por meio do nosso sistema cerebral tripartite e seus campos neurais flexíveis e ilimitados. O primeiro, o sistema-R, percebe as estruturas de partícula que resultam das ações dos outros dois. O segundo, o sistema límbico, percebe os campos formadores que dão origem às partículas. A retroalimentação da experiência sensorial do sistema-R nesse domínio implicado completa a dinâmica e abre um vasto mundo. O terceiro, o neocórtex — nosso sistema intelectual — percebe a força causal por trás dos campos formadores do sistema límbico, juntamente com as experiências emocionais-relacionais neles presentes, o que amplia esse universo e abre potenciais ilimitados.

O cérebro tri-uno exibe nosso universo, criado dentro e projetado fora, e nós adentramos essa criação, identificamo-nos com ela, perdemo-nos nela e a ela nos submetemos. Entre fascinados e aterrorizados, mergulhamos aí buscando, até que nos faltem forças, um grão de permanência ou paz de espírito. Já que, por sua própria natureza, o universo vibratório desdobra-se em conformidade com nosso movimento, encontramos apenas campos de partícula e movimento que se desdobram sem cessar. A depender de nossa disposição mental, percebemos isso como caos ou ordem, enquanto o silencioso ponto de origem que buscamos, a Spanda e o Eu que silenciosamente a tudo testemunha, naturalmente só pode estar dentro de nós.[6]

CAPÍTULO 6

Imagens da Vigília e do Sonho

> O que o homem percebe não se prende aos órgãos da percepção; ele percebe muito mais do que os sentidos (por mais agudos) podem descobrir.
>
> WILLIAM BLAKE

Sentido, conforme a ele se refere William Blake, é sentido físico. Sem dúvida, possuímos outros: na verdade, um sentido para cada um dos sistemas neurais descritos no capítulo anterior. Cada um de nossos três sistemas tem, por exemplo, sua própria forma de criar imagens; as imagens da vigília diferem das do sonho. O cérebro superior tem dentro de si as mais singulares de todas as imagens: formas geométricas tridimensionais, de cores vivas, que estão sempre mudando e podem preencher nosso campo visual de modo assombroso e numinoso. Com base nos relatos de pessoas sob circunstâncias excepcionais — drogas, hipnose profunda, períodos hipnagógicos entre a vigília e o sono, meditação ou experiências religiosas — os pesquisadores definiram oito categorias dessas formas, embora seu número total seja, sem dúvida, incalculável.[1] Elas representam padrões universais pelo fato de serem inerentes à natureza do cérebro e, segundo imagino, são causais pelo fato de que a visão decorre delas como a linguagem, de uma "reserva comum" de fonemas.

Entre essas formas universais estão a do floco de neve, a da teia de aranha e a da casa de abelha; as linhas paralelas que se superpõem em forma de grade com pequenas esferas ao longo de cada linha; as linhas radiais em forma de ventilador; os quadriculados do xadrez etc. Elas são campos de variáveis compatíveis, já que estão em constante movimento e mudança e, no entanto, são sempre claramente o mesmo padrão genérico. Por exemplo, não há dois flocos de neve (dentre os incontáveis quatrilhões que já devem ter caído) iguais, embora qualquer um deles seja imediatamente reconhecível conforme a categoria à qual pertence: a dos flocos de neve.

Essas formas implicam — e/ou provêm de — um domínio de freqüência do qual se cria o nosso mundo visual; os campos neurais do cérebro valem-se da infinita variedade de formas disponíveis nesses campos de padrões para fazer suas combinações. De acordo com David Hubel, nas áreas mais primitivas de nosso sistema visual há grosseiros pedaços de linhas, arcos de curvas, ângulos etc.[2] As estruturas corticais superiores aparentemente partem desses fragmentos geométricos para dar-nos toda a riqueza que possui o nosso mundo visual.

Normalmente podemos ver esses padrões como são apenas interiormente, apesar de eles poderem irromper em nosso estado habitual de vigília. Um amigo que pratica meditação há anos diz que essas imagens se sobrepõem à sua visão normal, esfumando-se lentamente quando ele está saindo do estado meditativo. Uma vez, enquanto escutava minha mestra de meditação, um zumbido começou a vibrar dentro da minha cabeça e eu a vi numa projeção plana por meio de uma nítida grade hexagonal que depois se desmanchou sem afetar em nada a minha visão. O neurologista Oliver Sacks dá uma explicação mais ou menos semelhante da forma espantosa como perdeu o campo visual esquerdo durante um ataque de enxaqueca, provocando a cegueira total da metade esquerda do seu campo visual, à qual se refere como "escotoma".[3] Quando a enfermeira entrava em seu quarto, ele a via mover-se pela metade direita de seu campo visual e desaparecer exatamente no meio, reaparecendo quando voltava ao lado direito. Quando Sacks começou a recuperar-se, começaram a surgir padrões luminosos piscando em seu campo esquerdo, os quais se encaixavam à perfeição em hexágonos transparentes que formavam uma grade através da qual aparecia a metade esquerda banida de seu universo. Só que aquele universo hexagonal era plano e raso, sem profundidade nem movimento. Quando a enfermeira entrou no quarto, transitava fluidamente através do campo direito dele até aparecer na metade esquerda como uma seqüência de figuras planas, descontínuas e sem capacidade de movimento, que ocupavam diferentes partes da grade, "movendo-se" assim através de uma série de quadros imóveis e unidimensionais. Após mais ou menos uma meia hora desse bizarro efeito, a grade lentamente se desmanchou e o campo visual esquerdo assumiu plena profundidade e fluidez.

De algum modo, o cérebro "superpõe" esses campos geométricos para construir suas imagens. Os sistemas visuais de todas as criaturas fazem o mesmo, embora só um sistema evolucionário avançado como o nosso possa ver os campos como campos (e mesmo assim só em circunstâncias especiais); nossas estruturas superiores, neocorticais, podem ter acesso direto a esses campos geométricos em si. Essas freqüências são causais, elas subjazem à criação de toda realidade visual e o neocórtex é, como já sugeri, nosso cérebro causal. Entretanto, o acesso direto a eles é como o acesso do idiota-sábio a um campo matemático ou calendárico: normalmente não faz parte da função criadora, mas "vaza" no sistema.

Podem-se induzir padrões semelhantes aos nossos campos geométricos interiores em materiais como areia, poeira, líquidos viscosos e outros meios, expondo essas substâncias a ondas sonoras.[4] Quando se põe água para ferver, a uma certa temperatura ocorrem formações de moléculas de tipo hexagonal.[5] Quando as vibrações interagem com materiais brutos ou agregados de partículas, surgem padrões geométricos. São necessárias duas coisas: vibração e limites. A vibração em si não tem limite; os limites são fornecidos pelos meios físicos e estes podem muito bem ser fornecidos pela interferência de ondas umas com as outras. O cérebro é fluido e está em constante vibração; os olhos vibram a muitos bilhões de ciclo por segundo; todos os músculos do corpo vibram a uma freqüência baixa, mesmo no sono profundo; o osso estapédio do ouvido interno está em delicado e constante movimento vibratório — tudo isso aponta para a natureza vibratória de nossa experiência.

A estrutura das imagens muda conforme nossos estados de consciência. As imagens oníricas podem ser brilhantes, claras, bonitas e alegres ou medonhas e aterrorizantes. Elas são de uma realidade absoluta no momento, mas, por consenso geral, irreais. Mesmo as imagens da vigília só são consideradas reais se compartilhadas com outras pessoas. Essas imagens exigem o completo despertar do sistema-R, em geral estão disponíveis a todos os sentidos ou à sua maioria e ocorrem num cenário definido, contínuo. As imagens oníricas ocorrem quando o sistema-R está fechado e o mundo exterior, ausente — quase sempre. Elas são normalmente apenas visuais, particulares, fluidas, aleatórias, a-lógicas e não-locais.

Entretanto todas as imagens, independentemente de sua natureza, são construídas da mesma maneira e colocadas logicamente pelo cérebro. Só que essa lógica está sujeita a transtornos ou erros, e as imagens oníricas podem irromper e tornar-se parte da vigília, como nas alucinações do delírio febril, do *delirium tremens* ou dos estados induzidos por drogas. As imagens oníricas podem assumir dimensões palpáveis no mundo cotidiano. Elas podem ter o mesmo impacto sobre nossos sentidos que as imagens da vigília e tornar-se "recheadas" de material plenamente sensorial, como as imagens diurnas. Aí os bem definidos limites de nossas categorias de real e irreal se misturam e, se isso persistir, aqueles homens de guarda-pó branco virão nos buscar.

Certa vez minha mulher teve delírios durante uma febre. Sua temperatura passou dos 40 graus e ela achava que havia pequenas mariposas cinzentas, repugnantes, pululando sobre seu corpo. Implorava-me que a ajudasse a tirá-las de cima dela, mas, infelizmente, minhas tentativas de livrá-la das mariposas que eu não via não deram em nada (embora eu diligentemente tentasse). O episódio tornou-se parte de sua memória da enfermidade, perceptivamente tão "real" quanto qualquer outra coisa, embora em retrospectiva ela o reconhecesse como alucinação. O oposto ocorre numa espécie de sonho chamado terror noturno: mesmo que sejamos despertados por outra pessoa e abramos os olhos, não acordamos para o mundo exterior, como no caso dos sonhos habituais. Em vez disso, o mundo interior dos sonhos continua e as imagens exteriores da vigília tendem a ser incorporadas e a tornar-se ingredientes de nosso louco mundo de pesadelos.[6] Quando criança, eu tinha esses sonhos e, enquanto minha mãe ou algum de meus irmãos tentava despertar-me, seus rostos e vozes tornavam-se parte do sonho, intensificando-o.

Semelhante é o "falso despertar", um estranho estado no qual temos a impressão de que despertamos, nos levantamos e fomos cuidar da vida, mas estamos semi-adormecidos na cama (como quando, apertados para urinar, pensamos mil vezes que estamos nos levantando para fazê-lo). O cérebro incorpora tais atos ao nosso estado onírico, talvez numa tentativa de completar seu ciclo de sono-sonho. Muitas vezes essa zona nebulosa tem um matiz maligno, tornando o ambiente que nos é familiar algo estranho e ameaçador.[7]

Nas pesquisas sobre o sono e os sonhos, as pessoas que usam óculos vermelhos durante o dia sonham em vermelho na noite subseqüente.[8] E, da mesma forma que o mundo da vigília influencia o mundo onírico, o que acontece durante o período emocional do sono REM assume a forma do mundo da vigília. Na verdade, fazemos muito "dever de casa" durante a noite, relacionando os eventos do dia aos mapas de referência gerais e à memória, aos quais constantemente recorremos para criar a realidade diurna.[9] Pois, conforme veremos, a realidade normal é, como o mundo dos sonhos, uma "construção" que o cérebro deve fazer, e a construção da realidade exige a totalidade da experiência.

Os músculos dos olhos movem-se rapidamente quando estamos sonhando. Por isso é que esse período do sono é chamado REM.[10] Todos os mamíferos mais evoluídos precisam de suficiente sono desse tipo para poder sobreviver. O cérebro límbico, emocional, que está envolvido no sonhar, precisa de tempo para associar o material dos eventos lógicos do nosso dia-a-dia àqueles mapas referenciais dos quais depende sua construção. Portanto, sonhar faz parte do nosso "gerenciamento da casa", e a privação dos sonhos provoca desde fadiga a perturbações mentais e finalmente a morte, se prolongada. Não se sabe (e talvez não se possa saber) se os mamíferos inferiores sonham ou não, mas parece que, como nós, eles também precisam ter sua cota de sono REM, pois os cérebros de todos os mamíferos obedecem ao mesmo padrão básico e têm mais ou menos as mesmas necessidades. Acho que minha cadela sonha — ela às vezes começa a ofegar, ganindo e sacudindo as patas no ar, até acordar com um uivo de terror. Depois olha em volta timidamente, como se estivesse surpresa por encontrar-se a salvo em casa e um pouco envergonhada por fazer um papelão daqueles.

O *delirium tremens* é causado pelo alcoolismo crônico ou a ele se associa. O álcool aparentemente danifica a "passagem" (formação reticular) normal que mantém o mundo do sono-sonho separado do mundo da vigília. Além disso, afeta os biorritmos que determinam a transição normal da vigília ao sono. Isso impede que o alcoólico fique inteiramente adormecido ou desperto; não lhe é possível nem gerenciar direito a casa nem ficar alerta em estado de vigília. Daí o que vem é a confusão. A necessidade que o cérebro tem do reparador período REM se acumula e, com a disfunção da passagem, as imagens do sonho começam a impor-se às da vigília. Cobras e elefantes cor-de-rosa saindo do buraco da fechadura ou outras alucinações começam a ocorrer; alucinações que à vítima parecem reais. O sistema-R compara diligentemente as imagens oníricas com os mapas de referência do cérebro, os quais infundem nelas a mesma informação sensorial de apoio recebida por qualquer estímulo do ambiente (exatamente como as mariposas do delírio que a minha mulher teve durante a febre).

Os aborígines australianos viviam num estado a que denominavam Hora do Sonho, o equilíbrio perfeito entre as ordens implicada e explicada. (Alguns poucos ainda o fazem.)[11] Sua visão de mundo era bastante diferente da nossa, permitindo-lhes diferentes faculdades, percepções e raciocínios. Os Kalahari !Kung também empregam um estado de consciência diferente do nosso e conseguem fazer coisas que a maioria dos ocidentais não pode, como curar feridas graves, sentar-se em meio a labaredas e outras coisas inacreditáveis.[12] Os vários livros de Carlos Castañeda sobre seu mentor, Dom Juan, giram em torno de um estado onírico no qual a nossa lógica habitual não prevalece. O estado é mantido por seu próprio conjunto lógico, sua "regra", que também é a maneira de se atingir esse estado (como é o caso dos yogues que atingem o pleno desenvolvimento). O resultado é uma realidade não-temporal e não-espacial que proporciona uma experiência de vida válida. Já que essa realidade é o efeito de uma dinâmica sutil-causal, ela é também um feito evolucionário superior à nossa dinâmica sutil-física. Aparentemente, por não haver sido desenvolvida por um número suficiente de pessoas durante um período suficiente, ela é instável, fácil de ser sobrepujada pelos comportamentos muito mais estáveis inerentes ao sistema-R e à sua base solidamente habituada. Talvez por isso os ocidentais, havendo desenvolvido uma propensão intelectual altamente identificada com o sistema-R, não tenham demorado em destruir os aborígines australianos e outras culturas.

Em livros anteriores, citei a pesquisa de Charles Tart sobre a hipnose mútua, um fenômeno que agora vejo sob nova luz: dois dos assistentes de Tart, um rapaz e uma jovem muito hábeis na aplicação de testes em larga escala para verificação de suscetibilidade à hipnose, revelaram eles próprios alto grau de suscetibilidade (uma rara combinação).[13] Tart treinou a moça a hipnotizar o rapaz e este, por sua vez, a hipnotizá-la, mantendo estreito contato com ambos para poder dar a cada um as sugestões necessárias à experiência, observação e pronta capacidade de reação no caso de algum problema.

Para ser hipnotizada, a pessoa precisa estar disposta a isso, além de ser capaz de suspender seus critérios seletivos habituais sobre o que é real e possível, deixando isso a cargo do hipnotizador. Isso requer uma certa flexibilidade do mecanismo de "passagem" entre o físico e o sutil, ou vigília e sonho (como ocorre com as crianças que têm criatividade e imaginação, por exemplo). Quando a moça hipnotizava o rapaz, tornava-se o critério de que ele dispunha sobre o que é possível. As ordens dela tornavam-se a fonte de "reação ao mundo" do sistema-R dele, que então se voltava com toda a liberdade para os "mapas de referência" habituais dele e para o fluido potencial de seu estado onírico para criar um híbrido, com materiais provenientes tanto do sonho quanto da vigília. Quando ela ordenava-lhe que a induzisse a um estado semelhante, ele passava a ser o critério de que *ela* dispunha sobre o que é possível. Assim, entravam num estado de suspensão da realidade, cada qual havendo cedido a construção do próprio mundo ao outro, cada qual sujeito e aguardando ordem ou estímulo do outro.

Nessa altura, Tart tinha de intervir no impasse, de acordo com o previsto, para instruir a jovem a usar sugestões ("imagens guiadas" convencionais) para aprofundar o estado hipnótico do rapaz e, em seguida, instruí-lo a fazer o mesmo com ela, de igual forma. Assim, induziam um ao outro a uma experiência hipnótica compartilhada. Certa feita, o rapaz sugeriu à jovem que "visse" e entrasse num túnel, metáfora da entrada em transes mais profundos, deixando o mundo para trás. (A força dessa criação de imagens interiores sobre a organização da realidade ficará mais clara no capítulo sobre a brincadeira infantil.) Quando a imagem do túnel se estabilizou entre as imagens da jovem, Tart a instruiu a usar a mesma visualização para aprofundar o transe do rapaz. Quando ela o fez, ambos de repente viram-se juntos num túnel "de verdade", o qual percebiam exatamente da mesma maneira que perceberiam qualquer outra coisa. Trocaram algumas palavras e deram-se as mãos dentro desse túnel para dar coragem um ao outro. Outra assistente, uma jovem também muito suscetível à hipnose que havia entrado no laboratório para acompanhar os procedimentos, acabou por ver-se hipnotizada e no túnel com os outros dois. Eles perceberam sua presença e sentiram-se incomodados, vendo-a como uma intromissão no que estavam fazendo. Ela captou isso e refugiou-se numa parte afastada do túnel, de onde os observava sem ser vista. O casal finalmente terminou espontaneamente a aventura graças à ansiedade crescente e à perplexidade que sentiam diante do caráter real do universo do túnel.

Quando os dois assistentes se encontraram em seu túnel, pararam de falar e de reagir ao laboratório e excluíram Tart dos procedimentos. Sem meios de fazer um relatório objetivo, ele lhes pediu que fizessem cada qual um relatório completo e independente sobre a volta ao estado de vigília, o que a partir de então se tornou praxe. Em outra ocasião, o rapaz usou a imagem de uma escada de corda, dourada, pela qual a jovem poderia chegar ao estado mais profundo da hipnose. Quando ela disse que havia atingido esse ponto mais alto, ele sugeriu que ela se visse numa praia muito bonita e, ao chegar lá, o induzisse ao mesmo estado. Ao atingir o mesmo grau de hipnose, o par se viu numa praia maravilhosa, de espuma transparente e rochas de cristal, ao som de um coro celestial. Além de majestosa, a experiência foi, mais uma vez, inteiramente tátil: eles podiam sentir o paladar, tocar, cheirar e ouvir perfeitamente, assim como fazem no dia-a-dia. Todas essas experiências eram estáveis; os fenômenos não se alteravam como costuma ocorrer nos sonhos. (Os dois conseguiram voltar depois à praia por meio de hipnose auto-induzida, e encontrá-la intacta, exatamente como fora deixada, algo que não pode ser feito por meio dos sonhos hipnóticos auto-induzidos nem da visualização normal de imagens.) Outra vez, eles se viraram um para o outro de repente e, ocupando o mesmo espaço físico, sofreram uma fusão de identidades; cada um via a si mesmo como uma personalidade conjunta. Foi uma coisa desconcertante, de arrepiar. O rapaz insistiu em deixar aquele estado e fazer a contagem regressiva para voltar ao normal. Tart conduziu uma série de experiências assim; a jovem acabou ficando cada vez mais à vontade em sua posição de criadora de mundos, ao passo que as experiências começaram a incomodar cada vez mais o rapaz até que ele se retirou da pesquisa. Já não tinha certeza do que era real; a "realidade não-ordinária" conjuntamente criada e vivenciada tinha exatamente as mesmas características táteis e sensoriais da experiência do dia-a-dia.

O Poseidon Group é uma organização que reúne pessoas que aprenderam a ter sonhos lúcidos, isto é, uma espécie de sonho consciente, deliberado, no qual se tem conta do estado onírico e se pode entrar, participar e até mesmo dirigir o desenrolar dos acontecimentos. Essas pessoas entram num sonho grupal compartilhado concordando em reunir-se num horário predeterminado e num local conhecido por todos (por exemplo, num ônibus escolar). Cada uma faz seus preparativos (que costumam variar muito) para o sonho lúcido e, na hora marcada, concentra-se na imagem comum (ônibus escolar) até encontrar-se com os outros naquele local. Então trocam citações, rimas, breves ditos, voltam ao estado normal e escrevem a informação trocada e o nome da pessoa que a deu ou recebeu. Pessoas de todo o país, que não se conhecem, participam dos eventos; verificou-se que de fato há troca de informação precisa, mesmo que os envolvidos estejam geograficamente muito distantes. (Mais uma vez, vem à mente a visualização a distância.)

Esses sonhadores lúcidos, com efeito, se encontram na ordem implicada e mantêm diálogo. A ordem implicada é não-localizada e, na melhor das hipóteses, quase temporal. Geralmente a ordem implicada se traduz por meio do sistema-R como o mundo físico. Nossa tradução direta da ordem implicada como ela mesma se processa é feita pelo sistema cognitivo-emocional e por partes do neocórtex; ela exige que se interrompam todos os relatórios do sistema-R. Geralmente a nossa única percepção direta da ordem implicada se dá por intermédio do nosso estado onírico não-desenvolvido. Porém, se desenvolvido, esse estado oferece a possibilidade de um potencial ilimitado. Podemos adentrá-la diretamente, e ela se traduzirá de acordo com nossas sugestões ou objetivo.

O cientista em seu laboratório, trancado com seus dispositivos mecânicos e eletrônicos — que são a única fonte de seus parâmetros de legitimidade numa "realidade testável e repetível" — insiste que "nenhuma percepção, a não ser a orgânica", é verdadeira; tudo mais é ilusão e constrangimento. E dentro desses seus parâmetros, ele fala a verdade, já que a verdade é função, um processo que vivenciamos enquanto dele participamos. Como disse William Blake, tudo que pode ser imaginado é uma imagem da verdade, um ponto de vista radicalmente diferente da idéia cartesiana e newtoniana que era adotada em toda parte na sua época. Descartes negou que a mente humana tivesse alguma participação na criação, noção que leva, segundo Blake, à aceitação da "falta de vida da pedra" como a única realidade, uma boa descrição do nosso paradigma científico clássico.[14]

Independentemente do local final das imagens — mundo interior, exterior ou intermediário —, a produção de imagens é singular e utiliza seletivamente cada parte do cérebro, do corpo e da mente. Nos capítulos seguintes analisaremos esses processos, mas lembre-se que nossa análise altera as coisas e se imiscui na própria natureza daquilo que está sendo descoberto. Meister Eckhart disse que "quando a alma deseja sentir alguma coisa, ela simplesmente projeta uma imagem e penetra nela". Essa projeção é a coisa mais simples quando acontece, mas incrivelmente complexa quando analisada.

CAPÍTULO 7

Visão

> Entre os processos físicos desencadeados
> no órgão terminal dos condutores nervosos do
> cérebro central e a imagem que ali surge ao sujeito
> que percebe, estende-se um hiato, um abismo que
> nenhuma concepção realista do mundo pode
> transpor. Trata-se da transição entre o mundo
> do ser e o mundo da imagem que surge ou
> consciência.
>
> HERMANN WEYL

Quando o escritor, filósofo e professor francês Jacques Lusseyran tinha 8 anos de idade, perdeu a visão num acidente que sofreu na escola.[1] Quando as bandagens foram retiradas, os pais informaram ao garoto que ele estava dando início a uma nova maneira de viver e que precisaria informá-los de tudo que descobrisse em seu novo mundo. Nessa idade, as crianças vivem uma abertura e uma aceitação totais e, em duas semanas, aconteceu a primeira grande descoberta. Seus relatos revelavam êxtase: a luz que ele pensara haver perdido voltou-lhe num transbordamento. Mas — e essa foi a maior das descobertas — a luz estava dentro dele: "A vida inteira eu só vi a luz refletida pelas coisas. Agora posso ver a luz diretamente, como ela é." A luz interior, brilhante, fantástica e numinosa, era um estado e também uma experiência, fazendo empalidecer, em comparação, a luz exterior.

E então a cor voltou, numa irradiação perfeita, direta, de clareza intensa e desconhecida; o verde era verde puro, e não os reflexos variados, porém mais esmaecidos, que os objetos emitiam dele. Logo ele pôde perceber a presença geral dos objetos mediante uma combinação entre as sensações generalizadas de seu corpo e as sutis diferenças existentes no próprio estado da luz. Embora ainda não pudesse correr e brincar com as outras crianças, ele jamais voltou a esbarrar nos objetos nem a se machucar, como ocorre com a maior parte das pessoas que acabam de perder a visão.

Além disso, Lusseyran descobriu que a luz dentro de si se tornava mais fraca ao menor sinal de raiva, irritação, tristeza ou autocomiseração. Se insistisse num pensamento negativo, a luz se apagava. Só então era verdadeiramente cego, o que era aterrorizante. Ele logo aprendeu, por pura necessidade e *biofeedback* direto, a descartar os pensamentos negativos. Meu mestre de meditação disse certa vez: "Nenhum pensamento ousaria entrar na minha cabeça sem ser convidado." Seríamos mentalmente tão preguiçosos e indulgentes se perdêssemos a visão a cada pensamento negativo que tivéssemos?

Anna Mae Pennica nasceu cega, vítima de catarata congênita. Aos 62 anos, teve um dos olhos operado, a catarata removida e reconstituído um vínculo que faltava em seu sistema visual.[2] Geralmente essa operação não tem êxito quando realizada em adultos que sofrem de cegueira congênita, pois a visão é o produto final de uma longa e complexa linha de montagem projetada para começar a funcionar desde o nascimento. Quando um sentido tão poderoso irrompe de repente no sistema perceptivo, perturba as compensações obradas pela natureza. Raramente um adulto consegue suportar o caos sensorial e a longa reaprendizagem daí decorrentes. Ele involuntariamente oblitera o novo sentido por meio de uma forma de cegueira histérica.[3] Entretanto, Anna Mae enxergou imediatamente e entrou para os anais da medicina. Em seu relato, afirmou que o mundo era "mais ou menos como [...] imaginava que seria".

Além disso, ela conseguiu identificar corretamente as cores de imediato — como Lusseyran, só que na ordem inversa. Anna Mae ficou espantada com a variedade de matizes do verde, por exemplo, já que estava acostumada apenas com o "verde puro". E o mais incrível de tudo é que ela conseguiu ler e escrever imediatamente, um indício de que seu mundo visual era "mais ou menos como [...] imaginava que seria". Durante a infância, a mãe a treinava diariamente, segurando-lhe a mão, a "fazer as letras" no quadro-negro. Da mesma forma, aprendeu a soletrar e a escrever. E todo dia a mãe repetia: "Quando você puder enxergar, vai saber ler e escrever."

Até mais ou menos os 11 anos de idade, as crianças são capazes de considerar igualmente válida toda e qualquer proposição. Nessa fase, Anna Mae estava muito bem preparada para o dom da visão que receberia meio século depois. A imaginação é a capacidade de criar imagens não presentes diante do sistema sensorial. Anna Mae jamais havia vivenciado uma imagem exterior, mas havia criado um mundo interior de imagens. Sem a operação, isso jamais poderia ter sido descoberto. Os pesquisadores agora sustentam que os que sofrem de cegueira congênita pensam em imagens — mas, sem uma maneira de ligar nossas descrições visuais à experiência deles, não temos como conhecer a natureza dessas imagens.

Carl Jung afirmou que os filhos vivem no inconsciente dos pais. As crenças e expectativas implícitas dos pais são fatores decisivos na formação da visão de mundo e de eu dos filhos, mesmo quando não chegam a ser expressamente reveladas. A afirmação repetida pela mãe de Anna Mae de que esta algum dia viria a enxergar deu-lhe as condições adequadas para concretizar essa possibilidade. Essa expectativa criou a estrutura em torno da qual o aporte sensorial — proporcionado pela orientação materna, por meio do ensino do alfabeto, da ortografia e do nome dos objetos — poderia ser organizado. Os pais de Lusseyran forneceram-lhe as pistas criativas que lhe permitiram ver sua "luz interior", o que mais que compensava sua cegueira concreta.

Há dois séculos, William Blake afirmou que não via com os olhos, mas através deles como de uma vidraça; segundo ele, deveríamos aprender a ver criativamente, usando a visão ativa, em vez da passiva. Há cerca de trinta anos a comunidade científica descobriu que o olho não pode conduzir a luz ao cérebro. A retina não "capta ondas luminosas" e as envia aos receptores visuais do cérebro. A visão é uma construção do cérebro que vemos com a ajuda dos olhos quando se aplica ao mundo exterior.

A luz é um comprimento de onda mensurável, com luz visível, mas um menor segmento do espectro disponível. Se essa luz não pode ser transferida da retina ao cérebro, então de onde vem a luz que realmente vemos?

Um amigo físico observou que "não vemos a luz; percebemos algo que conhecemos como visão. A luz enquanto ondas ou corpúsculos não é algo com que o nosso cérebro possa lidar diretamente". Acho que isso é, por um lado, revelador e, por outro, incompatível com o conceito de "luz visível". A luz enquanto onda ou corpúsculo é apenas "luz de laboratório"? Isso me faz lembrar uma definição do físico Menas Kafatos, segundo a qual a função de onda é apenas um dispositivo metafórico, "[uma idealização] matemática [...] que expressa a relação entre o sistema quântico, que é inacessível ao observador, e o aparelho de medição, que está em conformidade com a física clássica".[4] Talvez a luz como corpúsculo ou onda seja a nossa "idealização matemática". Quando a luz é analisada em laboratório, o único resultado é a "leitura" visual que o cientista faz dos aparelhos do laboratório, sua experiência visual dessas manipulações específicas, que faz de acordo com uma determinada idéia que ele quer testar ou comprovar.

Os pesquisadores fazem o possível para explicar a visão, criando diagramas de células, cones e bastonetes retinianos, células bipolares, gânglios, nervos ópticos, corpos geniculados laterais, córtices visuais primários, e "regiões corticais superiores" para mostrar como, dentro desse rico elenco de nomes complexos, a informação visual é transferida, por meio de sinapses, neurotransmissores químicos, trocas de íons e assim por diante. Mas dentro desse rico elenco de informações sobre a informação e sua transferência não encontramos nada sobre luz, visão nem ver. A ação visual está se processando — a informação é transmitida por meio da sinapse pela troca de íons e ao longo do axônio pelo neurotransmissor e assim por diante — mas em toda essa informação referente à dinâmica cérebro-retina não há nenhuma explicação sobre a visão nem sobre a experiência de ver.

O trabalho de David Hubel sobre a visão, que ganhou o Prêmio Nobel, foi feito com base em macacos e gatos. Após serem anestesiados, os cérebros desses animais eram removidos, microeletrodos eram colocados em várias células neurais e seus olhos eram mantidos abertos para permitir assim que mecanismos eletrônicos pudessem piscar diante deles luzes de vários formatos e formas.[5] As reações dessas células neurais foram então gravadas e interpretadas. Ao longo dos anos, as várias partes dos cérebros dos macacos que reagem a esses *flashes* de laboratório foram minuciosamente mapeadas. Embora haja uma certa variação, existem algumas grandes regularidades em relação aos "limites" onde os contrastes entre luz e escuridão induzem uma reação neural, de acordo com o eletrodo que está naquele neurônio. A reação do eletrodo é registrada e lida pelos pesquisadores, que "vêem" o que as gravações significam. O "significado" da gravação está de acordo com a própria natureza do experimento; o que o pesquisador "vê" é sua interpretação e compreensão. A única luz observada está nos olhos de quem vê, não da criatura vista. Os macacos e gatos não estão conscientes — naquele momento não há para eles qualquer luz (e provavelmente nunca mais haverá).

Na opinião de David Hubel, um campo visual pode processar uma determinada parte de uma linha ou um arco; outros campos neurais processam as ínfimas variações daquela linha ou arco em sua direção ou cada grau fracionário daquele arco. Os campos relacionados podem estar em áreas absolutamente diferentes do cérebro, mas elas de algum modo se conectam para formar um círculo, por exemplo. Outros campos processam informação referente ao contraste entre as áreas com e sem luz; um ponto claro contra um fundo negro; um ponto negro contra um fundo branco; e coisas que se aplicam ou estão disponíveis à pesquisa de laboratório e seu processamento necessariamente linear.

Os objetos visuais aparentemente se constroem a partir das infinitas combinações possíveis a esses campos visuais. Toda essa atividade se concentra numa conexão central chamada núcleo geniculado lateral (NGL), a rede cruzada que liga nossos campos visuais direito e esquerdo. Antes se pensava que todas as informações visuais vinham dos olhos e se reuniam nesse NGL, mas Maturana e Varela descobriram que 80% da troca de informações no NGL provêm das diversas partes do cérebro reconhecidamente envolvidas na visão, enquanto que só 20% provêm dos olhos. E, conforme eles demonstram, o cérebro está enviando a informação que se reúne no NGL ao olho e recebendo, por sua vez, o *feedback* deste (conforme se verifica em todas as dinâmicas da função cerebral).[6]

Para David Hubel, são necessárias diferentes partes do cérebro para a detecção do movimento das imagens e das bordas de formas e formatos. (Recorde-se a experiência de Oliver Sacks com o escotoma, descrita na p. 67.) A cor é processada por áreas mais recentes do ponto de vista da evolução.

Maturana e Varela afirmam que nós "vemos" uma laranja (fruta) como laranja (cor) mesmo num espectro de onda de luz que não contenha ou permita a cor laranja — de acordo com as regras da ótica e a "luz de laboratório".[7] Um recente estudo mostra que uma área do cérebro reconhece rostos enquanto outra reconhece as expressões (alegria, tristeza, raiva etc.) dos rostos;[8] uma terceira área associa os nomes aos rostos.

Assim, cor, forma e movimento são processados isoladamente por diferentes estruturas do cérebro, e não se sabe onde o "quadro" de fato se forma ou é percebido. Alguns animais inferiores reagem a apenas uma cor, como os abelhões à cor púrpura. Entretanto, eles provavelmente não "vêem" a cor, mas reagem àquele comprimento de onda de luz porque seu sistema neural está programado para aquela freqüência, a qual flui com o mel. E sua prole cresce. Essa cor é o comprimento de onda de luz ou freqüência geral que certos trevos e flores polínicas refletem, mas a freqüência que dá origem a esse trevo como forma viva também contém aquela freqüência *para* cor para qualquer sistema neural que possa traduzi-la.

Os parâmetros do universo do abelhão podem ser determinados pela freqüência de onda da cor púrpura, não por dimensões de espaço-tempo como os nossos. A visão aparentemente é bem econômica nos seres inferiores, já que ela não se processa no olho, mas sim na dinâmica entre o olho e o cérebro que está por trás dele. Embora alguns desses cérebros nos pareçam parcos, eles são adequados às necessidades daquela criatura dentro do equilíbrio geral da natureza. Ficamos admirados diante do alcance da visão da águia, que pode ver um rato a uma enorme distância, mas a águia pode não ser capaz de identificar outras coisas que não ratos da mesma maneira. A distância para essa capacidade seletiva, seja de cinco quilômetros ou cinco centímetros, é relativa às necessidades daquela criatura e a natureza fornece uma estrutura neural seletiva para atender a essas necessidades. (Os etólogos afirmam que os corvos são capazes de saber se um homem está armado de revólver de uma boa distância.)

Recentemente registrou-se o caso de um indivíduo que deu entrada no hospital e morreu menos de 24 horas depois. Nesse meio-tempo, ele demonstrou possuir uma visão assombrosa: era capaz de distinguir o mais ínfimo dos objetos a uma grande distância, como no caso da proverbial pulga do cachorro que está a um quarteirão de distância. A autópsia revelou graves lesões numa parte do cérebro que está diretamente relacionada à visão.[9] Seus olhos ainda viam de acordo com o que o cérebro estava fazendo, e o cérebro agia conforme seus olhos viam, mas a lógica das operações era falha. Sua capacidade de localização havia pifado e se tornado seletiva como a de uma águia.

A natureza aperfeiçoou o olho relativamente cedo em seu jogo. Nossos olhos são extraordinariamente semelhantes aos dos coelhos, gatos e macacos[10], mas no entanto as pesquisas indicam que cada espécie vê tanto segmentos compartilhados quanto segmentos diferentes de tudo que é visível, já que existem grandes diferenças na capacidade evolucionária de seus cérebros. O abelhão é programado para traduzir uma determinada freqüência e afinar-se de acordo com ela. Essa freqüência específica é parte de um campo maior de freqüências do qual *nós* podemos traduzir um ambiente com todos os seus cheiros e cores, inclusive os do abelhão e os da flor. O campo implicado é o mesmo, mas temos diferentes campos neurais com os quais traduzir, o que produz diferentes seletividades e diferentes realidades.

Você já teve um sonho ou uma experiência hipnagógica em cores, quando, na hora em que está caindo no sono (ou acordando lentamente), imagens ou formas bem vívidas piscam diante de seus olhos, em geral reflexos de algum fato significativo ocorrido naquele dia? De onde vêm as cores fortes e a luz brilhante? Tente esta experiência. Se usar óculos ou lentes de contato, retire-os. Pressione com força as almofadas da palma da mão sobre os olhos fechados, enquanto puder agüentar. Procure não mexer os músculos ópticos e simplesmente espere e observe. A exibição é mais ou menos a mesma para todos nós, embora não se compare às visões verdadeiras. Os *flashes* de luz, as formas e padrões geométricos, a pulverização de pontinhos azuis se desenrola em seqüências regulares. Embora os nervos, os cones e os bastonetes participem, eles não são a fonte — da mesma forma que o aparelho de TV é necessário à recepção da partida que está sendo disputada, mas não é a fonte dessa partida (como tampouco a eletricidade que move o televisor nem os campos de onda que transportam a informação da estação ao aparelho).

Meditando um dia desses pela manhã, me vi numa paisagem deslumbrante onde uma serra magnífica se destacava contra um céu cor de cobre. Nos morros havia barrancos e plantas cujas sombras se projetavam diante de meus olhos. Eu estava fascinado porque a luz provinha de uma única fonte que, embora não fosse detectável, criava sombras em todos os objetos, inclusive a lateral ensombreada de um morro distante, que estavam em perspectiva perfeita em relação a ela. Em uma outra meditação, pensei que o Sol já houvesse nascido (embora ainda faltasse mais de uma hora para o raiar do dia) e que eu estava olhando pela janela para um jogo intricado de formas geométricas incolores, cristalinas e tridimensionais, que mudavam como num caleidoscópio. Nada daquilo era obra minha; eu estava presenciando o que minha força criadora estava criando por mim. Essas visões raramente são de lugares ou coisas que de fato existem.

O termo *alucinação* não nos diz nada. Os olhos vêem o mesmo que o cérebro, mas este precisa, também, agir conforme os olhos vêem, no "acoplamento estrutural" que existe em toda forma de vida. Já que todos os sistemas se baseiam em dinâmicas, o cérebro precisa reagir ao que ele próprio produziu, conforme a retroalimentação proporcionada pelo olho. Lembre-se mais uma vez que 80% da informação inserida no NGL provêm das incontáveis partes do cérebro que estão ligadas à visão e que os 20% provenientes do olho são uma reação à informação enviada ao olho por aquele mesmo NGL. Essa retroalimentação completa o circuito, concretiza, estabiliza, verifica e amplifica as funções auto-organizadoras do cérebro, exatamente como ocorre com o som, conforme veremos no próximo capítulo.

Os pesquisadores alegam que as imagens são uma parte essencial do pensamento. Pensamos por meio de imagens. Mesmo as pessoas que sofrem de cegueira congênita pensam com imagens. Descobriu-se há pouco que os adolescentes que têm essa deficiência possuem imagens interiores mais precisas, além de uma imaginação com maior poder de criação e construção, que os adolescentes que enxergam normalmente.[11] Os olhos vêem em reação ao que o cérebro está fazendo, e o cérebro reage ao que os olhos estão vendo apenas se estes de fato estiverem vendo. O cérebro desses adolescentes cegos está fazendo sua parte, mas falta um vínculo vital na dinâmica. Richard Restak fala em "contornar o olho" para retomar o processo visual "adiante", ou seja, deixar de lado as estruturas visuais inferiores para interceptar diretamente as mais avançadas.[12] Sem dúvida, a pessoa cega preenche essas lacunas com outras pistas sensoriais, como sugere Restak, e daí surge uma compreensão e uma "visão" interior.

Os pesquisadores falam dos mapas de referência em que o cérebro se baseia para chegar às suas construções. De estudos sobre ilusões de ótica eles concluem que o cérebro, de fato, está continuamente adivinhando e preenchendo lacunas. Os nossos sentidos se consultam e fazem verificações cruzadas para ampliar e testar nossas imagens. Como observa Restak, a criança nova reage de forma tátil a um objeto que está agarrando mesmo antes de se observar o contato com aquele objeto.[13] Assim como o NGL tanto envia informações para o olho quanto recebe informações do circuito de retroalimentação complementar do olho, o cérebro "consulta seus mapas" em reação à natureza daquilo que está traduzindo e envia essa informação para seus sentidos táteis, a fim de receber deles a retroalimentação necessária para completar o circuito e concretizar o evento.

A formação de imagens é uma função singular, que exige o envolvimento de praticamente toda a mente-cérebro. Se a imagem for abstrata e não-local, entrará em ação o neocórtex. Se ela for dinâmica, com movimento, não-racional e emocional, o cérebro límbico será o principal responsável. Se for uma imagem exterior compartilhada com outras pessoas, estável e disponível aos sentidos, o sistema-R, os olhos e todos os mapas sensoriais usados pelo cérebro é que estarão sendo usados. A função de formação de imagens é a mesma tanto no caso das imagens interiores quanto das exteriores, mas os olhos só estão implicados nas exteriores (e no movimento, no caso do sonho).

Os campos visuais implicados contêm tudo, mas nós os utilizamos seletivamente, de acordo com nossa capacidade, criação, necessidade e objetivo, uma seletividade ordenada sujeita a transtornos, como no caso do homem que demonstrou possuir uma visão de lince pouco antes de morrer.[14] Lembre-se que o gatinho criado num mundo artificial de listas apenas verticais não consegue perceber formas horizontais e tropeçará nelas. Nosso mundo é uma construção de conhecimento e cada ato de conhecimento suscita um mundo.

O conhecimento e o objeto do conhecimento são uma e a mesma coisa. "E neste novo mundo (da escuridão) em que você está penetrando, precisa nos contar tudo o que descobrir", e Jacques descobriu a luz interior, pela qual ocorre a visão de tudo que é exterior. "E algum dia, quando você aprender a ver, será capaz de ler e escrever." E cinqüenta anos mais tarde, Anna Mae viu e conseguiu imediatamente ler e escrever. Imagine o alcance das profecias que fazemos para as crianças e que se cumprem sozinhas durante aqueles anos de infinita abertura, quando as construções do conhecimento que suscitam um mundo estão no auge: quais as profecias que fizeram para você? Conheço algumas das que foram feitas para mim e estremeço. E, reconhecendo muitas que sem perceber fiz para meus próprios filhos, eu choro.

CAPÍTULO 8

Som

Numa festa, no início dos anos 70, um conhecido meu deixou-se convencer a ingerir uma daquelas conhecidas drogas que alteram a percepção. Ele passou por momentos aterrorizantes, relatando posteriormente que havia sentido cada célula do corpo como uma forma geométrica isolada, tridimensional, irradiando luz e som. A freqüência de cada célula era diferente das demais, criando uma horrenda cacofonia que durou horas a fio. O interessante aqui é que os amigos alegam ter escutado sons notáveis quando se colocavam a menos de trinta centímetros dele. Lembre-se que os padrões geométricos dão origem a imagens; as ondas sonoras que atuam sobre substâncias criam padrões geométricos, mudando conforme as freqüências.

À medida que formos prosseguindo neste capítulo, lembre-se que os amigos só escutavam os sons da vítima da droga quando estavam a mais ou menos trinta centímetros dela, mas não percebiam nada de suas experiências visuais. Da mesma forma que os olhos, os ouvidos também escutam em reação ao que o cérebro está fazendo e vice-versa, embora o som também seja espacial. Nossa vítima percebia som e visão como uma única sensação e, de fato, todos os campos neurais dedicados primeiramente à audição têm um campo secundário dedicado à visão e vice-versa. Quando sonhamos, nossos olhos se mexem. Antes se pensava que isso era assim para que as imagens do sonho pudessem ser seguidas em seus movimentos, mas cada movimento dos músculos oculares altera os campos auditivos do cérebro.[1] A mudança dos campos auditivos altera as imagens visuais. A localização e o movimento das imagens no espaço fazem parte da dinâmica visão-som que há em nós. Nossa função auditiva está diretamente associada à construção do espaço em nosso mundo tridimensional, os objetos tridimensionais que preenchem esse espaço e o movimento desses objetos no espaço resultante. (Lembre-se da recuperação de Oliver Sacks do escotoma, da qual os objetos eram planos, sem dimensão, e moviam-se numa série de instantâneos através de seu campo visual esquerdo.)

O equilíbrio do corpo e a coordenação muscular exigem as funções de rotação vestibular do ouvido interno, um ato de equilíbrio que nos coloca no centro do espaço-som em que vivemos. Para o médico francês Alfred Tomatis, o núcleo labiríntico do sistema da cóclea do ouvido interno é um importante ponto de congregação de todos os sentidos.[2] Todo processo neural passa por esse complexo do ouvido interno ou a ele está relacionado. O ouvido está neurologicamente associado ao nervo óptico (o segundo nervo craniano), ao oculomotor (o terceiro nervo craniano) e aos vários nervos cranianos associados ao movimento. Todos passam pelo labirinto vestibular da cóclea, bem dentro do ouvido interno. A mobilidade de olhos, cabeça e pescoço é tradicionalmente associada ao nervo óptico, mas segundo Tomatis essas estruturas funcionais "estavam sob o controle do nervo acústico [...], um importante mecanismo de recepção e integração da percepção".[3]

As primeiras células embrionárias são sensíveis ao som e por volta dos quatro meses e meio o sistema auditivo do embrião está praticamente completo. O lobo temporal, uma importante área cortical no que se refere à atividade sonora, está mielinizado na época do nascimento. O nervo da cóclea desempenha importante papel no som e se mieliniza no útero bem cedo. Henry Truby e uma equipe internacional baseada em Estocolmo descobriu que "os fetos não apenas escutavam, mas aparentemente também estavam aprendendo a falar e 'praticando' os delicados movimentos neuromusculares do trato vocal que são utilizados no choro e na vocalização após o nascimento".[4] O grito da separação, emitido pelo bebê que é afastado da mãe, é o som mais elementar e mais antigo entre os mamíferos. Há quem pense que ele possa ter influído no desenvolvimento da fala.

O bater do coração da mãe é um dos principais estímulos no desenvolvimento embrionário e fetal — tanto o som quanto o movimento estável que ele produz. Em 1947, Lester Sontag descobriu que o som afeta o bater do coração do feto e dá início aos movimentos corporais do bebê.[5] Lembre-se que a partir do sétimo mês no útero, precisos movimentos corporais sincronizam-se aos fonemas emitidos pela mãe. Por volta da vigésima oitava semana após o nascimento, a reação do bebê ao som se estabiliza. Como explica David Chamberlain "a audição recebe uma grande prioridade".[6]

Alfred Tomatis descobriu que toda a pele do corpo participa da audição; toda célula registra ondas sonoras, enviando seus relatórios a centros superiores para processamento.[7] As experiências que testam a percepção de cores com os sujeitos vendados sugerem que o cérebro pode interpretar uma forma híbrida de visão por meio desses relatórios vibratórios da pele.

Nossos ouvidos são o ponto de concentração final da audição, assim como os olhos são o da visão. Não escutamos pelos ouvidos, mas com a ajuda deles. Todos os sons exercem seu impacto sobre nós, podendo este ser favorável ou desfavorável. Se um relâmpago atingir uma linha telefônica pode matar as pessoas por "choque auditivo", mesmo que não se transmita o relâmpago nem um som audível. O som é freqüência e o cérebro funciona como freqüências — as quais podem entrar em interação ou em choque. Há pouco experimentei um aparelho recém-inventado que projeta uma minúscula luz estroboscópica em cada olho, enquanto um batimento sincronizado é transmitido a cada ouvido por fones de ouvido. Imediatamente, meu campo visual explodiu num turbilhão de cores e formas geométricas, um panorama criado pela ativação combinada de diferentes campos auditivos pela mudança dos sinais sonoros e variações visuais da luz estroboscópica.

Richard Restak relata que, nos gatos, as células do colículo superior, um receptor visual primário, reagem a estímulos tanto visuais quanto sonoros. Tons, escalas de sons e até ruídos ativam essas células. Oitenta por cento das células nas camadas profundas do colículo superior, que "reagem ao máximo à luz", reagem ao som e ao toque. Estimulando-se o colículo inferior, que é uma escala no percurso da audição, provoca-se o movimento dos olhos e de partes do ouvido externo.[8]

Roderick Power, da School of Behavioral Sciences, em Nova Gales do Sul, descobriu que a visão e a audição são os principais sentidos. Os sentidos táteis, paladar, tato e olfato, são secundários, podendo depender de pistas fornecidas por esses dois sentidos principais. É mais fácil o olfato e o tato serem influenciados pela visão que o oposto.[9] Nos bebês, as informações visuais relativas ao tamanho estão correlacionadas ao tato e à sensação antes de se observar qualquer contato físico.[10] O estímulo visual ativa os mapas de referência sensorial, fazendo o cérebro adivinhar e preencher lacunas. O contato tátil final completa o circuito visual, concretiza-o e promove a retroalimentação da percepção concretizada para o processo sensorial, estimulando as percepções que estão se processando. Todas as funções são dinâmicas.

A dislexia fornece pistas acerca da relação entre o ouvido interno e a visão. Muitos disléxicos vêem as letras que formam as palavras não como se fossem planas, impressas na página, mas como se estivessem flutuando livremente no espaço acima dela. Como não possui uma colocação estável num fundo fixo, a posição das letras tanto pode rearrumar-se, reverter-se ou transpor-se como permanecer inalterada. Os médicos osteopatas ingleses observaram que os disléxicos relatam melhora temporária ao tomar um medicamento contra enjôo (uma substância que age sobre o ouvido interno). Então fizeram virar e revirar de várias maneiras os indivíduos afligidos, fazendo-os dar voltas a fim de liberar e tornar fluidas as estruturas vestibulares e as partes dos ouvidos internos. Como há uma conexão direta entre a articulação temporomandibular e o processo de rotação vestibular do ouvido interno — que está ligado à sensação de equilíbrio do corpo e à orientação espacial —, os osteopatas desenvolveram uma técnica chamada "osteopatia craniana", manipulando as placas do crânio e as articulações mandibulares até torná-las flexíveis. Combinando essas técnicas, eles tornam o ouvido interno funcional e assim conseguem curar os disléxicos, já que o ouvido interno está associado à organização espacial e ao posicionamento dos objetos no espaço.

Alfred Tomatis descobriu que o pequeno músculo estapédio situado no fundo do ouvido interno está em contínua vibração. Ele supõe que essa estrutura regula a percepção do som pelo controle dos estribos (o osso mais recôndito do ouvido) e da audição de altas freqüências.[11] O neurologista Oliver Sacks observa que todos os músculos, inclusive os das extremidades, estão num constante estado de movimento vibratório lento — demasiado sutil para ser facilmente detectável. Nosso sistema de vida é um conjunto vibratório de freqüências, desde as subatômicas às flagrantes, como o tônus muscular.

Em laboratórios de Israel, França e Inglaterra, os cientistas inseriram minúsculos microfones nos ouvidos internos de várias pessoas e descobriram em todas a mesma freqüência sonora: um som como um zumbido e uma série de notas que ficam entre duas e três oitavas acima do dó intermediário do piano.[12] Se fizer silêncio e prestar atenção, você reconhecerá nesse som aquele "zumbido no ouvido" que todos conhecemos. Essa freqüência estável não é um som captado pelo cérebro, mas sim transmitido por ele, produzido de alguma forma na região interna da cóclea.[13] O tinido é um mal no qual essa transmissão perde o equilíbrio, tendo seu "volume tão aumentado" que abafa todos os sons que normalmente escutamos. Quando é grave, o tinido pode ser ouvido por outras pessoas, se estiverem a cerca de trinta centímetros da vítima. (Lembre-se que as pessoas escutavam sons quando ficavam a essa distância da vítima da droga mencionada no início deste capítulo.) Esses trinta centímetros são a faixa de transmissão do cérebro e constituem uma esfera sutil cuja importância na primeira infância é crítica (voltaremos a esse ponto na próxima seção).

Outras freqüências provenientes dos vários nervos cranianos inserem-se através da área da cóclea, onde a freqüência estável é transmitida, e interagem à moda de ondas com essa freqüência estável. Os resultantes padrões de interferência criam modulações de freqüência no estado estável. Três formas de onda fazem-se presentes então: a freqüência estável, uma onda variável e as modulações resultantes. Com três formas de onda, segundo a física elementar, pode-se criar um efeito holográfico tridimensional de altura, largura e profundidade. Como se pode lembrar, Tomatis chamou o nervo acústico de o "principal mecanismo de recepção e integração da percepção". Por meio dessa intrincada dinâmica entre o ouvido interno e a recepção sensorial, o cérebro aparentemente cria a nossa experiência do espaço tendo a nós mesmos no centro.

O espaço é um "volume de som"; uma grande caverna, um salão vazio ou o alto de uma montanha são seu próprio som característico. A psicologia oriental fala do silêncio que há em todos os sons e, é claro, o vácuo puro é silêncio absoluto. Feche os olhos por um minuto e tente sintonizar o som dentro de sua cabeça. (Os sons exteriores não precisam interferir, mas um lugar tranqüilo ajuda.) Observe que você está no centro de um espaço que ressoa a partir de você. Repasse mentalmente os parâmetros do seu corpo ou o espaço que existe no seu crânio. Se a sua mente estiver tranqüila; seu corpo, relaxado; e você estiver concentrado apenas em seu som-espaço, não existe limite corporal. Seu som-espaço é seu corpo-espaço e dentro dele acontece tudo que você pode vivenciar na vida.

Você ouvirá no seu espaço o zumbido alto e claro da transmissão que se processa em seu "estado estável". Quanto mais atento a ela você estiver, maior a clareza (não o volume). Os sons percebidos como exteriores (ou talvez o borborigmo e outros sons interiores) são variáveis que interagem com as modulações que se processam nessa freqüência de estado estável e as ampliam. Os sons normais que chamam a atenção são o resultado de modulações "transmitidas para fora", recebidas pelos sentidos e processadas como percepção. O que é percebido é a modulação em si. O som "exterior" ouvido é a nossa recepção física da transmissão que nós mesmos fazemos.

Uma energia ou freqüência "causal" primária dá origem tanto a esse som interior de freqüência estável quanto às freqüências variáveis que o modulam.[14] Essas freqüências variáveis são fornecidas pelos inumeráveis campos neurais que traduzem as variáveis potenciais. Essas variáveis potenciais são, por sua vez, mantidas dentro da freqüência primária. As variáveis que estão sendo traduzidas fornecem a cada instante "informações" relativas às atuais produções sensoriais. Essas traduções voltam ao labirinto do ouvido interno como as variáveis que criam modulações na freqüência estável lá produzida. Essas modulações irradiam cerca de trinta centímetros para fora e voltam, formando um arco, para os receptores físicos do corpo. Tendo sido enviada de todas as partes do corpo para o sistema-R, coordenada e repassada sob a forma de relatórios sensoriais sobre os quais atuou todo o cérebro, a transmissão recebida torna-se parte da transmissão que está se processando. Assim, temos a dinâmica contínua dos incontáveis sistemas do circuito completo de retroalimentação do cérebro que dão origem ao nosso mundo perceptível.

As operações do cérebro canalizam-se através da cóclea para nos proporcionar a percepção de um mundo espacial. A buzina de um carro, por exemplo, é uma onda variável, traduzida por seu campo neural adequado e transmitida ao ouvido interno. Lá ela entra na informação espacial que a transmissão de estado estável fornece e participa das modulações que estão ocorrendo, o que dá àquela buzina sua localização no espaço. Assim, a variável da buzina não só participa da criação de seu espaço como também determina seu local dentro do espaço resultante.

Localização é relação; localizar algo é relacioná-lo a outras coisas. O local em que o som está situado em nosso espaço está em relação a nós mesmos e a outros sons. O som da chuva no telhado ou de um avião se aproximando e se afastando enquanto estou aqui sentado escrevendo provém de ondas que se localizam por meio da inter-relação com outras ondas e comigo como centro. O cérebro límbico ressoa com as ondas da mesma forma que o sistema-R, com as partículas. Com a ajuda do neocórtex, o sistema límbico pode traduzir as ondas diretamente, antes que sua "exibição como partículas" seja captada pelo sistema-R. A dinâmica entre energia implicada e explicada é igual à dinâmica entre o sistema-R e o sistema límbico, e é a razão pela qual são tão interligados. O sistema límbico capta o relatório do sistema-R e o repassa, retroalimentando os campos de onde a informação provém, bem como o restante do neocórtex. A totalidade da reação é enviada para a cóclea, onde a transmissão de estado estável é modulada num circuito dinâmico contínuo. O relatório do corpo dá tangibilidade ao espaço que percebemos, assim como a retroalimentação do olho concretiza um sistema visual que, sem ela, estaria incompleto.

Para Tomatis, a audição e o tato estão intimamente relacionados; os sons graves são mais próximos do toque que os agudos.[15] Interpretamos a vibração tátil primária que está sendo transmitida como toque por meio de um sentido e/ou como som por meio de outro. Talvez as crianças privadas de contato físico escutem *rock* no volume máximo não tanto pelo prazer da audição, mas pelo prazer do impacto do estímulo físico.

Na experiência limitada de um réptil, as vibrações físicas, que podemos interpretar como som ou toque, desempenham um papel relevante. As serpentes deixam-se encantar tanto pelo som quanto pela vibração. Para captar melhor as vibrações, elas põem a língua para fora, pois esta é muito mais sensível às vibrações que sua pele escamosa. A serpente possui um universo sensório-espacial mais amplo que a ameba, mas menor que o de um mamífero, já que este tem um cérebro límbico que pode traduzir diretamente dos campos de ondas relacionais. A cor de uma flor é uma experiência vibratória para os abelhões e as vibrações são o mundo tátil das serpentes, enquanto nosso cérebro límbico confere dimensões ilimitadas ao nosso som-espaço.

Com a minha participação no meu mundo, eu me coloco no mundo que se forma em torno do meu ponto de colocação. Isso parece — e é — circular: trata-se do acoplamento estrutural entre a mente e seu ambiente. Pensava-se que a direção de onde vinha o som era ouvida pela leve diferença entre a recepção de nossos dois ouvidos. No entanto, ouvimos estereofônica e espacialmente, não apenas porque temos dois ouvidos, mas por causa do efeito criado por esse sistema tripartite de freqüência, que consiste na transmissão de estado estável, sua variável e sua modulação.

Hugo Zuccarelli, fisiologista italiano radicado em Londres, criou um equivalente eletrônico grosseiro de nossa transmissão interna, sobrepôs música e sons comuns nesse estado estável sintético e produziu uma modulação tripartite que denominou "som holofônico".[16] Esse intrigante substituto precisa de fones de ouvido para ser escutado, sendo o som transmitido diretamente aos ouvidos. (Os alto-falantes estéreo normais introduzem circuitos de retroalimentação e ondas gerais.) Para obter o máximo do som holofônico, deve-se escutá-lo, principalmente na primeira vez, no escuro, para eliminar a competição e as "correções" dos demais sentidos.

Em resumo, quando o som holofônico é transmitido através de fones de ouvido diretamente no ouvido, não é escutado "na cabeça", como no caso dos fones estereofônicos de ouvido, nem percebido como se viesse dos fones. Ouvimos o som "aí" em sua própria direção e à mesma distância de nós em que o som original gravado estava do microfone que o captava. Se, durante a gravação, a fonte do som se movia em torno do microfone a uma distância de um metro, nós ouvimos o som movendo-se em torno de nós a um metro também. O som holofônico fornece ao cérebro um substituto sintético para sua própria organização espacial e acrescenta à dinâmica cerebral de produção espacial uma variável que reproduz o processo completo; na verdade, ele passa por cima das modulações da transmissão de estado estável e sua variável por aporte direto não só da própria modulação, mas da recepção daquela transmissão pelo sistema sensorial. O som holofônico intervém no elo final do circuito de retroalimentação da dinâmica de som que nos fornece o nosso mundo espacial. Assim, o cérebro interpreta o som não de sua verdadeira fonte, os fones de ouvido, mas como se ele estivesse à mesma distância que o som original estava do microfone que o gravava. Essas freqüências manipuladas enganam o sistema auditivo como a ilusão de ótica engana o visual.

Mesmo que eu tivesse lido sobre o tema e fizesse uma idéia do que esperar, minha primeira experiência holofônica, no escuro, foi surpreendente. O som de um potente automóvel acelerando em direção ao microfone até estar de fato em cima dele fizeram meus ancestrais instintos de sobrevivência levar-me a sair da frente. Um dos episódios gravados nessa fita de demonstração era uma mulher andando em torno do microfone e sussurrando palavras doces em sua direção.[17] A maioria das pessoas (homens?) que escutam isso, principalmente num quarto escuro, sente o perfume e o calor do corpo que fala, e muitos chegam até a sentir o hálito que dele emana suavemente. Um amigo de Nova York recebeu a fita com a sugestão de escutá-la no escuro. Mal terminou de fechar as portas, apagar as luzes e pôr a fita, deu um salto, certo de que alguma mulher havia invadido o seu apartamento e estava andando à sua volta, sussurrando em seu ouvido.

O cérebro preenche suas pistas de longo alcance, a partir da visão e/ou audição, de acordo com mapas de referência sensorial de curto alcance. Num quarto escuro, a gravação holofônica de um fósforo sendo riscado provoca em muitos ouvintes a sensação de haver sentido cheiro de enxofre e visto um clarão de luz. Diga-se apenas que o mundo que conhecemos ganha sua dimensão e localização por meio do efeito tripartite das interpretações feitas pelo cérebro da nossa transmissão de estado estável, das variáveis introduzidas, e do terceiro efeito desses dois fatores juntos. Esse é o meio pelo qual todos os efeitos espaciais pelos quais passamos se produzem — os nossos objetos visuais e táteis, a forma tridimensional desses objetos e seus movimentos e interações dentro de nosso mundo espacial. Tudo isso, por sua vez, requer "picos de atividade entre populações de neurônios" e a retroalimentação vital das extensões sensoriais do cérebro no corpo.

O cérebro do golfinho é essencialmente auditivo; os golfinhos comunicam-se por meio de um complexo de sons enviados e recebidos. Muito provavelmente, sua comunicação não é "linguagem" mas a totalidade de uma experiência, os sons de múltiplos níveis enviados, recebidos e percebidos da maneira originalmente percebida pela criatura que comunica. O que é comunicado é uma reprodução da percepção em si. Nós nos comunicamos por meio de palavras, que, por sua vez, estimulam uma aproximação interior, visual, da mensagem pretendida. Creio que o golfinho não fale *sobre* um evento, mas forneça a experiência do evento em si como ele é.

Os pesquisadores da Cornell University relatam que os pombos-correio conseguem detectar sons com freqüência de menos de um ciclo por segundo, infra-som demasiado baixo para nossos ouvidos, ondas que, segundo se pensa, podem viajar grandes distâncias sem reduções significativas de força. William Keeton diz que "os pássaros que voam sobre Ithaca, no estado de Nova York, são capazes de escutar as ondas que quebram nas praias da Nova Inglaterra, a centenas de quilômetros de distância".[18]

Tudo isso é descrito em termos confortavelmente exteriores, mas oferece um claro exemplo de como a natureza programa os sistemas neurais para recorrer aos campos implicados de tantas maneiras quantas forem necessárias a cada criatura. O fato de serem centenas de quilômetros ou centésimos de um centímetro é relativo dentro do campo de freqüência que o cérebro utiliza. O não-localizado pode localizar numa variedade infinita de espaços — de acordo com a natureza do cérebro que está traduzindo o potencial em atual.

Crianças de 2 anos de idade com cegueira congênita conseguem afastar-se das mães e achar um objeto, voltar à mãe, ir numa direção completamente diferente para pegar outro objeto, voltar à mãe e então sair numa terceira direção com o mesmo resultado. Depois, são capazes de ir de um objeto a outro, sem erros nem hesitações e sem voltar ao ponto de referência da mãe. Crianças de 3 anos conseguem fazer o mesmo de olhos vendados.[19] Na falta de pistas visuais, a organização espacial é confirmada e verificada pelo ato sensório-motor como um todo. Esse ato funciona não tanto independente de pistas, quanto a partir de suas próprias pistas.

Estes dois capítulos apresentam um breve esquema do caráter auto-organizador do cérebro, mostrando que a rede sensorial é o nosso universo, tendo a nós mesmos no centro. Reconhecendo que o mesmo se aplica a cada um de nossos companheiros de viagem, podemos entender melhor o que Maturana e Varela querem dizer quando nos instam a precaver-nos contra a "tentação da certeza" em relação às percepções de outras pessoas. A "certeza" de outrem, por mais inaceitável para nós, é o somatório de seu "acoplamento estrutural", que é como seu sistema constrói sua visão de mundo. Somos instados a reconhecer que o mundo que todo mundo vê não é *o* mundo, "mas um mundo que criamos com outros"; um mundo que será diferente "apenas se vivermos de modo diferente".[20]

CAPÍTULO 9

Estados Mentais:
O Corpo para Combinar

As tradições esotéricas se referem a três estados de consciência — físico, sutil e causal — e a três "corpos" ou formas de perceber ou ser nesses estados.[1] Isso corrobora nossa estrutura tri-una do cérebro e seus três estados de consciência — vigília, sonho e sono; as ordens explicada, implicada e supra-implicada de energia de David Bohm; e outras metáforas trinitárias. Os campos causais universais, aos quais todas as formas recorrem, traduzem-se por meio de nosso cérebro superior; os campos relacionais expressam-se por meio do nosso sutil sistema límbico; e a experiência localizada do mundo do corpo, por meio do nosso sistema-R. Vivemos nesse sistema, que é recoberto pelos nossos dois cérebros superiores, identificamo-nos com ele e, com justiça, o achamos rico e fascinante. Entretanto, dispomos de estados mais avançados do ponto de vista evolucionário, que têm em nossas estruturas límbicas e neocorticais seus próprios "domínios" e processos paralelos que oferecem eles próprios experiências perceptivas. O reino sutil, por exemplo, é complementar ao mundo físico; estamos "dentro" dele o tempo todo, embora não nos demos conta de seu caráter, da mesma forma que, absortos num "mundo de partículas", não nos damos conta dos campos de ondas que são seus complementos.

Rudolph Steiner acreditava que a evolução de toda a nossa espécie deveria passar do reino físico a reinos "etéreos" ou sutis.[2] Nossa espécie pode haver tentado isso mil vezes, como vemos nos aborígines australianos e nos Kalahari !Kung. Porém nossa evolução pessoal não precisa parar nessas escalas, por mais fascinantes que elas sejam. Para nós, como indivíduos, o fim da evolução está muito além do "etéreo".

O tempo todo ocorrem eventos que só podem ser inteiramente explicados depois que se reconhece a natureza do nosso sistema sutil e sua complementaridade em relação ao físico. Por exemplo, os dependentes de drogas pesadas tratados com metadona possibilitam-nos surpreendentes revelações acerca da interação entre os sistemas sutil e causal. A metadona é um "análogo" da morfina, a endorfina que inibe a transmissão neural da dor e do trauma. Como substituto de outros opiáceos, a metadona supostamente alivia o paciente dos sintomas de abstinência. Os estudos feitos pelo Dr. Richard Lippin e sua equipe médica a respeito da eficácia dessa droga revela efeitos colaterais muito mais controversos que ela própria.[3]

Em resumo, um paciente que estava recebendo altas doses de metadona apresentou resultado negativo num exame de tuberculose de reação cutânea. Um ano mais tarde, Lippin suspendeu a administração da metadona, e o paciente imediatamente apresentou uma forte reação cutânea positiva no local do exame de tuberculose que fora feito anteriormente. Outro paciente, igualmente tratado com metadona, sofreu uma lesão relativamente grave na perna, mas não sentiu dores nem, aparentemente, nenhum efeito adverso. Vários meses mais tarde, quando o médico suspendeu o tratamento com a substância, surgiu um grande hematoma onde houvera a lesão na perna, e o paciente sentiu dores fortíssimas. Onde, perguntou-se Lippin, estava a reação positiva ao exame de tuberculose, com a erupção e o inchaço, todos aqueles meses, em um paciente; onde estava a dor, o hematoma e o trauma físico do outro?

O oposto disso é a dor no membro-fantasma, fenômeno que acompanha a maioria das amputações, no qual o paciente sente ainda diretamente uma lesão "no membro" muito tempo depois de este ter sido extirpado.[4] Outro exemplo contrário está numa variação do "escotoma" relatado por Oliver Sacks, a qual ocorre quando um membro contundido é engessado e imobilizado por longos períodos.[5] Os nervos desse membro se atrofiam e, por conseguinte, os pacientes perdem o contato com aquele membro, não conseguem mais reconhecê-lo como parte de seu próprio corpo; não conseguem enviar-lhe nem receber dele nenhum sinal. O membro está, para todos os efeitos, morto para a pessoa, apesar de vivo em algum nível celular. Sacks recobrou a percepção e algum controle sobre a perna "perdida" havia tanto tempo num período de confusão traumática, que precisa ser lida para poder ser entendida. Quando seu sistema sutil voltou a processar relatórios daquela parte de seu complemento físico, toda a sua orientação entrou em pane. A perna ora era sentida como se estivesse a mais de três metros de distância e ora parecia-lhe ter cinco centímetros para, de repente, ser a perna de três metros de um gigante.[6]

Todos os eventos provêm de um espelhamento entre potencial/sutil e atual/físico, e esse espelhamento pode se distorcer ou quebrar. Na dor do membro-fantasma, por exemplo, o corpo sutil de "forma de onda" fica preso aos seus últimos relatórios de dor pelo seu correspondente membro "em forma de partícula"; o relatório emocional continua em forma de onda em seus receptores sensoriais sem ter aonde ir. Os campos neurais, "mapas sensoriais" e demais sistemas orgânicos continuam a emitir relatórios, já que os campos neurais são tão sutis quanto físicos.

Os hipnotizadores tocam os hipnotizados com uma vara, dizem-lhes que é um ferro em brasa e eles sentem a queimadura e criam uma bolha. A sugestão hipnótica depende de linguagem "concreta", formada na infância, quando o nome de uma coisa e a coisa-em-si são um único padrão neural. Essa linguagem é retida pelo hemisfério direito do cérebro, o qual, lembre-se, tem relações mais estreitas com o sistema límbico que o esquerdo, podendo assim agir sobre as interações entre o sistema-R e o sistema límbico que dão origem à nossa experiência física. O hemisfério esquerdo, com sua lógica abstrata e sua linguagem semântica, pode, pela conexão direta entre o hemisfério direito, o sistema-R e o sistema límbico, agir sobre as coisas denominadas na estruturação primária de nosso mundo e mudar a dinâmica entre causa e efeito que provoca a nossa experiência física. Na sugestão pós-hipnótica, o hipnotizador diz ao sujeito que ele vai sentir a queimadura uma hora mais tarde e este sente. Seguindo a linha de questionamento de Lippin, podemos perguntar-nos onde estava a bolha durante aquela hora. A dinâmica entre o nosso sistema físico dominado pelo tempo e o sistema sutil não-temporal pode ser atrasada ou rompida, permanecendo o efeito em seu estado não-temporal.

Lembrem-se dos experimentos de Charles Tart com a hipnose mútua, na qual uma pessoa suspende os relatórios normais do sistema-R e permite que as sugestões verbais de outra pessoa os substituam. As sugestões dadas se concretizam na percepção do sujeito em ordem inversa à do cotidiano. O sistema cortical superior age sobre os dois sistemas "mundo-corpo", criando uma realidade de algo que está "adiante". As normas do sensato mundo compartilhado da vigília também podem ser suspensas. Os campos neurais intermediários entre o potencial não-localizado e a nossa experiência localizada podem intervir na dinâmica da realidade que o corpo-cérebro pode promover.

Da mesma forma que a imaginação é a capacidade de criar imagens não presentes ao sistema sensorial, fenômenos não "presentes aos sentidos" podem ser criados por nossa estrutura auto-organizadora, principalmente experiências particulares como nos experimentos de Tart ou hipnose geral. Quando a criação está dentro apenas de nosso próprio sistema individual, não é preciso que se envolva nenhum campo universal. Minhas experiências de meditação costumam ser extraordinárias, mas simplesmente atos criadores que ocorrem espontaneamente e têm em mim uma testemunha. Para ser compartilhada com outros, a dinâmica precisa estender-se ao nível causal compartilhado com todos. Qualquer coisa pode ser vivenciada pessoalmente, já que todos os campos potenciais aos quais se pode recorrer estão sempre "lá" e nós podemos perceber bem mais do que os cinco sentidos nos permitem.

Certa vez meu mestre de meditação sugeriu que eu passasse metade do tempo da meditação matinal sentado na posição convencional, com as pernas dobradas, e o restante deitado de costas. Na manhã seguinte, obedientemente sentei-me como normalmente fazia e depois me estirei no chão. Sem aviso e sem nenhuma das transições normais para um estado alterado, eu me senti saindo do corpo físico e por um bom tempo simplesmente fiquei "pairando" uns quinze centímetros acima dele e, pelo que eu percebi, com as emoções, os sentidos e a autopercepção intactos. Eu ouvia meu corpo físico respirando e sentia seu calor vindo de baixo de mim; eu não tinha peso, não podia mexer-me, não sentia êxtase nenhum, não achei nada de interessante naquele estado e me perguntei por que não viajei para outros reinos, como fez o meu amigo Robert Monroe. Só que isso ocorreu cinco manhãs seguidas até eu finalmente captar a mensagem que meu mestre me havia mandado: eu sabia que minha noção de eu não se limitava a este corpo e o meu corpo sutil era algo muito real, independentemente do contexto. Meu mestre depois explicou que não se podia passar a outros reinos naquele corpo sutil antes de ele estar integrado ao "corpo causal". Ele disse que só o sistema causal tem o poder de levar a nossa percepção além do físico.

Cheguei à conclusão de que a frase *fora do corpo* é inadequada; o que nós fazemos o tempo todo é alternar entre os estados inerentes às nossas três estruturas cerebrais. Ocasionalmente pacientes inteiramente anestesiados assistem de perto à própria cirurgia e depois relatam tudo o que ocorreu. Para ficar "fora do corpo" e apenas observá-lo, nós separamos a percepção da nossa habitual dinâmica físico-sutil e observamos o sistema físico a partir da nossa superior dinâmica causal-sutil. Lembre-se de que a formação de imagens é uma ação singular situada conforme o estado envolvido. Não temos restrição de *locus*, inclusive para observar a nós mesmos.

Da mesma forma que utilizamos campos de inteligência comuns a todos nós, nossos sentidos utilizam-se de campos sensoriais comuns. Meu mestre de meditação certa vez se referiu a cada um dos nossos cinco sentidos como "seu próprio universo". Cada sentido, ao mesmo tempo que utiliza seu próprio "universo" ou categoria, retroalimenta cada experiência em seu campo correspondente na dinâmica costumeira. Lembre-se de que, depois que perdeu a visão, Jacques Lusseyran primeiro vivenciou a luz simplesmente como a própria luz. Então todas as cores voltaram, cada uma em sua forma única e pura. A base para o nosso mundo consensual está no compartilhamento de campos visuais, olfativos, táteis, gustativos etc., assim como o nosso mundo mental utiliza o compartilhamento de campos de inteligência. Todos usamos o mesmo campo de luz que Lusseyran, mas nós o usamos como os "pálidos reflexos emitidos pelos objetos".

Frise-se, mais uma vez, que não pode haver distinção entre um campo neural e o potencial universal com o qual o campo está em ressonância, embora os campos potenciais estejam fora do espaço-tempo físico que promovem. Da mesma forma, "campos mentais", como a matemática, a música, a linguagem e assim por diante, estão além e ao mesmo tempo dentro do espaço-tempo que criam. Assim, reúnem um grande número de mentes para interpretar um agregado de campos vibratórios, e todas essas mentes compartilham — mais ou menos — da mesma realidade. E todos os campos potenciais refletem sua utilização, do mesmo modo que as partículas de energia nos testes do Teorema de Bell influenciam seus próprios campos de gênese. A matemática, enquanto campo de inteligência, provavelmente é mais forte hoje que no Egito antigo, graças ao esplendor de que se recobriu o gênio matemático nos últimos séculos; o campo da música está mais forte graças aos gênios da composição dos seis últimos séculos na Europa. A cada exibição bem-sucedida, o potencial de exibição desse campo aumenta, tornando o acesso a ele mais fácil. Como disse Jesus Cristo, "Àquele que tem [poder], mais será dado" (Marcos 4:25).

Cada campo sensorial se constitui de variáveis compatíveis que criam subcampos, como vemos nos campos de inteligência e linguagem. A luz branca contém todas as cores; cada cor é ela própria um estado independente e tem potencial para variações infinitas. Consideremos a nossa noção de movimento, por exemplo. Nada existe a não ser por meio do movimento, mas o movimento como uma experiência percebida é sua própria categoria dentro do campo sensorial geral. Nós associamos o movimento a determinados eventos físicos, mas basta um pouco de reflexão para ver que o movimento é também o efeito de seu próprio campo. Às vezes as pessoas têm "problemas de ouvido interno", apresentando perda de equilíbrio e de orientação. Geralmente elas ficam aterrorizadas ao sentir-se sem rumo. Esse tipo de problema, por menor que seja, pode se transformar num grande trauma, já que nosso "acoplamento" com o ambiente e nossa colocação nele se processam ali.

Depois de uma longa viagem de carro ou trem, podemos continuar sentindo o movimento por algum tempo. Relembre o trabalho de David Hubel: o movimento de imagens requer uma operação na nossa cabeça diferente das simples imagens. Se você observar uma queda-d'água por alguns minutos e depois olhar para a lateral da queda, terá a impressão de que os objetos se movem na direção oposta à da queda-d'água, numa ilusão ótica de movimento. A primeira vez que experimentei o sistema "Hemi-sync", de Robert Monroe, em 1976, me vi "rolando como um barril" no espaço, mesmo sabendo que meu corpo estava inserido e preso com toda a segurança em seu acolchoado. O movimento percebido em tais casos é idêntico ao movimento ordinário. Dizemos que é o nosso "corpo sutil" que está sentindo o movimento, mas o tempo todo trata-se da operação do mesmo sistema de percepção dentro do nosso corpo físico. Essa dinâmica físico-sutil é a dinâmica entre "implicado e explicado", e o corpo sutil é o que continua a sofrer com a dor do membro-fantasma. Já que o implicado não está no espaço-tempo, o sutil "corpo que percebe" pode continuar sentindo a dor num membro mesmo depois que este já foi removido.

Os movimentos sutis muitas vezes ocorrem durante a experiência do sonho lúcido e da meditação. O medo de cair costuma impedir as pessoas de "voar" nos sonhos lúcidos, segundo Jayne Gackenbach e Jane Bosveld, que afirmam que a maioria dos sonhadores lúcidos precisa criar um novo senso de equilíbrio e superar a vertigem nesse estado onírico a fim de "aprender a voar".[7] Na meditação por vezes ouço dois ou três estrondos, seguidos da sensação de queda, em velocidade, na maioria das vezes em "outros domínios", numa manobra proposital e direta que me transporta de paisagem em paisagem, muitas vezes iluminadas, algumas vezes escuras e obscuras. Se eu tento interromper o movimento e investigar uma determinada cena, perco o estado.

Anos antes de começar a meditar, entrei um dia em choque anafilático por causa de uma injeção de penicilina, à qual eu era extremamente alérgico, e todas as minhas funções vitais entraram em colapso. Lembro-me vagamente de ter caído no chão, mas lembro-me muito bem de que depois comecei a cair por intermináveis espaços. Particularmente vívida foi a sensação da queda através de um domínio sonoro que me pareceu ser o zumbido de bilhões de abelhas, um zumbido tão forte e intenso que parecia vir de abelhas de bronze, pois só abelhas metálicas conseguiriam produzir aquele som. Anos depois encontrei na literatura yogue a referência a um reino sonoro assim, descrito como o zumbido de milhões de abelhas, encontrado no estado pós-morte.

Todas as sensações de queda parecem a mesma coisa, seja na meditação, nos trompaços do mundo físico normal (como em meu treinamento de pára-quedismo para a Aeronáutica há quase meio século) ou na morte. Da mesma forma, pode-se determinar de que campo provém qualquer um dos sentidos. A literatura yogue se refere ao *Nada* — o som primal de onde provém toda a criação, muito ouvido na meditação. Vivenciei minha própria versão disso, na qual incontáveis orquestras, coros, pianos, enchiam meu universo com ondas e ondas de sons gloriosos. O fenômeno é tátil e cada nuança, igualmente luz e som, meu corpo ao mesmo tempo emissor e receptor sonoro; sou o som, o compositor, o músico e o público.

O biólogo Rupert Sheldrake descreve campos "morfo-genéticos" que modelam a forma física, campos que jazem através do espaço-tempo.[8] Semelhante é a antiga teoria védica das *samskaras*, campos formativos herdados de nossos predecessores e criados continuamente por nossas ações atuais.[9] Nosso ego reflete nossa principal *samskara* e é onde se somam as nossas várias *samskaras* secundárias. Cada ação ou mesmo pensamento deflagra a retroalimentação entre nossa ação e os campos de onde provém a nossa experiência. As *samskaras* não são localizadas, mas dão origem à localização; são resíduos de ações anteriores que podem agir sobre nossa atual situação, versões da "dor no membro-fantasma". Qualquer estímulo pode ativar *samskaras*, as quais se desenrolam como parte de nosso mundo geral. Cada categoria de "acoplamento estrutural" entre mente e ambiente opera a partir de um efeito de campo assim ou o provoca. Com suficiente participação de suficientes pessoas ao longo de tempo suficiente, pode-se estabilizar qualquer efeito de campo por meio de sua passagem do plano pessoal ao social ao da espécie e, finalmente, ao universal — de nossas interações físicas/sutis a estruturas sutis/causais, mas isso requer um tremendo volume de esforços paralelos ou semelhantes num plano social amplo.

Uma vez desencadeadas, todas as forças causais/implicadas tendem a perpetuar-se. Nossa vida decorre de uma rede infinitamente entretecida de forças implicadas/causais, muitas das quais podem já haver nascido conosco. Recentemente foram realizados estudos com significativo número de gêmeos idênticos separados no nascimento e adotados por famílias diferentes e geograficamente muito distantes.[10] Os gêmeos apresentam uma notável semelhança de padrões de comportamento, processos de tomada de decisão e eventos vitais, tendo se casado com a mesma idade, com parceiros de nomes e características idênticos, dado aos filhos os mesmos nomes, adotado a mesma profissão e assim por diante, isso sem saberem da existência um do outro. Tudo isso aponta para a força de um fator "hereditário" que não pode, de modo algum, ser explicado pelos cromossomas ou DNA.

Os sábios afirmam que todos os dias deparamos com os resultados de causas que desencadeamos anos antes. Da mesma forma que o paciente tratado por Lippin com metadona pode haver esquecido que, um ano antes, o lugar da atual erupção era o lugar de um exame de tuberculose, nós também podemos não reconhecer que a alergia, a úlcera, o medo, a raiva, a doença ou azar aparentemente aleatório são resultado de algo desencadeado há algum tempo, um evento que simplesmente se prolonga no reino sutil quase temporal até que algum estímulo o deflagra, pondo-o em movimento. No reino sutil, embora possa ser um fator apenas indireto, o tempo sempre está envolvido. "Deus tarda mas não falha", e nem sempre com uma lógica que possamos compreender.

Robert Becker, que estuda os campos eletromagnéticos na New York University, alega que o nosso corpo, como o corpo do nosso mundo, é um conglomerado desses campos.[11] Eu já tinha ouvido falar dos campos de energia em torno das pessoas, os quais julguei bobagens do ocultismo até minha mulher entrar em trabalho de parto para ter nossa filha. A certa altura, ao pôr meus braços em torno dela para protegê-la e ampará-la, descobri, surpreso, um campo móvel de energia a cerca de trinta centímetros do corpo dela, um campo tão vibrante e palpável que parecia concreto. Para minha mulher, esse campo era a sua força e também os parâmetros do seu mundo sacrossanto. Bastante senhora da situação, ela precisava ficar só e, de fato, o campo me fez recuar como se fosse uma cerca elétrica.

Certa manhã, enquanto meditava, senti uma "esfera de energia" que ressoava de dentro de mim em ondas vibratórias. Essas ondas iam se estendendo para fora até chegar a mais ou menos trinta centímetros e, descrevendo um arco, voltavam para o meu corpo. Percebi que essa energia era a "transmissão" da minha própria consciência, que depois era emitida de volta e se tornava minha recepção física do que estava sendo enviado — minha percepção retroalimentava e se tornava parte da "transmissão" em arco. Eu sabia que tudo aquilo era a energia móvel e vibrante da própria criação. Podia senti-la com meu corpo e envolver seu arco externo em meus braços. Eu a senti como um amor avassalador que me colocava no vórtice de uma espécie de casulo, o qual constituía meu universo. Eu sabia que toda criação se desenrolava nesse casulo. A tela do mundo exterior era a tela de minha própria mente e só estava fora em virtude dessa dinâmica contínua. Eu sabia que era a esse casulo de energia que Meister Eckhart estava se referindo quando disse que a alma "projeta imagens nas quais penetrar". O que está sendo "projetado" é o nosso próprio universo.

Certa vez meu mestre de meditação disse que a nossa força vital se projeta até cerca de trinta centímetros para fora de nosso corpo e que nesse espaço está contido o nosso universo. A respiração é a nossa vida; respiração, *prana* e a própria luz são uma única energia. Nossa percepção desse casulo de consciência é a concretização que lhe damos. Os sábios e feiticeiros dizem ver-nos como globos de luminosidade, a luz da consciência. Meu mestre disse que tudo em nossa história está "escrito lá", e nossa experiência de vida emerge disso para ser compartilhada num domínio comum. Esse domínio comum só é comum por causa de nossos campos universais compartilhados. Esquecemos que a nossa experiência do nosso próprio corpo é apenas a soma das percepções que dele temos, o que não é diferente das percepções de nosso corpo grande, o mundo. Nossa energia sutil descreve um arco e volta-se para nós, o sistema sensorial recebe esse impacto e remete essa experiência de percepção de volta ao sistema. Isso completa o circuito dinâmico e se torna parte do "arqueamento" contínuo da energia formadora. Quando interagimos com esse reino sutil/causal, por meio dos movimentos e pensamentos, todo o jogo da consciência ressoa por sua vez. Normalmente, não conseguimos perceber a essência desse jogo criativo, apenas seus resultados, o que nos obriga a viver após o fato, tentando pôr-nos em dia, mas nunca exatamente aqui no agora.

CAPÍTULO 10

Quem se Lembra?

Em sua longa carreira, o falecido Wilder Penfield, originalíssimo pioneiro da neurocirurgia, serrou o crânio de mais de 1500 pacientes para investigá-los por meio de eletrodos.[1] O cérebro não tem sensibilidade e, em vez de receber anestesia local para remover a tampa do crânio, os pacientes de Penfield ficavam inteiramente conscientes enquanto ele procurava tumores e outros indícios de problemas. Suas operações eram bem demoradas, pois ele aproveitava a rara chance de investigar os neurônios de um cérebro vivo e plenamente consciente e conversar com o dono sobre o que estava se passando.

De vez em quando, a sondagem de Penfield ativava uma célula que provocava no paciente nítidas lembranças do passado — desde eventos comuns da infância até a precisa execução de peças musicais. Todos os pacientes alegavam considerar essas lembranças como eventos atuais, "sensoriais" e inteiramente reais, iguais em todos os aspectos à experiência que tinham da sala de operações e de Penfield, com quem estavam conversando. Então ele lhes perguntava: "Mas como você pode estar em dois lugares completamente diferentes?" Nenhum dos pacientes sabia e todos acabavam respondendo que simplesmente estavam. "Mas quem está presente à outra cena, vivendo essa outra realidade relembrada?", perguntava ele. Os pacientes respondiam que eles mesmos. Penfield então dizia: "Mas você está olhando para mim e conversando comigo." E assim prosseguiam, sem jamais resolver o paradoxo. Enquanto Penfield mantivesse a carga do eletrodo, o evento ou música relembrados se repetiam do início ao fim e então paravam. Se a corrente fosse interrompida no meio do episódio, este parava. Quando a corrente era reativada, o evento ou música recomeçavam, só que do início e não do ponto onde haviam sido interrompidos. Quando chegava ao fim, o episódio era reprisado se a corrente fosse interrompida e retomada. Penfield situou essas células da memória no lobo temporal, que está associado ao sonho, ao som e às construções espaciais.

Recentemente, os pesquisadores propuseram diversos tipos diferentes de memória, cada um com seus procedimentos próprios. Sabemos que uma célula não "contém" uma determinada lembrança; nos eventos da memória está presente o mesmo número de campos neurais que na percepção habitual. Entretanto uma determinada célula produzia os eventos de Penfield, o que indica uma ação do tipo "célula-alvo".[2] Nesse caso, uma única célula organiza uma ampla gama de campos visando a uma construção altamente específica. Essa mesma célula e os campos que ela organiza também podem funcionar como partes de outras redes se ativados pelas interações de outros campos. Qualquer campo neural pode colocar-se a serviço de outro campo por meio do complexo de conexões (da mesma forma que um fonema pode estar a serviço de um sem-número de palavras). Isso funciona como uma nova prova de que a nossa construção da realidade é um caso interior — "picos de atividade em populações de neurônios". Como duas estruturas dessas podem entrar em jogo simultaneamente, ambas com igual teor de realidade, as construções dificilmente podem ser uma reação direta dos neurônios a um mundo preestabelecido que age sobre nós.

É possível que algumas células organizacionais-chave como essas estejam por trás da nossa história pessoal, na qual se baseiam tanto a memória quanto a aprendizagem. Basta cerca de um milhão de células-alvo desse tipo para deflagrar uma reprise de cada momento de nossa vida. (Tendo em vista os cem bilhões de neurônios de que dispomos, isso exigiria apenas 0,000.001 de 1%.) O cérebro não costuma utilizar essas células-alvo. Ele utiliza "campos de memória" amplos e difusos para manter em funcionamento a nossa memória geral. Lembre-se que o idiota-sábio só consegue utilizar um único campo com efeito bastante preciso; nós conseguimos utilizar muitos campos, só que com resultados menos precisos. A maioria de nós, quando tenta recordar, obtém uma impressão vaga, geral na melhor das hipóteses. Se pudéssemos acessar voluntariamente uma dessas células-alvo, teríamos uma reprise sensorial completa do evento original.

David Chamberlain oferece uma excelente prova da memória pré-natal e natal e sugere que a memória provavelmente não está de modo nenhum "no" cérebro.[3] Os pesquisadores concordam, segundo ele, em que a memória não é apenas um, mas vários sistemas diferentes, "nem sempre unificados [...] funcionando como 'módulos' independentes e em série [...] operando não apenas automática como também deliberadamente, de forma limitada e talvez imprecisa". Porém nos estados alterados de consciência, a memória às vezes é incrivelmente confiável e coloca-se claramente além dos limites previamente aceitos; trata-se do que Chamberlain descreve como as "fronteiras em expansão da memória". Pesquisas recentes indicam que as lembranças podem "ir muito além do substrato neurológico que deveria contê-las ou torná-las possíveis".[4]

Entretanto, talvez precisemos simplesmente ampliar nossas noções do que seja um "substrato neurológico" e reconhecer que os campos neurais são quase temporais. A frágil estrutura celular do cérebro está no espaço-tempo, é visível e sujeita a dissecação, mas suas operações, estados de consciência e percepções estão simultaneamente no espaço-tempo e além dele. George Franklin perguntou: "Onde estão as lembranças quando não estão sendo relembradas?".[5] A "armazenagem" propiciada pela memória é a armazenagem de uma experiência consciente, mas como a consciência poderia "armazenar" a si mesma? Como é que se pode armazenar um movimento, a não ser nos ou como os dinâmicos campos de potencial que são a matéria da própria consciência?

Durante vários anos Ernest Hilgard, da Stanford University, investigou um enigmático aspecto da personalidade, por ele denominado "observador oculto".[6] Independentemente de qual seja o nosso estado de consciência — adormecidos, anestesiados, hipnotizados ou drogados —, existe um outro aspecto nosso que está sempre alerta e consciente de tudo que está se passando e reagindo inteligentemente. Quando as condições são adequadas, esse "observador oculto" reagirá a solicitações, inclusive com movimentos físicos, se assim for pedido, e mesmo que a pessoa esteja dormindo ou sob efeito de anestesia. Talvez isso explique a sugestão pós-hipnótica. O observador oculto pode estar associado ao sistema causal, "observando" as ações dos sistemas físico-sutis. Ele demonstra uma inteligência não-emocional, distante, mais poderosa e coesiva que o eu egóico. Talvez seja isso que "inspire" o arqueiro zen, que move o corpo sem empregar o sistema muscular, algo que só uma energia sutil-causal pode fazer.

Parece-me que somos um com esse observador oculto até os 7 anos de idade, quando o intelecto começa a formar-se e ocorre uma cisão. A criança pré-lógica está voltada para o mundo onírico da brincadeira, sem distinguir claramente o eu da experiência. Talvez o processo de amadurecimento nos separe de nossa parte sutil e onírica para que possamos (ou devamos, talvez) identificar-nos com o mundo social e desenvolver o intelecto, analítico e objetivo. O preço dessa "perda de contato" pode chegar àquela alienação e senso de solidão tão pungente na adolescência. Sem dúvida, essa cisão não se destina a ser eterna, pois a "re-união" com o observador oculto pode, de fato, desempenhar um papel importante no verdadeiro amadurecimento.

Os sábios alegam que não somos nós quem "faz". Representamos apenas uma pequena percentagem do total do maquinário consciente da mente-cérebro. Dentro de nós processam-se decisões e ações inteligentes das quais muitas vezes nunca nos conscientizamos ou só nos damos conta muito depois dos fatos. Podemos racionalizar e tentar reivindicar essa inteligência de apoio, mas enquanto o nosso eu egóico não se desenvolver nem amadurecer, nós somos, como o marido traído, os "últimos a saber" — o que torna o que pensamos ser ação simplesmente uma tosca reação.

O recente relato de uma mulher do Texas demonstra uma combinação de observador oculto e memória de célula-alvo que, embora obviamente muito rara, poderia desempenhar um papel importantíssimo em nossa vida se soubéssemos como abrir-nos para ela.[7] No dia que o marido a deixou, os detalhes da relação de vinte anos que essa mulher tivera com ele começaram a "passar pela cabeça" dela enquanto estava trabalhando no escritório. A reprise foi completa, na seqüência correta e concentrava-se exclusivamente no relacionamento deles e nos erros e mal-entendidos de ambos os lados, que terminaram por arruiná-lo. A experiência continuou por horas, as lembranças "começavam e terminavam como se uma fita estivesse começando e terminando de rodar [...]. Eu não conseguia acreditar, aquilo me arrasava, me amedrontava [...]. Era fascinante, de tirar o fôlego. No entanto, enquanto revivia aquilo tudo, eu estava consciente [...] do calor do meio-dia, de caminhar ao sol à beira da piscina". Só que ela estava apenas vagamente consciente de onde estava enquanto continuava com seus afazeres. Aqui, como com os pacientes de Penfield, duas realidades paralelas se desenrolavam perante uma testemunha.

A experiência esvaziou a raiva e a mágoa que ela sentia, dando-lhe uma autoconsciência mais acentuada e um novo nível de compreensão, com mais percepção e mais amor-próprio. Essa compreensão irrompeu nela "permeada a um amor totalmente incondicional [...]. Saber que um amor assim podia estar em mim era espantoso e emocionante. A compreensão total e o amor total faziam parte um do outro". Se essa inteligência, esse amor e essa orientação estão dentro de nós, podemos perguntar por que se manifestam tão raramente. Se refletirmos, talvez cheguemos à conclusão de que essa inteligência geralmente se manifesta apenas quando estamos em crise. Talvez, se lhe déssemos a mesma atenção que damos às nossas habituais tentativas de superar o mundo cotidiano, aprenderíamos a sintonizá-la e a agir de acordo com ela. Afinal de contas, é isso que pregam todos os grandes caminhos espirituais.

Já que todas as dinâmicas perceptíveis são traduzidas pelo nosso sistema mente-cérebro-corpo, todos temos acesso à fonte da qual elas provêm. Como disse William Blake, "tudo aquilo em que se pode acreditar é uma imagem da verdade"[8], uma capacidade que nos envolve, em verdadeira criatividade, para o bem ou para o mal. Entretanto essa possibilidade geralmente acaba em desastre, pois a empregamos cegamente e, por ignorância, nos deixamos guiar só pelo intelecto, sem o aliar a uma inteligência mais profunda. Embora em algum nível todos nós vivenciemos essa inteligência, ela geralmente é ignorada ou passa despercebida.

Um dos fenômenos que mais freqüentemente vivencio, na meditação ou em ocasionais momentos fora da mente, é uma onda que me envolve momentaneamente, proporcionando uma breve alteração de percepção — a breve abertura de uma antiga "alteridade familiar" que está diretamente relacionada ao meu sexto ano de vida. Quando menino, eu sempre acordava ao raiar do dia, pois essa onda de percepção aparentemente se manifestava mais nesse momento e eu não queria perdê-la. Eu me perguntava se essa "onda" não era mais o próprio estado da memória — não a memória como conteúdo, mas a memória como função, um campo como a luz de Lusseyran em comparação com uma luz específica. Quando essa onda me engole, eu imediatamente a identifico e reconheço, "ela" me é mais familiar que o eu que tem meu nome. Quando eu era criança, ela durava, mas, à medida que fui crescendo, ela se ia assim que chegava, deixando-me apenas a lembrança de uma lembrança e a seqüela incomensurável de uma grande saudade. Talvez isso seja um "vislumbre" do observador oculto, aquele que relembra e aquele que esqueci.

Ouvimos falar de plenitude, de universo "holográfico", da unidade de todas as coisas, de educação holística, do cérebro total e assim por diante. Entretanto, a unidade não impede a diversidade nem a diversidade implica a perda da unidade. A complementaridade entre unidade e diversidade é o modo como a experiência se desenrola. Surgiu uma nova filosofia pseudocientífica que fala da separação das coisas, inclusive entre partícula e onda, como apenas uma ilusão; mesmo as evidentes divisões da localidade são consideradas inautênticas. Pegando carona na filosofia oriental, seus seguidores a tudo chamam "*Maya*", o "véu da ilusão". Dizem eles que "nada disso é real". Um desses filósofos declarou que quando alguém é "iluminado", o universo desaparece e se percebe que ele jamais existiu; era apenas um produto da imaginação, uma peça que nos pregaram.

David Bohm ressalta que a palavra latina para realidade é *res*, que significa "coisa". O mundo é *res*, uma coisa, uma realidade. Os grandes sábios falam da terra viva como se fosse o nosso corpo maior, um milagre da criação que deve ser amado e respeitado, amparado pelo *dharma* ou ação correta. *Maya*, a palavra sânscrita tão pronunciada hoje em dia, refere-se àquilo que é mensurável; seu sentido mais completo é "desdobrar em unidades mensuráveis". Os sábios há milênios vêm alegando que o nosso mundo se desdobra de forma mensurável a partir de um potencial vibratório informe. Uma partícula se constrói de possibilidades de forma de onda; uma "ordem explicada" se exibe de uma "ordem implicada", nos termos de Bohm. Ou, se você quiser, o mundo de *Maya* é projeção da mente de Deus. As metáforas são fáceis e desnecessárias, mas a função eterna permanece a mesma, não importa o nome que lhe demos (embora nossas metáforas estabeleçam os parâmetros da nossa experiência dessa função).

A palavra *ilusão* vem do latim *illudere*, que significa "jogo interior". A palavra *jogo* deriva do latim *plicare*, que significa "dobrado em unidades ou atos mensuráveis". Nosso mundo é um grande jogo criativo que se desdobra em unidades ou atos discretos e mensuráveis de um potencial envolvido. A faceta criadora de Deus dança diante de seu consorte, o eu silencioso que testemunha. Ela desdobra sua *Maya*, seus universos diante dele. Sem a testemunha, a criação torna-se árida e sem vida; sem a *Maya* da criação, a testemunha é nula e inválida. *Maya* e testemunha são o complemento perfeito, nenhuma é possível sem a outra. Elas são mutuamente exclusivas e, apesar disso, interdependentes — uma inteligência indivisível. O shivaísmo kashmir baseou sua teoria da evolução na metáfora do amor eterno do Primordial Shiva, a testemunha, e sua consorte Shakti, o processo criador, ambos ao mesmo tempo eternamente unidos e separados; desse dinamismo extático provêm todas as coisas. Essa ação criadora é referida como *Lila*, o "jogo da consciência", um jogo auto-suficiente que se desdobra de si mesmo.

Assim, a nossa intuição de uma plenitude subjacente não deveria implicar a fusão numa massa homogênea. A necessidade de cada um de nós como indivíduo é de relacionamento adequado, um desafio de muito maior magnitude e dificuldade que a dissolução numa unidade homogeneizada. Maturana e Varela escrevem: "Se quisermos coexistir com o outro, precisamos ver que sua certeza — por mais indesejável que ela nos pareça — é tão legítima e válida quanto a nossa porque, como a nossa, essa certeza exprime sua conservação do acoplamento estrutural num domínio de existência [...]."[9] Compartilhamos o mesmo domínio, mas o acoplamento jamais pode ser exatamente o mesmo, e justamente aí está a diversidade que dá unidade à vida.

Existência deriva do latim *existere*, que significa "ser separado". Sem separação não pode haver nenhuma diversidade, nenhuma criação, nenhuma experiência, nenhum amor, nenhuma saudade e subseqüente união. O que desejamos uns dos outros é um relacionamento perfeito. Do relacionamento perfeito vem a unidade que buscamos, uma unidade que existe apenas dentro de nós. Quando encontramos esse ponto de unidade dentro de nós, o amor e a compaixão por toda a criação, expressões de nossos próprios seres, são ilimitados.

Como criaturas vivas, todos somos *Maya*. Como eu observador, somos tudo o que testemunha. Desde a concepção estamos necessariamente identificados com *Maya*. Nosso amadurecimento está não em negar *Maya*, mas em identificar-nos com a testemunha para amar e proteger *Maya* como nosso próprio ser. Porém nem isso será o ponto final; o fim da evolução nos impele para além da separação, para além de todos os nomes e formas, como colocou Meister Eckhart, além de todas as estruturas de conhecimento e todas as emoções decorrentes conhecidas. Mesmo a sublime união entre o eu separado e sua fonte não é senão outro ponto de partida para o desconhecido. Meu mestre de meditação o resumiu dizendo: "Não voltamos à unidade, vamos além da diversidade."

PARTE *dois*

COMO DESENVOLVER O CONHECIMENTO DO MUNDO

INTRODUÇÃO

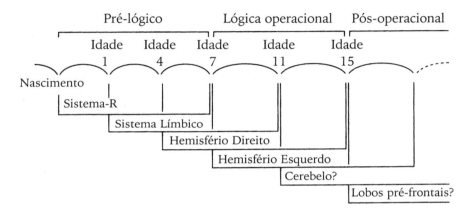

Os "picos de crescimento" do cérebro ocorrem no útero, no nascimento e no início de cada estágio do desenvolvimento infantil — 1, 4 e 6 anos de idade.[1] O foco do desenvolvimento muda em cada estágio, começando, como é lógico, com o sistema evolucionariamente mais antigo, o reptiliano, e passando depois pelos acréscimos evolucionários posteriores. Cada parte do sistema triuno tem seu próprio bloco de inteligências e de comportamentos que lhe são inerentes, e os picos de crescimento — na maior parte, massas axodendríticas — fornecem os novos campos neurais necessários para desenvolver cada bloco de potencial.

Assim o pico de crescimento do nascimento prepara o bebê para o desenvolvimento do sistema-R e suas inteligências. Por volta do primeiro ano de vida, se o sistema-R tiver sido suficientemente estimulado e exercitado, a natureza se concentra também no desenvolvimento do cérebro límbico, exigindo outro pico de crescimento cerebral. Aos dezoito meses, o cérebro do bebê — cujo crânio tem apenas um terço do tamanho de um crânio adulto — possui a mesma quantidade de críticos conectores de axônio e dendrito e campos neurais que o de um adulto. Nos primeiros quatro anos, verifica-se um gigantesco trabalho de construção; é preciso construir as "estruturas de conhecimento" do eu, do mundo, dos relacionamentos e da linguagem, e a natureza fornece campos neurais à vontade para esse projeto. Por volta dos 4 anos, cerca de 80% dessa visão de mundo preliminar está finalizada e mielinizada.

Então a natureza transfere as prioridades de desenvolvimento para o hemisfério direito do neocórtex, criando um foco tripartite. Outro pico de crescimento proporciona os campos neurais necessários, mediante o aumento de células de apoio e de conectores entre os neurônios.

Por volta dos 6 anos, esse sistema mundo-eu-linguagem fundamental está pronto, e a natureza se volta para o desenvolvimento de sua última aquisição, o neocórtex, conduzindo-nos ao mundo do intelecto, da lógica e do raciocínio. Um neurônio adulto comum possui cerca de mil conectores axodendríticos ramificando-se a partir dele, por meio dos quais pode conectar-se direta e indiretamente a mais de dez mil outros neurônios. (Alguns neurônios especializados podem conectar-se a mais de cem mil outros neurônios.) Aos 6 anos, o cérebro tem entre cinco e sete vezes mais axônios e dendritos do que tinha aos dezoito meses ou terá na vida adulta, embora ainda tenha apenas dois terços do tamanho de um cérebro adulto. Se o número de neurônios for estável desde o nascimento, como afirmam certos pesquisadores, o neurônio de uma criança de 6 anos pode conectar-se a uma média de sessenta a setenta mil outros neurônios.[2] Independentemente de novos neurônios serem ou não criados nesses picos de crescimento, a criança de 6 anos ainda tem uma capacidade de campo potencial muito maior do que tinha antes ou terá depois. As estimativas do número de neurônios que há no cérebro chegam a até cem bilhões (talvez um trilhão, caso se considerem as células granulares do cerebelo). Obviamente um número infinito de possíveis campos neurais e uma possibilidade ilimitada de traduzir o potencial em atual faz parte da cabeça da criança de 6 anos de idade. A análise que faremos a seguir do pensamento concreto operacional, que tem início por volta dessa idade, mostrará por que a natureza faz tamanha preparação para ele.

Aos 11 anos, porém, em vez de um pico de crescimento, a natureza libera uma substância química no jovem cérebro que dissolve todos os campos neurais não-desenvolvidos. Lembre-se de que a mielina se forma em torno dos axônios quando um campo neural é suficientemente utilizado, ajuda a tornar as operações de campo rápidas e eficazes em termos do dispêndio de energia e, da maior importância aqui, é impermeável a essas substâncias químicas de limpeza periodicamente liberadas. Aos 11 anos restarão apenas os padrões neurais estimulados e suficientemente desenvolvidos. Estes se tornarão nossas "estruturas de conhecimento" permanentes, ao passo que todos os campos neurais não-mielinizados sairão de cena. Isso economiza energia, mas o principal é que "limpa a casa" na preparação para as novas inteligências que desabrocham aos 11 anos, as quais discutiremos num capítulo posterior.

A natureza pode ser bem pródiga nos materiais *para* o desenvolvimento, mas é bem parcimoniosa depois que ele ocorre. Aos 11 anos, quando essa substância química limpadora é liberada, seria de esperar alguma perda, algum corte para a nova atividade que nos espera logo adiante. Logo antes do nascimento também tem lugar uma limpeza neural assim. Porém aos 11 anos, 80% da massa neural do cérebro desaparece e acabamos com o mesmo "peso cerebral" que tínhamos aos dezoito meses de idade. Não conheço nenhum outro caso em que a natureza termine com a mesma capacidade que tinha ao começar. Ao que tudo indica, não há outros picos de crescimento após os 11 anos, e é estranho que entremos na vida adulta com o mesmo potencial cerebral que tínhamos quando bebezinhos. Mas isso pode não ser culpa da natureza; ao que parece ela fornece muito mais potencial do que o ambiente, modelos ou condições propícias. O lema da natureza é usar ou perder, mas nesse caso eu acho que perdemos mais do que o necessário. Segundo os indícios, a maior parte dessa perda se dá no neocórtex, já que sabemos que os dois "cérebros animais" estão quase todos mielinizados aos 4 anos e prontos aos 6. Nos próximos capítulos analisaremos não apenas qual poderia ser a razão desses imensos picos de crescimento aos 4 e 6 anos, mas também o que nos impede de pô-los para funcionar.

Compartilhamos 98% de nosso material genético com os primatas superiores, o que nos dá só 2% de "peso" genético extra em relação aos nossos primos. Entretanto, desse leve acréscimo resulta um salto de anos-luz em termos de capacidade, e talvez apenas um acréscimo de mais alguns campos desenvolvidos aos 11 anos pudesse resultar num igualmente desproporcional aumento de capacidade em relação ao nosso presente estado; talvez só o bastante para representar a diferença entre a verdadeira inteligência e um intelecto equivocado.

CAPÍTULO 11

O Vínculo Coração-Mente

Na década de 40 Lester Sontag descobriu que os batimentos do coração da mãe afetavam o bebê no útero.[1] Na década de 60, alguns pesquisadores gravaram o som de um coração batendo e puseram a gravação para tocar em berçários, reduzindo assim entre 40 e 50% o choro dos recém-nascidos. Em vez de dar lugar à investigação profunda das razões para a redução do choro, isso acabou resultando na invenção e patenteação do "Rockabye Teddybear", um ursinho que irradiava de modo audível a batida de um coração, destinado a uso em berços e carrinhos. Tais são as vicissitudes da pseudociência comercializável.

    A pesquisa sobre o coração hoje está onde a pesquisa do cérebro estava há algumas décadas, mas já questiona seriamente alguns de nossos conceitos sobre ele. Recentemente um famoso cardiologista teria declarado que precisamos desistir da idéia do coração artificial, pois esse órgão é muito mais que uma mera estação de bombeamento.[2] O coração aparentemente tem um papel importante, embora frágil, na consciência como um todo. Hoje se sabe que no coração há transmissores — os quais, no comportamento neural, desempenham papel tão crítico — e que estes estão conectados de algum modo ao cérebro. As ações do coração precedem as ações não só do corpo mas também do cérebro. Uma dinâmica-chave entre o coração e o cérebro está centrada no sistema límbico. Anos atrás, numa pesquisa para o National Institute of Mental Health, John e Beatrice Lacey afirmaram que o cérebro envia um relatório ininterrupto da situação do ambiente em que nos encontramos ao coração, e este exorta o cérebro a reagir adequadamente.[3] Hoje se sabe que o coração faz mais do que simplesmente exortar; ele controla e governa a ação cerebral por meio de hormônios, transmissores e possivelmente energias quânticas mais sutis.

A área do átrio do coração produz um hormônio que afeta drasticamente todos os principais órgãos do corpo, bem como as operações do sistema límbico.[4] O hormônio, conhecido como ANF, tem impacto sobre a ação do tálamo, determinando sua dinâmica com a glândula pituitária, a assim chamada glândula-mestra que regula os hormônios endócrinos. Esse hormônio está presente no sistema imunológico e na propensão do organismo à cura; ele tem impacto sobre o hipotálamo e a glândula pineal, regulando a produção e a ação da melatonina; além disso, ele desempenha um papel-chave em nossas emoções, memória e aprendizagem.

Uma célula cardíaca desempenha um duplo papel: além de contrair-se e expandir-se ritmicamente para bombear sangue, ela se comunica com suas vizinhas. Se você isolar uma célula do coração, a mantiver viva e a observar em microscópio, verá que ela perde o ritmo e a sincronia e começa a fibrilar até morrer. Se você isolar outra célula cardíaca e a puser na lâmina, ela também fibrilará. Mas se você colocar essas duas células a uma certa proximidade, elas entrarão em sincronia e baterão em uníssono. Elas não precisam estar em contato; podem comunicar-se através de uma barreira espacial. Como diria Shimony, aqui não se trata de nenhuma paixão a distância, trata-se de não-localidade. O coração, formado por vários bilhões dessas células que operam em uníssono, está sob a orientação de uma inteligência superior, não-localizada.

Eis aqui, então, a fonte dessa inteligência que mantém a integridade funcional das diversas partes de nosso corpo, aquela "sabedoria do corpo" a que se referiu W. B. Cannon: uma inteligência cardíaca vital, apesar de primitiva, de tipo celular, químico-hormonal que, por meio da estrutura límbica, mantém a integração e o equilíbrio adequado entre as três partes de nosso cérebro tri-uno e todas as funções orgânicas.[5] A meu ver, a razão pela qual o coração pode governar esses processos físicos está na tradução que ele faz de seu próprio "campo de inteligência" não-localizado, exatamente como faz o cérebro.

Essas células cardíacas comunicam-se por intermédio de sua base de relacionamento mutuamente não-localizada, um campo de inteligência que é um "coração" maior, mais universal e não-físico — a consciência criadora em si.

É comum haver troca de informação através do espaço-tempo entre duas pessoas intimamente ligadas. Podemos dar a isso vários rótulos ocultosos, mas desde o início trata-se apenas da nossa verdadeira biologia, da lógica de nosso sistema de vida, da linguagem do coração. E, assim como o coração físico mantém o corpo, a inteligência não-localizada que rege, por sua vez, o coração mantém a sincronia com uma "consciência como um todo", uma consciência universal. Portanto, temos não apenas um coração físico, mas também um "coração universal" superior — e, como em todo desenvolvimento, nosso acesso a ele depende radicalmente do desenvolvimento do primeiro coração. Assim como as inteligências de que se utiliza o cérebro levam a capacidades específicas, o coração se utiliza da ordem supra-implicada e do reino da inteligência do *insight*.

Essas ordens superiores articulam-se como um movimento geral pelo bem-estar e equilíbrio das operações gerais do corpo-mente-cérebro.

Os três principais estágios da vida baseiam-se no coração pelo seguinte: (1) o desenvolvimento de uma sincronia entre coração e mente, necessária à vida física e observada em vários dos estágios de "piagetianos"; (2) um posterior desenvolvimento "pós-adolescência", que põe em sincronia o eu físico desenvolvido e o processo criador; e (3) um "coração superior a todos" final, que nos leva além de todos os sistemas físico-emocionais. Existem em nós dois pólos de experiência: nosso eu individual e único, gerado pelo cérebro, e uma inteligência impessoal, universal, gerada pelo coração. O sucesso da vida humana depende do desenvolvimento desse diálogo entre coração e mente; nessa dinâmica complementária um afeta profundamente o outro e ambos são produto do desenvolvimento. Já que o imperativo natural do modelo sempre vigora, mesmo uma inteligência suprema precisa ser desenvolvida em nós se quisermos ter acesso a ela e gozar de seus benefícios. Infelizmente, não há nenhum conceito acadêmico nem ambiente-modelo propício a uma "inteligência do coração", o que torna nossa ignorância a seu respeito um fato péssimo e de conseqüências catastróficas.

Embora a inteligência do coração seja uma ordem "superior" de energia, ela é um reflexo da história de sua própria "exibição". As pessoas que sofrem transplantes de coração muitas vezes acabam demonstrando claramente certos comportamentos do falecido doador. Esse efeito orgânico não se verifica no caso dos estados posteriores do coração. Assim como os comportamentos do sistema-R e da estrutura límbica não são vistos (enquanto tais) nas inteligências superiores do neocórtex, as ordens superiores de inteligência que se desdobram no desenvolvimento posterior do coração não são influenciadas pelas ordens inferiores que elas então incorporam.

Meu mestre de meditação disse certa vez: "Você precisa desenvolver seu intelecto o máximo possível para que ele seja um instrumento adequado à inteligência do coração. Mas só a inteligência do coração pode desenvolver o intelecto até onde ele pode ser desenvolvido." Isso diz do que se trata a evolução e o que deve ser a nossa evolução pessoal, uma questão que esclareceremos à medida que examinarmos o desenvolvimento em si. Porém lembre-se mais uma vez que a inteligência do coração precisa ser, ela também, desenvolvida — e isso ocorre por meio dos métodos que a natureza convencionalmente emprega, de acordo com a natureza dos modelos fornecidos. Com o ambiente adequado, essa inteligência desabrochará; sem ela, o coração funcionará num plano estritamente celular e hormonal, mantendo a vida apenas num nível "reptiliano-mamífero".

Santos e sábios sempre alegaram que a verdadeira sede da mente está no coração. Em 1932 um curandeiro índio norte-americano disse a Carl Jung que os brancos, com seus rostos enrugados e sua raiva constante, eram tão insanos e matavam tão gratuitamente porque pensavam com a cabeça. As pessoas plenas, segundo ele explicou, pensam com o coração. Podemos sorrir com indulgência diante dessas palavras curiosas e "primitivas". Mas, nosso curandeiro estava pelo menos meio certo. O intelecto, a própria essência do homem ocidental, é o pensar com a cabeça, sem dúvida, mas a evolução concentrou muita energia nessa ação e jamais deixará de pressionar para chegar ao verdadeiro amadurecimento desse poder, perigoso que é em seu estágio semidesenvolvido. A inteligência é a habilidade de agir em prol de nosso bem-estar; é uma capacidade, não um conteúdo. Assim como o organismo multicelular incorporou a célula à sua possibilidade evolucionária superior, a inteligência foi feita para ter o intelecto a seu serviço. Para tanto, esse intelecto precisa primeiro desenvolver-se. A inteligência do coração não pode desenvolver-se apenas como ela própria; ela precisa ter algo em que "agir", algo a que reagir. Sem o cérebro e a possibilidade de funcionar em sincronia com ele, a inteligência universal do coração não chega a ver a luz.

Já que todas as inteligências são codificadas para desabrochar conforme o cronograma da natureza, o intelecto se abre como programado, independentemente de haver-se desenvolvido ou não uma inteligência do coração (assim como a sexualidade desabrocha na puberdade, estejamos prontos para ela ou não). E aí é que está o problema. A dinâmica entre coração e cérebro é a dinâmica entre inteligência e intelecto, a principal das dinâmicas em que se baseia a nossa vida. Se desenvolvermos o intelecto mas não conseguirmos desenvolver a inteligência, ficaremos à mercê de uma mente que busca a novidade e funciona sem levar em conta nosso bem-estar nem o dos outros. Para nós qualquer coisa é possível, mas o que é apropriado?

Este exemplo ilustrará a simples dinâmica entre o coração físico e os dois cérebros elementares. Imagine que você está vendo aproximar-se o insuportável do seu supervisor. O hormônio ANF reage, exercendo impacto sobre as áreas do tálamo e do hipocampo, que deflagram uma mensagem para a pituitária. Esta, por sua vez, alerta as supra-renais, fazendo-nos exibir a reação de "fugir ou lutar". Os corticosteróides contraem os músculos, aceleram os pulmões e o coração e colocam em alerta todo o sistema-R. Só de pensar nesse supervisor, surge em nós uma hostil reação de alerta, a qual, embora não tão acentuada, mantém a tensão e nos esgota, preparando terreno para úlceras, depressão imunológica, alergias e várias outras seqüelas. Existe toda uma gama de negatividade, desde uma pequena discordância com o parceiro no café da manhã até a ira homicida final, que gira em torno dessa dinâmica física cardíaco-límbica.

Quando ameaçado, o sistema tri-uno se alinha de cima para baixo. Em nome do que interpretamos como ameaça à nossa sobrevivência (seja a da imagem do ego ou a do corpo real), nosso ancestral sistema-R incorpora às suas defesas não só as emoções do sistema límbico, mas também o intelecto, o raciocínio, a lógica analítica etc. de nosso cérebro superior. Essa maquinaria pesada começa a justificar para nós qualquer violência exigida por aquelas emoções que basicamente são as da sobrevivência, não-lógicas e reptiliano-mamíferas: o intelecto e sua perícia analítica, não afetado pelas emoções positivo-negativas que o incorporaram, pode ser chamado a tornar nossa agora justificável violência completa e eficaz. Usando o intelecto defensivamente, agimos de modo antievolucionário: o sistema neocortical passa a servir a nossas estruturas inferiores e mais primitivas. O universo aberto para nós por esse que é o sistema superior fecha-se aí nos limites estreitos de nosso ancestral sistema-R. O cérebro, já seletivo, então passa a selecionar mais rigorosamente que nunca, descartando todos os sinais que não sejam os que fortalecem esse primitivo sistema de defesa. Nosso mundo em si é uma ameaça e nos tornamos como os "crustáceos armados eternamente em alerta" de William Blake.

E o extremo oposto pode ocorrer também. Imagine que seu amor, há muito ausente, esteja chegando. Seu coração começa a bater aos saltos e o hormônio ANF alerta as estruturas superiores do sistema límbico, onde se formam laços como o do amor, da proteção e do carinho. As supra-renais também podem ser convocadas, já que provocam excitação e ajudam a enchê-lo de euforia. A poesia lhe vem à ponta da língua e você se sente um só com o universo até que, vinte segundos mais tarde, seu amor lhe diz que encontrou outra pessoa. Então o mundo que se abrira cai, transformado num nó de raiva e dor. O fluxo de sua vida começa a se descontrolar quando a inteligência superior se fecha a serviço da inferior, e sombrios desejos de vingança começam a eclodir em sua perturbada mente egóica. Assim são os caprichos desse coração animal, que age conforme geneticamente programado para governar nossas relações biológicas, fazendo-nos ir ao encontro do prazer e a evitar o desprazer.

Devem ocorrer três principais estágios de desenvolvimento do coração, por meio dos quais podemos colocar-nos acima desses constrangimentos. O primeiro se abre no nascimento e segue os estágios usuais do desenvolvimento infantil, dando origem ao mundo de emoções acima descrito; o segundo abre-se em meados da adolescência, um desenvolvimento "pós-operacional" sobre o qual sabemos muito pouco e que nos permite cultivar uma consciência que incorpora essas emoções animais a um estado superior e plenamente humano; e um terceiro, que desabrocha mais tarde, nos liga ao reino da inteligência do *insight* e nos coloca além da biologia.

Em todos os casos, o "imperativo natural do modelo" e o ambiente propício são as chaves para o sucesso ou o fracasso. Como em todo desenvolvimento, se a inteligência da base não for desenvolvida, as estruturas superiores não poderão se desenvolver. Por mais primitiva que pareça essa ligação entre o coração e o sistema límbico, a importância de seu firme estabelecimento ultrapassa qualquer medida. A mãe é a primeira mestra do coração e por isso é preciso que se estabeleça um vínculo entre mãe e bebê desde o nascimento, o período crítico. A mãe precisa então despertar a inteligência não-desenvolvida do bebê e tornar-se o modelo constante para o desenvolvimento contínuo, até que a inteligência de seu filho se tenha atualizado e deixe de precisar desses cuidados. Como esclarece Paul MacLean, a natureza só poderia acrescentar ao nosso cérebro essas estruturas corticais superiores se tivesse a garantia de que nós viveríamos um período de desamparo bem prolongado, ao longo do qual seríamos alvo dos cuidados necessários. A função biológica que nos dá vida física é precisamente a inteligência biológica do coração. Despertando e desenvolvendo uma, conseguiremos a outra porque elas se encontram numa dinâmica. A inteligência do coração não é nenhum doce sentimento, mas uma necessidade biológica primária e a base de todos os vínculos, os quais se desenvolvem em estágios definidos: mãe-bebê, bebê-família, família-sociedade e um vínculo final macho-fêmea, de "emparelhamento", no qual a vida se baseia. Essa série de ligações biológicas é a função principal do primeiro nível de inteligência do coração, e estágios muito mais poderosos estão à espera, a depender do êxito na finalização deste primeiro estágio principal.

Testemunhamos no final do século XX a perda da força dos laços que, além de unirem a família e a sociedade, mantêm a energia sincrônica das três camadas do cérebro. Os capítulos seguintes analisam por que o não-estabelecimento do vínculo que une o bebê à mãe pelo coração provoca uma perda de inteligência, amor, carinho e proteção, deixando apenas um mundo reptiliano brutalmente defensivo. Isso não é apenas trair o ser humano, mas trair a razão da própria vida, levando ao lado negativo do fim da evolução.

CAPÍTULO 12

O Vínculo Mãe-Filho

> A Grande Novidade na evolução dos mamíferos é o progressivo cuidado e atenção que eles dedicam à prole [...].
>
> PAUL MACLEAN

Alguns dias depois da concepção, forma-se no embrião um minúsculo bloco de células pulsáteis — os primórdios de um coração. Alfred Tomatis afirma que o primeiro grupo de células embrionárias é sensível ao som. Já que o desenvolvimento de qualquer coisa depende de um estímulo adequado do ambiente, a razão dessas células sensíveis ao som seria captar o estímulo dos batimentos do coração da mãe, necessário à produção do coração do próprio embrião. Seja como for, os batimentos cardíacos, a respiração e os movimentos da mãe mantêm o feto imerso em sons e movimentos contínuos e suaves, o que fomenta o desenvolvimento neural num nível amplo. Existem estágios de desenvolvimento e picos de crescimento cerebral *in utero*. Formam-se estruturas neurais que contemplam necessidades intra-uterinas específicas, as quais são removidas antes do nascimento numa grande "faxina cerebral". O estado emocional da mãe é compartilhado hormonalmente com o bebê e qualquer padrão repetitivo, como cantar uma determinada canção, ficará gravado, juntamente com a voz materna; lembre-se que a aprendizagem da linguagem começa no sétimo mês *in utero*.[1] A natureza permite de muitas maneiras que o bebê estabeleça um parâmetro, em sua vida intra-uterina, ao qual possa associar as experiências desconhecidas que o aguardam após o nascimento.

O imperativo-modelo da Natureza, evidente mesmo no útero, torna-se cada vez mais importante à medida que o desenvolvimento prossegue. Além de manter, proteger e cuidar, a mãe é o maior modelo. Seu papel é absolutamente crítico no nascimento, o foco deste capítulo. Lembre-se, primeiramente, a formação reticular que é o ponto de interseção dos sentidos do corpo, onde se envia uma *Gestalt* grosseira de mensagens ambientais ao resto do cérebro para que se forme uma visão de mundo que permita reações. O sistema reticular não pode ser finalizado no útero porque a maioria dos sentidos que abarca não se desenvolverá senão depois do nascimento.

Logo antes do parto, o corpo do bebê libera hormônios supra-renais que desencadeiam uma sucessão de eventos. Primeiro, esses hormônios põem em alerta o corpo do bebê, mobilizando-o para o desafio que o espera. Segundo, eles são transportados por meio do cordão umbilical e põem em alerta o corpo da mãe, que entra em seu próprio programa de reação; e terceiro, eles provocam um pico de crescimento cerebral que fornece novos campos neurais para as adaptações e aprendizagens que vêm pela frente. Esses poderosos hormônios continuam a fluir, mantendo o sistema em alerta máximo até o fim do parto. Se por acaso isso não acontecer e a produção hormonal continuar por muito tempo, acumula-se um nível de "massa crítica" de hormônios e o bebê entra em choque, que pode ser leve ou grave o bastante para provocar sua morte. As estatísticas indicam que esse nível crítico é atingido dentro de 45 minutos se não houver uma queda; portanto entre os desígnios da natureza está uma série de procedimentos superpostos, destinados a garantir a finalização do parto com tempo em abundância e a cessação da produção de hormônios antes que haja qualquer risco.[2] O final do parto exige a vinculação entre a mãe e o bebê imediatamente após este deixar o útero.

Ao longo da História, a mãe aninhou o recém-nascido contra o seio esquerdo, sua "base" durante o período de colo, que dura vários dos primeiros meses de vida. (Antigas esculturas de cerâmica representando mães e bebês mostram-nos nessa posição.) Os pais também costumam carregar espontaneamente o bebê do lado esquerdo.[3] Essa simples posição desencadeia uma série de funções superpostas, destinadas a fazer cessar a produção de hormônios e a promover a adaptação do bebê ao novo ambiente. Originalmente chamado de "comportamento de apego" por John Bowlby e, mais tarde, de "vínculo" por John Kennell e Marshall Klaus, o padrão desse programa genético primário é deflagrado à perfeição mediante o simples contato "de pele" entre a mãe e o recém-nascido nessa posição à esquerda.[4] Esse contato promove a ativação de todos os sentidos que não puderam ser despertados no útero e proporciona uma confirmação de todos os sentidos que já existiam. Isso completa a formação reticular, que passa então a funcionar plenamente e faz cessar a produção do hormônio de *stress* do parto. Com o funcionamento da formação reticular, o recém-nascido pode traduzir sinais do novo ambiente e reagir a esses sinais, o que significa o início imediato da aprendizagem.

Se esses estímulos não forem fornecidos, os sentidos do bebê permanecem adormecidos e os sentidos já estabelecidos não se confirmam em seu novo contexto. A formação reticular fica então incompleta, e o bebê não consegue coordenar as informações sensoriais mesmo quando ocorre uma experiência sensorial; o nascimento propriamente dito permanece incompleto e, por isso, a produção de hormônios supra-renais continua.[5] Segue-se uma sobrecarga supra-renal e um choque que, embora desastroso para o futuro desenvolvimento, é antes uma espécie de gentileza da parte da natureza, como a liberação de opiáceos no cérebro, que alivia os traumas.

A posição de aninhamento contra o seio esquerdo se encarrega de tudo. Lembre-se que quando se tocava a fita com a gravação dos batimentos de um coração nos berçários, o choro se reduzia em cerca de 40-50%. A proximidade da batida do coração da mãe é a principal prioridade na criação do vínculo e o sinal mais importante para o cessamento da produção dos hormônios do *stress*. Os cinco sentidos do recém-nascido são automaticamente estimulados com essa posição. Ele tem um circuito visual geneticamente codificado: a capacidade de reconhecer e reagir a um rosto a uma distância entre quinze a trinta centímetros imediatamente após deixar o útero.[6] A única coisa que o recém-nascido pode reconhecer é o rosto, sendo a proximidade imediata, portanto, crítica. Os circuitos visuais integrados reagem àquele estímulo e todo o processo visual entra em operação.[7] A visão será funcional em questão de minutos, inclusive com foco para perto e para longe, além da paralaxe (sincronia muscular dos olhos), dando ao recém-nascido a capacidade de acompanhar objetos em movimento. Dentro de minutos o bebê reagirá sorrindo a qualquer rosto que se apresentar, reação crítica para o vínculo. O estímulo do rosto deve ser fornecido ao longo de todo o período de colo, principalmente nos primeiros meses, quando o bebê depende desse estímulo integrado em cerca de 80% de seu "tempo visual". Essa "constância de rostos" leva à "constância dos objetos", que se forma no bebê por volta do oitavo mês após o nascimento. (*Constância dos objetos* foi o termo usado por Piaget para designar a formação de um mundo visual estável, o que indica que o sistema visual já se mielinizou.)

Essa posição universal contra o seio esquerdo coloca o recém-nascido bem perto do mamilo, permitindo que a amamentação comece em poucos minutos. A amamentação ativa o sentido do paladar, ajudando a finalizar a formação reticular. Temos mais uma vez acoplamento estrutural: um estímulo ambiental ativa sua correspondente capacidade interior. O vencedor do Prêmio Nobel Nikos Tinbergen descobriu, com sua equipe de etólogos ingleses, que os recém-nascidos da espécie humana são programados pela natureza para alimentar-se entre 45 e sessenta vezes por dia, conclusão que se baseia em médias reais e na análise do leite materno e da natureza do metabolismo do bebê. O leite humano é o mais "pobre" dentre os leites de todos os mamíferos, o que apresenta o mais baixo teor de gorduras e proteínas, e o metabolismo humano é projetado apenas para essa nutrição, o que torna necessária a amamentação a cada vinte minutos mais ou menos. A maior percentagem de gorduras e proteínas encontrada no leite de vaca ou cabra ou em qualquer das várias "fórmulas" infantis sintéticas disponíveis no mercado exige muito mais tempo e energia para a digestão. Portanto, basta apenas a amamentação ocasional, o que resulta em muito menos contato entre o recém-nascido e a mãe ou a pessoa encarregada de cuidar dele. Quando necessário, a natureza pode produzir leite muito rico, tornando necessárias poucas sessões de amamentação. O leite da coelha, por exemplo, tem tantas gorduras e proteínas que basta amamentar os filhotes uma vez por dia, liberando a mamãe para as longas horas necessárias à busca de alimento. O rápido metabolismo do leite humano, que contém baixo teor de gorduras e proteínas, destina-se antes de mais nada à garantia do contato contínuo entre mãe e bebê. Paul MacLean observou que apenas mediante um prolongado período de amamentação os sistemas corticais superiores podem desenvolver-se.[8]

O tato é ainda mais crítico. Todos os mamíferos lambem energicamente as suas crias de vez em quando entre as primeiras 24 e 48 horas, não para "limpar o filhote", mas para ativar as terminações nervosas sensoriais do corpo.[9] Essas terminações nervosas, importantes nos movimentos motores, na orientação espacial e na perspectiva visual, bem como no tato, não podem ser ativadas no útero porque estão isoladas. A pele está protegida de seu ambiente aquoso por uma substância gordurosa chamada *vernix casseus*. Se essas terminações não forem ativadas logo após o nascimento, a formação reticular não terá plenas condições de operação, podendo haver transtorno nos movimentos musculares, percepção sensorial restrita e diversas perturbações afetivas, além de *déficits* de aprendizagem.

Se mantivermos arbitrariamente um filhote totalmente privado do toque, seu desenvolvimento, se houver algum, será lento, já que a capacidade de organizar o aporte sensorial em informações coerentes estará seriamente prejudicada. Os pesquisadores separaram carneirinhos recém-nascidos das mães logo após o parto e os reuniram 24 horas mais tarde.[10] A mãe geralmente não consegue reconhecer o filhote se passar tanto tempo separada, mas, como está pronta para produzir leite, às vezes adota e amamenta um filhote qualquer (como no caso de cadelas que amamentam gatinhos, gatas que amamentam cachorrinhos e outras anomalias do gênero). Se a ovelha for convencida a "adotar" seu próprio filhote após essa separação de 24 horas e amamentá-lo, ele sobreviverá. Mas se tornará um carneiro portador de graves disfunções, incapaz de separar-se da mãe e cuidar de si mesmo; incapaz de brincar, sozinho ou com outros filhotes (a importância do brincar será discutida posteriormente); incapaz de comunicar-se com os demais ou de participar do rebanho na maturidade; e incapaz de reproduzir-se. Embora se possa mantê-lo vivo, o vínculo deixa de existir — e com isso, a inteligência em geral. A sobrevivência da espécie é colocada em perigo, já que esse carneiro não pode reproduzir-se. As gatas lambem energicamente seus gatinhos, principalmente na parte ventral. Quando os pesquisadores colocam fita isolante nessa área, impedindo que seja estimulada, esses gatinhos não desenvolvem reações sensório-motoras e não conseguem sobreviver.[11] Desse modo, o instinto de estimular assim a pele dos recém-nascidos é automático entre os mamíferos, e os bebês humanos nascem com a expectativa de encontrá-lo. (As mães esquimós e aborígines lambiam energicamente seus filhos recém-nascidos, como fazem os mamíferos nossos primos.)

O recém-nascido é capaz de reconhecer seu próprio cheiro e o cheiro da mãe tão logo o líquido amniótico escorra das vias nasais. O reconhecimento desse cheiro é mais um aspecto na finalização dos sentidos. Além disso, tendo reagido fisicamente *in utero* a cada fonema emitido pela mãe, o bebê está inteiramente predisposto a reagir à sua fala. A maioria das mães imediatamente fala (e de um modo surpreendentemente parecido) com os filhos recém-nascidos, o que corrobora a gravação dos vínculos lingüísticos. Assim, poucos minutos após o parto, em condições ideais, uma torrente de informações destinadas a respaldar e estimular ativa todo sentido, instinto e inteligência necessários à radical mudança de ambiente; a formação reticular vital é finalizada e entra em funcionamento. Tudo isso foi devidamente sinalizado para o coração, que organiza o cérebro tri-uno para que reaja sincronicamente e encerra as novidades sobre o novo ambiente na memória permanente do bebê, memória essa que irá influenciar toda a sua futura interação com aquele ambiente.

A distância de quinze a trinta centímetros de um rosto que ativa o sistema visual do recém-nascido — e, por conseguinte, sua formação reticular — também o coloca numa grande proximidade do coração da mãe. Considere-se que, dada a distância adequada, uma célula cardíaca é capaz de comunicar-se com outra célula, mesmo através de uma barreira física. Assim, da mesma forma, o coração, que é feito de bilhões e bilhões dessas células operando em sincronia, pode comunicar-se com outro coração dada a distância adequada. O imperativo da natureza é, mais uma vez, não permitir o desabrochar de nenhuma inteligência sem um estímulo proveniente de uma forma desenvolvida dessa inteligência. Tudo indica que o coração materno, desenvolvido, estimula o coração recém-nascido do bebê, ativando assim um diálogo entre sua mente-cérebro e seu coração. Aí o bebê se certifica de que tudo está bem e que o parto terminou sem problemas. O sistema-R, com seus primitivos instintos de preservação, fica a serviço dos sistemas superiores, um equilíbrio promovido pelo fato de o coração ativar o sistema límbico, que coordena a integração. Assim, a aprendizagem inteligente já começa no nascimento.

Além de enviar um importante sinal de vinculação ao sistema do bebê e de fazer cessar a produção de hormônios supra-renais, essa comunicação de coração a coração também ativa inteligências correspondentes na mãe. Ao carregar o filho contra o seio esquerdo e promover assim o contato entre os corações, ativa-se na mãe um importante bloco de inteligências adormecidas, provocando precisas alterações na função cerebral e mudanças permanentes de comportamento.[12] Despertam-se nela intuições latentes e ancestrais inteligências mamíferas, voltadas para a proteção e a alimentação (possivelmente relacionadas à área do giro cingulado, nas regiões superiores do sistema límbico, segundo MacLean).[13] A mãe então descobre exatamente o que deve fazer, podendo comunicar-se com o bebê num plano intuitivo. As próprias posições defensivas que ela assume ao longo do parto podem relaxar estruturas corticais superiores. A prioridade da natureza é uma dinâmica na qual o recém-nascido estimula na mãe um bloco de inteligências, as quais permitem a ela reagir adequadamente e cuidar do seu bebê.

Essas inteligências que o parto desperta na mãe não podem ser ensinadas nem aprendidas. Elas constituem um saber arquetípico e primal, uma sabedoria completa que desabrocha espontaneamente se a mãe conseguir o acoplamento estrutural adequado com o filho. Como dizem John Kennell e Marshall Klaus, "uma grande história de amor está nascendo" — uma história que é a garantia da natureza de que o bebê receberá tudo aquilo de que precisa — a mais longa preparação exigida por qualquer espécie, já que o que está em jogo é a maior inteligência.

Entre as mudanças comportamentais da mãe que estabelece o vínculo está uma renovada sensação de poder, de força física e de conhecimento intuitivo das necessidades do filho. Ela age conforme aquela grande inteligência por meio da qual a nossa espécie vem sobrevivendo há não se sabe quantos milhões de anos. Essa é a inteligência do coração, um saber não-verbal e ancestral. Ao estabelecer o vínculo com o filho, ela se vincula ao seu próprio coração e assume seu próprio poder, desentranhando os *insights* de que nossa espécie vem dependendo há milênios. Ela começa a fazer parte do *continuum* da inteligência humana, que mantém a espécie, e a contribuir para perpetuá-lo. Ela se torna a mãe não só daquele filho, mas de todo o gênero humano. E, sem ela, nós pouco podemos.

Com os "instintos de sobrevivência da espécie" a pleno vapor, uma mãe pode amamentar o filho, se ele quiser, por até dois ou três anos em média. A amamentação dá início a fortes contrações no útero da mãe, fazendo-o retornar à forma original. A natureza proporciona também muita retroalimentação na amamentação: recompensas de ordem extremamente sensual e amorosa. As reações sexuais normais de uma mãe que está amamentando serão tremendamente restringidas, já que a sua energia vai toda para esse crítico período de desenvolvimento em que o bebê passa da fase de colo para a do caminhar — um relacionamento fundamental e absorvente, que deixa pouca energia para outras coisas. Provavelmente, o amor materno é o vínculo emocional mais forte que pode haver na vida humana. A inteligência do bebê será nutrida e haverá um natural espaçamento entre os filhos, de forma que cada um possa ganhar um início de vida adequado.

As pesquisas indicam que os bebês amamentados com leite materno são mais inteligentes que os alimentados com mamadeira.[14] (Como 97% da população norte-americana é alimentada com mamadeira, essa parte da pesquisa pode provocar justa indignação e oposição em quase todo mundo.) A questão não é simplesmente a nutrição em si, mas o constante contato de rostos e corações e os estímulos generalizados que o bebê amamentado no peito recebe. Muito mais campos neurais são ativados e estabilizados quando a mãe carrega seu filho no colo. Isso proporciona ao bebê uma maior variedade de ambientes visuais e estímulos sensoriais generalizados e contínuos. Não ocorre nenhuma grande "ansiedade da separação" ou "abandono psicológico", fatores que tanto perturbam o desenvolvimento.

As mães que criam vínculo com seus filhos conversam mais com eles, e os bebês, por sua vez, são geralmente muito mais falantes que os que não estabelecem o vínculo e são alimentados com mamadeira.[15] Eles atingem a constância dos objetos (a primeira grande mudança de *locus* e de desenvolvimento cerebral) muito antes que os que não estabelecem o vínculo com a mãe, e todos os aspectos da inteligência são otimizados, tanto na primeira infância quanto ao longo da vida.[16] A médica francesa Michelle Odent alega que o sistema imunológico do recém-nascido é moldado para a vida toda pelo relacionamento que se estabelece no nascimento.[17] Pensa-se que o colostro, o primeiro leite da mulher que pariu, transmita ao recém-nascido todo o conjunto de imunidades que ela adquiriu em sua vida inteira. Sem dúvida, os constantes "contatos de coração" proporcionados pela amamentação desempenham papel igual e talvez ainda maior. Seja como for, a criança que nasce em casa e estabelece o vínculo com a mãe tem uma chance de sobrevivência seis vezes maior que a do bebê nascido em hospital, e o mesmo se aplica à mãe.[18]

Sendo tão crítica a necessidade de contato de rosto e de pele, a natureza providencia um cordão umbilical de comprimento variando entre 45 e cinqüenta centímetros; o recém-nascido pode ser colocado naquela distância crítica de quinze a trinta centímetros do rosto da mãe enquanto permanece conectado à placenta que, ainda funcionando, lhe dá vida. Trinta por cento do sangue do bebê permanece na placenta durante esse período de ajuste, fornecendo-lhe todo o oxigênio necessário. O líquido amniótico terá tempo suficiente para escorrer das narinas e da traquéia do recém-nascido antes que ele tente respirar por si.

A esfera sutil do recém-nascido, aquele raio fundamental na dinâmica de reação e potencial, tem no máximo trinta centímetros. A esfera sutil deve ser "invadida", na verdade, se é que se deseja que o recém-nascido registre algum estímulo. No útero não há nenhum problema com isso e não haverá após o nascimento, caso se estabeleça o vínculo com a mãe. O bebê precisa ficar dentro da esfera sutil da mãe (ou da pessoa que cuidará dele definitivamente) por tempo suficiente. Dentro dessa esfera, o bebê está cheio de vida e inteiramente funcional; fora dela, os sinais de seu coração ficam "abandonados" e o bebê, ansioso e estressado. Quando Carl Jung comentou que o filho vive na "sombra" dos pais, tocou numa questão muito ampla. Ainda não se formou um mundo exterior no sentido que lhe damos. Os recém-nascidos, na verdade, ainda estão em seu mundo sutil e quase que completamente identificados com o corpo da mãe. Quando a esfera sutil dela se sobrepõe à do bebê, ocorre uma comunicação muito importante. Essa comunicação sutil pode estar abaixo do nível de percepção da mãe, mas é o *único* nível de percepção inteiramente ativo no bebê. Esse "nível do coração", muito mais que o sentimental ou o físico, é vital. O reino sutil é o verdadeiro ambiente e o verdadeiro mundo do bebê. Os recém-nascidos ainda não possuem campos potenciais ativos para poder captar informações de longo alcance. Portanto, eles precisam de estímulos imediatos de curto alcance. Essa é uma das principais razões para a necessidade de contato constante com a pessoa que cuida deles e de amamentação prolongada. A base dos saberes intuitivos compartilhados pelo recém-nascido e a mãe — tão óbvia nas sociedades pré-alfabetizadas e tão propiciadora do poder da verdadeira intuição e da percepção em crianças e adultos — a essa altura estará estabelecida. Os bebês colocados em outras posições que não a do seio esquerdo para tomar mamadeiras ou mantidos muito tempo em berços, carrinhos, andadores ou cercados correm o risco biológico de ter um desenvolvimento físico e emocional atrofiado.

O vínculo é uma dinâmica na qual a mãe aprende a cada instante com o filho, assim como o filho aprende com ela. Ela amadurecerá e se realizará como mãe da espécie. Independentemente do que aconteça depois com a criança, essa segurança lhe permitirá enfrentar os problemas. Já que o primeiro grande movimento rumo ao desconhecido abre o precedente de penetrá-lo, explorá-lo, aprender com ele e ir em frente, a criança então se tornará alguém que se sente à vontade num mundo de movimento e mudança; alguém que está em dinâmica criativa com essa força de vida que é a nossa própria consciência; alguém que se firma com a força de nossa matriz, a terra, planeta vivo.

CAPÍTULO 13

A Ruptura do Vínculo

O parto, como vimos, é uma antiga função dos mamíferos; seus procedimentos, muito bem projetados pela natureza, estão codificados em nosso igualmente antigo cérebro mamífero. Todos os mamíferos, quando prontos para o parto, procuram um esconderijo seguro. Ao primeiro sinal de interferência, ruído ou intromissão, essa inteligência mamífera inata interrompe o parto e a mãe espera até que passe o perigo. Ela pode até procurar um local mais seguro e ainda mais ermo, já que durante o parto ela se encontra inteiramente vulnerável. Ao que parece, a duração ideal de um parto está em cerca de vinte minutos. Ela só é possível no caso de mulheres em plena forma física e emocional, informadas sobre o processo do parto, em sintonia com seu próprio corpo e, acima de tudo, dispondo de condições, apoio e proteção contra as interferências e a ansiedade (uma combinação tão rara quanto um parto de apenas vinte minutos). Cada interferência ou ansiedade, independentemente da razão, faz o parto demorar mais.

A gestante norte-americana típica ignora como é o processo do parto, nunca testemunhou nenhum e talvez nunca tenha carregado um bebê no colo, principalmente um recém-nascido. Em nossa sociedade, o sexo é uma das principais mercadorias econômicas e uma obsessão cultural, e a gravidez é considerada um erro e uma ameaça. Nossas mães são condicionadas a pensar que o parto é uma experiência perigosa e insuportavelmente dolorosa que exige o máximo de assistência profissional. O obstetra lhe diz que não se preocupe, que ele vai cuidar de tudo. Após nove meses de expectativa (em que às vezes não se pára de ingerir drogas ou álcool nem de fumar), essa mãe é levada às pressas a um hospital onde é posta em isolamento, num ambiente estranho. Enfermeiras eficientes e geralmente esgotadas de tanto trabalhar dão-lhe sedativos para que nenhum imprevisto venha a transtornar suas rotinas. Então aplicam-lhe drogas para induzir o parto ou acelerar um parto confuso, que entrou em paralisação. O filho dessa mulher nascerá, conforme as estatísticas, entre as nove e as quinze horas, horário conveniente para hospitais, obstetras e equipes médicas. (A natureza tende à noite ou ao início da manhã, talvez porque os recém-nascidos sejam sensíveis à luz).

Embora atualmente os partos estejam mudando um pouco nas classes média e alta, nos últimos cinqüenta anos as mães eram atadas a estribos ginecológicos, deitadas de costas (a posição que mais dificulta o parto, até pouco atrás inédita na História) e levadas em macas para salas de cirurgia iluminadíssimas. Lá, estranhos de máscaras usam vários aparelhos eletrônicos para monitorar a operação quimicamente induzida. Para evitar emergências, vários instrumentos são colocados dentro ou em torno do útero para "garantir que tudo saia bem". Várias campainhas de alarme soam se algum desses aparatos eletrônicos deixar de registrar sua cota de estatísticas (essenciais para um possível uso posterior em tribunais, no caso de um processo por negligência). Essas medidas altamente invasivas levam tanto a mãe quanto o bebê a paroxismos de ansiedade que, por sua vez, transmitem para os que estão monitorando os instrumentos uma grande quantidade de sinais enganosos. Esses sinais provocam uma nova rodada de medidas invasivas por parte da equipe de cirurgia. As partes íntimas da mãe — expostas aos holofotes como as entranhas de um sapo de laboratório que espera dissecação — dão ensejo a pronunciamentos espetaculares da equipe, como "não acredito que ela esteja com dilatação", "talvez precisemos cortar" e "o coração do feto está batendo devagar demais". (Na verdade, menos de 0,05% dos partos normais tem complicações, a maioria das quais pode ser resolvida por uma parteira bem preparada, como sempre aconteceu ao longo da história da espécie.) Assim, empregando *fórceps* ou qualquer outro aparato considerado necessário, o bebê é extraído. Em 30% dos partos realizados nos Estados Unidos, isso é feito cortando-se a mãe e arrancando-se o filho, num procedimento cirúrgico complicado chamado cesariana ou cesárea. Considerado, como dizem alguns obstetras, o "único meio civilizado de ter filhos", essa prática é muito mais lucrativa que um parto normal e cresce a passos largos. Quanto maior a renda da mãe, maior a chance de que seja feita uma cesariana.[1] (Mais de 50% de todos os partos nas áreas ricas dos Estados Unidos são cesarianos.) Segundo um grande estudo médico, patrocinado pelo Department of Health, Education and Welfare, talvez no máximo 3% dessas operações possam ser justificadas.[2]

Quase um terço do sangue e do oxigênio do recém-nascido permanece na placenta entre cinco e dez minutos após o nascimento. O longo cordão umbilical fornece ao bebê acesso ao peito da mãe, mantendo ao mesmo tempo intacta a sua fonte materna de oxigênio e permitindo uma descoberta calma e sem pressas da respiração depois que o muco e o líquido amniótico escorrerem das vias nasais.[3] Nossos "médicos", porém, vêm cortando rotineiramente o cordão umbilical assim que o bebê está fora do útero, colocando-o imediatamente em situação de privação de oxigênio, um dos maiores temores de todos os mamíferos. Com dificuldade, o recém-nascido tenta respirar antes que as vias nasais estejam desobstruídas e acaba engasgando com o muco e o líquido amniótico; prontamente o puxam pelos calcanhares e dão-lhe uma palmada nas costas para que possa expelir um suposto tampão de muco e respirar pela primeira vez. "Bater no bebê" tornou-se um símbolo arquetípico do drama de vida e morte que representa o personagem do cirurgião em seu mascarado papel.

As pesquisas do Dr. Abraham Towbin, do hospital da Boston University, demonstraram que essa medida de ressuscitação é a causa de 80% dos casos de morte súbita de recém-nascidos autopsiados.[4] A síndrome da morte súbita de recém-nascidos ocorre entre a sexta e a oitava semana após o nascimento por "razões desconhecidas", segundo os médicos. Oitenta por cento das vítimas dessas mortes são bebês negros (alegam anemia falciforme ou falta de cuidados pré-natais). Quando os recém-nascidos negros não conseguem respirar, levam uma palmada mais forte para começar a fazê-lo. "Bater no bebê negro" é um ato realizado com mais vigor que "bater no bebê branco", como mostra um exaustivo estudo iniciado num dos principais hospitais da cidade de Nova York e conduzido em todo o país. Oitenta por cento das vítimas de morte súbita de recém-nascidos especialmente autopsiadas pelo Dr. Towbin revelaram que a morte fora causada por sangramento da medula espinhal, *dentro das vértebras*, o que não é detectável numa autópsia comum. O sangramento — na parte superior das costas, exatamente onde o recém-nascido apanha para respirar — lentamente cria um coágulo que comprime o principal plexo nervoso que controla a ação do coração e dos pulmões até que por fim ambas as ações lentamente entram em falência. Em 1977, recebi um alentado estudo médico, iniciado em Nova York e depois empreendido pelo país afora, que apontava a existência de hostilidade velada por parte de equipes hospitalares contra mães e bebês negros e pobres. Segundo esse estudo, os cuidados dispensados a essa população são mais impessoais, apressados e escassos que os dispensados às mães brancas, mais afluentes. Essa atitude indiferente e insensível beirava, segundo o relator, a crua brutalidade, particularmente em relação ao crescente número de jovens e adolescentes negros que dependem da assistência social. Qualquer que seja a psicologia, 80% dos casos de morte súbita de recém-nascidos ocorrem entre os pobres das minorias.

Porém, negro ou branco, em todos os casos de corte prematuro do cordão umbilical ocorre algum grau de privação de oxigênio, mesmo quando não há necessidade de ressuscitação.[5] A privação de oxigênio é uma das principais causas de dano cerebral em recém-nascidos, e cerca de 20 a 40% dos casos de ressuscitação — quando o bebê não consegue respirar espontaneamente e é preciso usar meios artificiais para induzir a respiração — acabam em danos cerebrais.[6]

No último capítulo vimos como o despertar dos sentidos — por meio do toque materno e da proximidade entre o bebê e o coração da mãe — completa a formação reticular, dando à criança a capacidade de coordenar o aporte sensorial e a reação motora; vimos também que os recém-nascidos podem reconhecer o cheiro da mãe. Porém nos últimos cinqüenta anos, 97% dos recém-nascidos norte-americanos só sentiram o cheiro de desinfetantes, anestésicos e dos demais fortes produtos químicos considerados necessários, já que se impede a transmissão natural de imunidades da mãe para o filho. Os recém-nascidos podem reconhecer a voz da mãe, a qual foi gravada neles já no útero, mas 97% deles ouvem apenas o roncar de aparelhos e vozes estranhas por um breve período antes do silêncio do berçário. Além disso, os recém-nascidos podem reconhecer o gosto da mãe, mas a amamentação, já menosprezada pela comunidade médica, desapareceu para 97% de todos os bebês norte-americanos nascidos após a II Guerra Mundial.

Lembre-se de que, se um rosto se apresenta a uma distância de quinze a trinta centímetros, todo o sistema visual do recém-nascido é ativado; logo depois o bebê sorri sempre que um rosto lhe é apresentado. Noventa e sete por cento dos bebês nascidos nas últimas cinco décadas não vêem rosto algum, apenas máscaras e luzes fortes, que fazem muito mal aos olhinhos recém-estreados. Esses olhos sensíveis são abertos à força para colocação de uma substância química forte e irritante; o bebê em seguida é banhado, vestido e despachado para o cubículo do berçário, onde entra em contato com dois estados que não conheceu no útero: silêncio e imobilidade. Ele não possui nenhuma codificação genética para lidar com esses estados. Isolado da proteção da mãe e sem ter nenhuma das expectativas codificadas atendidas, o bebê continua a liberar esteróides supra-renais por causa do abandono e do medo que sente. Ele chora por pouco tempo e depois cai no silêncio.

O grito da separação é o som mais primal da vida dos mamíferos. Os bebês humanos praticam no útero as diferentes ações musculares envolvidas nesse ato.[7] Quer a natureza que esse grito, que geralmente cessa com a reunião à mãe, não se prolongue depois de um determinado ponto. Se a reunião com a mãe não ocorrer, a codificação genética ordena ao bebê que fique bem imóvel e calado. (Observei em florestas essa seqüência nos bebês animais que se separam das mães.) No nosso passado mais distante, gritos de separação prolongados indicavam abandono e atraíam predadores ao local.[8] A manobra final de sobrevivência que a natureza forneceu ao bebê abandonado é o silêncio — enquanto isso, as supra-renais continuam a bombear até que ele entra em choque e perde a consciência: a piedade da natureza. Então os predadores chegam — e depois se vão.

Na maior parte desses últimos cinqüenta anos, a reação do sorriso diante da apresentação de um rosto não surge no bebê por em média dez semanas, o tempo que a natureza precisa para compensar a falta de sinais e estímulos —

isso se o bebê conseguir sobreviver ao trauma.⁹ Há alguns anos, Muriel Beadle escreveu sobre o desconcertante fato de os bebês aparentemente nascerem num estado de grande excitação, que se converte imediatamente em extrema aflição.¹⁰ Inúmeros estudos mostram que a aprendizagem começa no útero e que, num parto sem drogas, o recém-nascido tem consciência, percepção e sensibilidade.¹¹ A razão para a mudança da grande excitação para a extrema aflição dificilmente será obscura.

Noventa e sete por cento da população infantil dos Estados Unidos vem sendo amamentada com mamadeira desde a II Guerra Mundial. Décadas atrás, a comunidade médica analisava o leite materno e encontrava nele todo tipo de carência: é pobre em gorduras, em proteínas, em tudo que é bom na vida. Desprezando a amamentação por julgá-la demasiado primitiva, adotaram leites substitutos com alto teor de proteína e gordura. Os bebês imediatamente ficaram rechonchudos, deixaram de ser aqueles bebês esguios de antes. Só que raramente o rosto chega a ficar entre quinze e trinta centímetros do bebê que está sendo amamentado com mamadeira. Não se capta nenhuma batida do coração; nenhum estímulo da pele é verificado. (Nos anos 50 fomos aconselhados inclusive a usar porta-mamadeiras para que os bebês pudessem ser alimentados no próprio berço: evitando que se tivesse que carregá-los, eles não se sentiriam recompensados por chorar nem acabariam ficando mimados.)

O choque da separação leva em média 45 minutos para promover retraimento consciente no recém-nascido. Mas é preciso em média dez semanas para que o mínimo contato físico, o estímulo físico casual e o ocasional contato visual recebidos por muitos bebês alimentados com mamadeiras comecem a compensar a perda e para que reapareça alguma hesitante consciência. São necessários quase três meses para que o sistema visual obtenha estímulos suficientes para voltar a funcionar e fazer o bebê sorrir. É por isso que todos os nossos livros sobre o desenvolvimento, bem como as autoridades, a começar por Freud, referem-se ao bebê humano como sendo três meses prematuro, precisando desse tempo após nascer para que a consciência finalmente comece a funcionar — quando, na verdade, são as nossas bárbaras práticas obstétricas que causam esse atraso.¹²

Porém a surpresa maior ainda está reservada para os homens, pois antes de deixar o hospital são rotineiramente circuncidados sem anestesia, como é comum nos últimos cinquenta anos. Informam-nos de que "eles não sentem absolutamente nada"; eles "choram um pouquinho e dormem logo em seguida" — essa é a doutrina recitada literalmente décadas a fio pelos cirurgiões interrogados a respeito da prática. Entretanto, um complicado mecanismo restringente ("Circumstrainer" é o nome bacana de uma das marcas disponíveis no mercado) imobiliza o bebê para a operação, já que ele luta ferozmente, embora por pouco tempo, quando a excisão começa. Recentemente alguns cirurgiões permitiram que se fizesse um EEG (gravação da freqüência cerebral) dos bebês enquanto se realizava a cirurgia. Os padrões exibidos mostram sérias perturbações enquanto eles choram; e depois eles não "vão dormir simplesmente", eles entram em choque. Os padrões de freqüência cerebral não mostram nenhuma semelhança com os padrões de sono comuns aos bebês depois daí e isso dura vários dias.[13]

Nem os dentistas trabalham (em dentes) sem usar anestésicos, e a bárbara prática da circuncisão com que sistematicamente se brindam os homens norte-americanos tem seu papel na atual epidemia de violência e disfunções sexuais de toda sorte que cresce a cada dia. No entanto, até esse trauma poderia ser compensado; o desastre realmente mais importante da História é a separação entre mãe e bebê no parto. Essa experiência de abandono é o fato mais devastador que pode haver na vida, deixando-nos lesados emocional e psicologicamente.

Enquanto isso, a mãe muitas vezes reage a esse abandono com a "depressão pós-parto", considerada um enigma pela medicina; também ela é excluída do vínculo que deveria se estabelecer. Por algum tempo ela irá chorar, mas o choro dá lugar à raiva, à dureza e a uma armadura que recobre uma ferida aberta, que jamais sara e da qual poucas mulheres chegam a se aperceber, já que ela é projetada no ambiente e muitas vezes descarregada no pobre filho recém-nascido.

O parto cultural — interferências intelectuais com o que é espontâneo e natural às mulheres — erodiu por séculos o processo de estabelecimento do vínculo mãe-bebê. Porém nada em toda a nossa História (do contrário não teríamos tido História) chega perto do desastre do parto médico do século XX, que destruiu ponto por ponto os vínculos geneticamente codificados, trazendo danos em grande escala, que são provavelmente irreparáveis. E aqui eu não fiz nada além de tocar em alguns dos detalhes macabros e terríveis de nossas práticas "modernas" e doutas: jovens residentes contaram-me como, por ordem expressa de seus supervisores, no parto da mãe marginalizada, sob um rigoroso cronograma que não permite esperar um pós-parto normal, foram instruídos a descolar a placenta assim que o cordão umbilical fosse cortado, sem pensar na forte hemorragia que isso costuma provocar — assunto para outro departamento. Outros contaram-me a respeito dos estafilococos, produzidos apenas em hospitais e contra os quais não desenvolvemos imunidade. Enquanto isso, a taxa de mortalidade infantil espantosamente alta dos Estados Unidos sucede uma conta de valor igualmente espantoso. Nosso sistema de parto é o mais caro do mundo, uma indústria de muitos bilhões de dólares/ano, e no entanto dezenove outros países industrializados apresentam taxas de sobrevivência pós-parto melhores que as nossas.

Não adianta discutir nada disso. Muita coisa já se publicou em vão nesses anos. Essas práticas obscenas tornaram-se não apenas aceitáveis, mas o próprio modelo de parto. Nossas atuais gerações são as vítimas não-vinculadas moldadas pelo sistema, aterrorizadas só de pensar num parto sem proteção médica, dispostas a pagar qualquer preço para evitar a responsabilidade pessoal por algo considerado uma terrível experiência. Como diz meu amigo Stephen Taylor, médico neozelandês, isso se reduz a uma guerra do homem contra a mulher. Na longa batalha do intelecto masculino contra a inteligência do coração, o verdadeiro trunfo estava em pegar a mulher quando ela estivesse mais vulnerável e destituí-la de seu poder. Agora, parece que nós a *pegamos* — mas, sem dúvida, também fomos pegos. Por trás disso tudo cresce uma enorme raiva: filhos com raiva dos pais; homens com raiva das mulheres porque não obtiveram delas o que precisavam no momento mais crítico da vida e continuam não obtendo; mulheres com raiva dos homens por lhes roubarem seu poder e, identificando-se com seus opressores, rejeitando por fim a maternidade e os homens. Isso provocou uma onda cada vez maior de incompetência e incapacidade para proteger e cuidar da prole. As intuições geneticamente codificadas para o cuidado e a criação foram estilhaçadas, e os resultados são encobertos por racionalizações muito práticas. A força de trabalho que mais cresceu nos anos 80 é constituída de mães de crianças de menos de 3 anos de idade. A creche, um fenômeno desconhecido até poucos anos atrás, é uma das indústrias que mais crescem. Setenta por cento das crianças de menos de 4 anos estavam em creches em 1985, e as maiores preocupações deste país são como colocá-las todas em creches e quem pagará por isso.

Nossa espécie sobreviveu ao longo de sua história graças a mulheres que cuidavam das que iam dar à luz. Apesar disso, nos Estados Unidos o trabalho das parteiras tornou-se praticamente ilegal nos últimos cinqüenta anos. Os cirurgiões homens assumiram esse lugar — mas muitas das obstetras mulheres seguem o sistema deles, não sendo muito melhores. O parto em casa é sempre mais seguro e mais bem-sucedido do que no hospital, numa proporção de seis contra um[14], isto é, o índice de mortalidade é seis vezes maior nos hospitais que em casa, independentemente das condições. O intelecto masculino dos médicos interferiu na inteligência feminina e, com efeito, destruiu um segmento importantíssimo da vida das mulheres. O parto médico é uma das forças mais destrutivas já surgidas da mente do homem e sua destrutividade hoje é imensa. E, como tantas vezes ocorre com as ironias da História, nós reverenciamos e veneramos aquilo que nos destrói. Pensamos que "o nosso médico é o nosso deus" (como já vi na placa da porta de um consultório médico), e lhe oferecemos nossas mães em sacrifício.

Em 1979, o governo da Califórnia financiou o primeiro estudo científico já realizado sobre as origens do crime e da violência. Seu primeiro relatório, três anos mais tarde, afirmava que a principal causa do aumento da violência nos Estados Unidos era a violência imposta a mães e bebês por ocasião do parto.[15] Essa é a primeira causa do aumento explosivo de suicídios, uso de drogas, colapso familiar, abandono e violência contra bebês e crianças, decadência do ensino e desintegração social em geral. Só a televisão, que será discutida posteriormente, chega perto em poder de destruição.

Uma observação final relativa à comunidade negra nos Estados Unidos. No sul norte-americano pré II Guerra Mundial, que é de onde eu venho, a comunidade negra dava conta dos partos por intermédio de sua própria rede de parteiras. A maior característica dessas comunidades negras era a sua solidariedade. Elas cuidavam de seus membros, constituindo na verdade uma grande família — o que é o principal ingrediente de qualquer verdadeira sociedade. Nessas comunidades, as pessoas se ajudavam não apenas porque assim o exigia a dura sobrevivência, mas espontaneamente, devido à função vinculadora exercida pelo parto em casa, que era como todos nasciam. Venho assistindo a destruição da força da "grande família" das comunidades negras pobres, que foi sua força através de anos de opressão, pelo simples fato de mudar seu sistema de parto, do partejamento para as alas de hospitais de caridade, onde novas mães recebem tratamento atroz. E hoje muitas dessas mães são adolescentes solteiras praticamente sem família, sem nenhum sistema de apoio, sem educação, sem conhecimento algum do parto e da maternidade, para não falar na influência das drogas, do álcool e da AIDS. E a situação piora com uma rapidez alarmante.

Muitas dessas adolescentes querem ter filhos; segundo consta, elas ficam grávidas deliberadamente, para ter alguém para amar e que também as ame, um instinto natural, e acham que a maternidade lhes dará um pouco de auto-estima num mundo que quase sempre as despreza. Só que elas não fazem a menor idéia do que as aguarda, pois quando saem do hospital estão em guerra com o bebê que sonharam ser uma fonte de amor. As mães negras já foram um modelo, como viram Mary Ainsworth e Marcelle Geber em Uganda.[16] Isso já não é a regra aqui nos Estados Unidos.

Só na cidade de Nova York, centenas e centenas de bebês, de todas as raças, são assassinados abertamente a cada ano pelos próprios pais. A média nacional de assassinato de bebês já atingiu os milhares, estando a média de idade das vítimas entre duas semanas e 2 anos. Um milhão de crianças, de todas as raças, credos e níveis econômicos, são hospitalizadas anualmente por agressão dos pais. Uma parte desproporcional dessas crianças é representada por bebês negros.

Nos Estados Unidos, a destruição sistemática dos vínculos entre mães e bebês criou uma comunidade negra em guerra consigo mesma. Os relatórios de lesões cerebrais decorrentes dessas práticas hospitalares, estimadas em até 40%, vêm sendo ignorados e, na maioria dos casos, não são sequer publicados. Os estudos médicos, claros e detalhados, das autópsias de vítimas de morte súbita de recém-nascidos — 80% das quais são de negros — que demonstram lesão por violência contra o bebê no parto, foram ignorados. Até agora, a crescente violência em nossas comunidades negras tem sido restringida a essas comunidades. Os adolescentes negros matam-se uns aos outros desenfreadamente, mas os homens negros exibem igual violência contra as mulheres negras, e a raiva e o medo que as mulheres sentem diante de seus homens freqüentemente são descontados nos filhos. Isso não acontecia quando eu era jovem. Pomos a culpa de tudo nas drogas, é claro, ou na pobreza, mas esse não é o caso. As comunidades negras do sul deste país antes da II Guerra Mundial conheceram uma pobreza bem mais extrema, dura e impiedosa que a de hoje — no entanto, a solidariedade e a grande família que elas formavam as unia. O colapso que hoje presenciamos é resultado da violência praticada tanto contra a mãe quanto contra o bebê durante o parto — um choque psicológico que será atuado dali em diante. Em vez de ser a causa, o uso de drogas que vemos é, em si, apenas mais um dos muitos efeitos colaterais causados por esse dano genético primário.

Um grande percentual de crianças negras é ineducável, algo energicamente negado e acobertado com uma infinidade de estudos ilusórios e caríssimos, para impedir que as pessoas aceitem os fatos. Mary Ainsworth e Marcelle Geber declararam em 1957 que os filhos das mulheres ugandenses estavam na frente em termos de desenvolvimento e eram superiores em termos de inteligência aos seus homólogos norte-americanos.[17] A sutil — e mentirosa — insinuação de que a criança do gueto negro norte-americano é menos educável por causa da raça pode ser facilmente refutada por uma revisão desses estudos iniciais, bem como do recente trabalho de Marcia Mikulak ou Miles Storpher.

Os grupos e fundações recém-formados que tentam reaproximar mães e bebês negros descobrem, como afirma um relatório, que essas mães não querem seus filhos. Isso é uma anomalia absoluta na história humana, uma aberração tão grande quanto um bezerro de duas cabeças, mas está se tornando rapidamente a regra. Graças ao trabalho da The La Leche League e outras ligas que tentam contrabalançar a ação da comunidade médica e a promoção coletiva do uso de mamadeiras, a amamentação aumentou cerca de 30% nos últimos vinte anos — exceto na comunidade negra. De acordo com o United States Bureau of Statistics, não há inclusive nenhum indício de que a amamentação seja uma prática entre as mães negras. (Ironicamente, no antigo sul as amas-de-leite dos bebês brancos eram quase sempre negras.)

Durante a II Guerra Mundial, o percentual de bebês norte-americanos nascidos em hospitais subiu de 30 para 97%; os partos em casa foram suprimidos; o partejamento, praticamente proscrito; e o parto tornou-se uma grande fonte de dinheiro. Antes da II Guerra, a amamentação não era incentivada, mas depois passou a ser considerada um constrangimento cultural. O parto em casa, uma prática comum antes da II Guerra, passou a ser considerado um constrangimento ainda maior. Assim, a psique da nação foi dividida. Dez anos depois veio a televisão, em seguida a creche e, por último, as drogas.

Hoje presenciamos o macabro drama da horda de advogados que, como urubus, se alimentam do corpo médico — o qual, por sua vez, se alimenta do moribundo corpo social. Você tem processado seu obstetra ultimamente? Essa loucura de erros médicos exacerbou os ultrajes, aumentou as tecnologias invasivas e obliterou o pouco bom senso que restou. Nuvens negras surgem em nosso horizonte e no de todas as nações "atrasadas" para as quais exportamos nossas técnicas obstétricas "que salvam a vida". O Japão abriu mão de seu antigo sistema de parteiras há uns 25 anos nas suas principais cidades industriais, importou todo o nosso maquinário e depois nos superou tecnologicamente: em três anos, os japoneses haviam criado as primeiras creches; em dez, a violência nas escolas e nos lares era generalizada. Paralelamente, o "nível de *stress*" e a taxa de alcoolismo subiram vertiginosamente entre os trabalhadores japoneses. Nas duas semanas de palestras que fiz por lá, perguntavam-me — principalmente as pessoas mais velhas — como era possível que jovens mães dissessem que não sabiam o que fazer com seus filhos. "Como uma mãe pode não saber o que uma mãe deve fazer?", perguntavam-se atônitos os mais velhos. A resposta está na arrogância do intelecto masculino em querer desautorizar a sabedoria da Natureza, que dez vezes faz o bem sem ver a quem.

Imagino o Senado aprovando uma lei que obrigue os hospitais a ensinar as mães de primeiro filho a amamentar e a ser mães. Você consegue imaginar uma gata aprendendo a alimentar e a proteger seus gatinhos? Entretanto, depois de todos esses anos, é possível que a maré esteja começando a virar. Jessica Mitford voltou-se para a questão do parto nos Estados Unidos, e as parteiras, começando a entender as tortuosas maquinações do intelecto obstétrico, estão descobrindo como agir com respaldo da lei. As mulheres que não admitem a perda de poder para o mundo dos obstetras podem dar um passo decisivo e eficaz simplesmente dando seu apoio à Midwive's Alliance of North America (MANA), a associação das parteiras norte-americanas. Nossa civilização, bem como a sobrevivência de nossa espécie, estão em jogo.

CAPÍTULO 14

Nome e Coisa

A linguagem já foi considerada a maior invenção da mente humana, mas dificilmente é uma invenção nossa. Sem dúvida, a linguagem não foi desenvolvida, como expediente de economia ou de sobrevivência, por seres primitivos para facilitar a caça ou a ação grupal, como querem alguns teóricos materialistas fanáticos. Os seres humanos "inventaram" a linguagem tanto quanto inventaram o polegar em oposição aos demais dedos. Os "realistas" propõem que a necessidade de instrumentos para a caça, que permitissem aos humanos superar o tigre-dentes-de-sabre e congêneres, estimulou o crescimento de nosso imenso cérebro — uma idéia hilariante, diante do fato de que usamos tão pouco do neocórtex, mesmo para construir foguetes, *lasers* e outras defesas ofensivas. A linguagem é tão inata quanto a digestão ou a sexualidade; é um dado genético. A reação muscular aos fonemas é tão automática quanto o reflexo patelar, começa no sétimo mês *in utero* e apresenta-se funcionalmente completa no momento do nascimento. A reação, obviamente, é integrada a nossos circuitos neurais, precisando apenas do estímulo ambiental correto.

A linguagem é uma força que modela a nossa realidade, assim como a realidade modela a linguagem. Estamos constantemente criando a linguagem por intermédio das espontâneas adaptações que lhe impomos diante de novas situações, muitas das quais surgem justamente do uso criativo da linguagem. Dando nome às coisas e aos eventos de nossa experiência, ajudamos a criá-los. A fala nos dá domínio sobre um mundo que ela ajuda a criar, e seu desenvolvimento necessariamente acompanha a estrutura tri-una do nosso cérebro. A base começa no útero, com aquelas reações musculares aos fonemas, e continua depois do nascimento, por meio do sistema límbico. Como os bebês são extremamente sensíveis ao tom emocional subjacente à fala, aparentemente uma das primeiras palavras, universalmente, é a emocionalmente carregada negativa "Não!" Antes de aprender a falar, o bebê é capaz de usar uma única sílaba para exprimir, denotar, perguntar ou reclamar — o que é comunicação emocional. Chamamos a sua prática aleatória dos fonemas de "lalação", e nela já se pode detectar o crescimento da forma sintática, a inflexão emocional da fala posterior. A forma inconfundível de uma pergunta, de uma declaração enfática, de uma súplica, de uma oposição veemente, pode ser detectada no balbucio do bebê antes do surgimento das próprias palavras. O som do fonema como expressão emocional dá origem à sintaxe, a organização das palavras na oração.

Alexandria Luria propôs que o uso de uma palavra poderia sincronizar os sentidos e os músculos infantis aplicados na percepção e/ou atuação de um evento.[1] Uma ordem verbal pode melhorar o equilíbrio físico e a sintonia fina dos músculos de uma criança. Lembre-se que o som e o toque são fenômenos paralelos desde o início, assim como o são geralmente o som e o movimento, e que praticamente todos os sistemas perceptivos canalizam-se por meio do labirinto do ouvido interno. Os primeiros quatro anos de vida giram em torno da construção de "estruturas de conhecimento" do mundo físico, de nossa relação com esse mundo e de nomes para seu conteúdo e seus eventos. A criança é impelida a provar, cheirar, tocar, ouvir e ver um evento para "preencher" um estímulo visual. Desse modo, os campos neurais organizam-se como estruturas de conhecimento.

Quando a criança ouve o nome de um determinado evento, esse nome entra nos padrões neurais que dão origem a esse evento e o moldam. Quando ela aponta para um objeto, os pais tendem a nomeá-lo, e esse nome se torna parte integrante da estrutura de conhecimento que a criança está construindo. A interação física com um objeto ou a reação a um evento seguidas de um nome para aquilo completa a estrutura de conhecimento daquele objeto ou evento. Os campos neurais que processam o evento retêm o nome como um ingrediente importante daquela experiência. Embora por algum tempo a criança possa não usar aquele nome, ele entra na formação conceitual da percepção. Sem esse último ingrediente, o nome, os eventos não passam do potencial para as estruturas ordenadas da percepção.[2]

Assim, as palavras não são adendos ao texto da percepção, mas os temas principais, que atuam e coordenam todas as outras partes da peça.

A maioria dos bebês começa a apontar bem cedo: o gesto, que a princípio é amplo e envolve todo o braço, vai se tornando cada vez mais específico até que finalmente um dedo aponta precisamente para o objeto de inquirição. Apontar para um objeto é não só um "teste da realidade" para ver se os pais estão compartilhando aquele evento, como também a solicitação de uma palavra que designe o evento-objeto apontado. Começam os incessantes "que é isso, mamãe?; que é isso, papai?" Perto do lar, qualquer objeto pode estimular o impulso de preencher o padrão visual com um relatório sensorial completo, que inclua sabor, sensação, cheiro etc., e construir uma estrutura permanente de conhecimento daquele objeto. Já no mundo lá fora, nossa origem mamífera desconfiada dos predadores fala mais alto, e a cautela é o lema. O desconhecido pode ser perigoso. Quando os bebês encontram um evento desconhecido lá fora, eles param, apontam para o objeto em silêncio e ficam olhando para os pais. (O mesmo fenômeno é observado, em todos os animais, entre os filhotes e as mães.) O reconhecimento dos pais sinaliza que não é perigoso interagir com aquele objeto, perguntar o que é e construir uma "estrutura de conhecimento" em torno dele. Se for, digamos, uma flor e nós sorrirmos, o bebê abandonará a postura de apontar e irá adiante até pegá-la, esfregá-la no rosto, cheirá-la, ouvi-la, falar com ela, pô-la na boca para identificar-lhe o sabor e, assim, preencher aquele estímulo visual de longo alcance, que deu início à manobra, como informações táteis de curto alcance. Isso "esboça" todos os materiais para aquela aprendizagem. Se os pais não derem um nome ao objeto, o bebê o pedirá e esperará por ele. Os campos neurais traduzem e desencadeiam dinâmicas que duram toda uma vida em torno do nome, que funciona como o coordenador final do evento e fornece o gatilho para a sua rememoração.

O nome geralmente traz consigo o estado emocional do pai ou da mãe no momento daquela aprendizagem. Nós sorrimos quando nossos filhos apontam para as flores, e sua estrutura de conhecimento incluirá as nuanças emocionais da nossa sanção. Se eles apontam para um vira-lata velho e sarnento, nós retrocedemos e gritamos: "Não chegue perto desse bicho imundo!" A menos que sua vontade seja dobrada, eles irão prontamente provar, tocar, cheirar, sentir, ouvir e falar com o bicho imundo. Damos um grito e agarramos o nosso bebê, o que entrará na estrutura de conhecimento resultante como o valor ou tom emocional desse evento. Positivo ou negativo, um nome foi dado e a informação sensorial relativa à sua natureza será retida. O cérebro emocional coordena e molda os sentidos, numa *Gestalt* finalizada pelo estado emocional ou "atitude relacional" fornecida pelos pais. A reação positiva ou negativa destes não altera a eficácia da aprendizagem, mas é registrada na resultante estrutura de conhecimento.

A situação muda acentuadamente quando os pais não esboçam nenhuma reação diante de um "evento apontado" num cenário estranho. Pesquisando isso, Blurton Jones ficou impressionado com a freqüência com que os bebês apontavam, mesmo que ele, o observador ou os pais não soubessem dizer para o que a criança estava apontando.[3] Quando não obtém sanção, os bebês não interagem com aquilo que os atraía. Quando frustradas, as crianças podem tentar arrastar os pais a um encontro, tão crítica é a necessidade de obter essa sanção do evento antes da interação. Porém, sem sanção não há exploração. Muitas vezes, quando estavam nessa fase, meus cinco filhos me perguntavam: "O que é isso, papai?", e eu não respondia porque não via e/ou não sabia a que eles se referiam.

Segundo Blurton Jones, esse "apontar para nada" é tão freqüente e tão comum entre os bebês de todas as sociedades que ele cunhou o termo "fenômeno quase alucinatório" para descrevê-lo. O que deixava Jones (e qualquer pai ou mãe que observassem) perplexo era a falta de discriminação da criança entre esses quase eventos ou eventos parciais e aqueles que reconhecemos como verdadeiros. Observe-se, porém, que nesses episódios que rotulamos de "quase alucinatórios" as crianças não criam uma estrutura de conhecimento daquele evento. Elas não vão adiante até as interações táteis necessárias ao preenchimento do estímulo visual com conteúdo, como provar, tocar, cheirar e, acima de tudo, nomear. Esse tipo de fenômeno continua sendo "quase", em vez de tornar-se uma estrutura de conhecimento reforçada a cada repetição do nome. Toda essa categoria de eventos, inclusive os fenômenos semelhantes, pode então permanecer apenas potencial, selecionada pelo nosso cérebro altamente seletivo em nome do caos de eventos sancionados à espera de serem descobertos e processados. Quando se tornarem pais, nossos filhos um dia "quase alucinantes" também não darão resposta alguma se seus filhos apontarem para um fenômeno e pedirem seu nome dentro desse campo potencial não-atualizado. Essa deficiência poderia ser transmitida às gerações seguintes *ad infinitum*; são numerosos os outros potenciais, mas sua atualização depende sempre do imperativo natural do modelo.

A força que uma palavra tem de "invocar" um evento é provavelmente o aspecto mais valioso da linguagem. Quando diz uma palavra, a criança espera que a coisa nomeada apareça. Do contrário, só o nome pode ativar a rede neural correspondente e provocar reações sensoriais adequadas a uma quase reconstrução do evento original, com a mente preenchendo as lacunas da melhor forma que puder com uma lembrança. Essa é a base da aprendizagem, imaginação e criatividade, e uma das principais razões para a própria linguagem. A lembrança é um fac-símile grosseiro, um "re-conhecimento" do evento que tem como principal gatilho um nome. Essa "concretude" da linguagem será considerada o núcleo central do jogo, núcleo sobre o qual repousa todo o aprendizado superior. No caso da criança pequena, pensar é lembrar, em sua maior parte por meio de imagens. Posteriormente, o oposto é que será verdadeiro, lembrar será pensar, também por meio de imagens.

Durante os primeiros sete anos aproximadamente (muitas vezes, mais que isso) as crianças costumam falar consigo mesmas enquanto estão brincando. A palavra e a imagem são parte de sua visão geral de mundo. A imaginação, a capacidade de criar imagens interiores não presentes ao sistema sensorial, está estreitamente vinculada à linguagem. As antigas teorias segundo as quais o nome de um evento ou coisa é inerente às freqüências que dão origem àquele objeto ou evento são verdadeiras, mesmo que só depois dos fatos. O nome é parte integrante da coisa porque nome e coisa se constroem como um único campo neural ou campos neurais bem cedo na vida.

Nessa linguagem concreta, a palavra não apenas denota um objeto sensorial, mas participa como uma das partes mais importantes na estrutura daquele objeto. Quando se pede a bebês de 2 anos que digam a palavra *mão*, eles acenam com a mão ao dizer a palavra. Tal linguagem pode então ser usada como um referente, mas seus referentes serão sempre físicos. Todas as primeiras linguagens, embora produtos do neocórtex, relacionam-se à realidade concreta dada pelo cérebro reptiliano e, à medida que crescemos, pelo nosso cérebro mamífero, emocional. A linguagem semântica é uma questão inteiramente à parte, e surge por volta dos 11 ou 12 anos. Essa é a linguagem de nossas estruturas corticais superiores, onde uma palavra só precisa referir-se a si mesma e, assim, pode ser usada no raciocínio intelectual, criativo, distinto dos dois sistemas inferiores. Nessa linguagem semântica, o mundo pode ser uma coisa em si mesmo, sem referir-se a nada que não o próprio pensamento. Mas é importante lembrar que, na linguagem concreta do início de nossa vida, palavra e coisa tendem a dar lugar uma à outra. Os bebês de 2 anos mexem a mão quando pronunciam a palavra; os adultos conseguem usá-la de uma forma abstrata, geralmente se esquecendo de suas origens concretas.

A estrutura de conhecimento do mundo físico e os nomes que este recebe estão finalizados em cerca de 80% quando a criança chega aos 4 anos de idade e, por volta dos 7, estarão basicamente prontos, constituindo uma inteligência autônoma à nossa disposição. A criança então "supera" essas ligações e, a partir daí, consegue tratá-las com objetividade, usando a relação entre palavra e coisa para manipular ou interferir nos próprios eventos-objetos nomeados. Isso é "pensamento operacional", outro estágio de desenvolvimento, possível apenas porque o nome é parte integrante da organização do evento. Entretanto, nem mesmo esse uso objetivo da primeira linguagem a torna menos concreta. Palavra e coisa ainda formam uma unidade. A palavra sozinha só começa a funcionar como seu próprio referente com a grande mudança de intelecto dos 11 anos. A causa de um de nossos maiores problemas hoje em dia é exigir uma compreensão abstrata da criança pequena, que está voltada para o concreto.

Observe-se o importante papel de modelo representado pelo pai ou mãe em relação à criança em toda essa construção de linguagem-mundo. John Kennell e Marshall Klaus descobriram que a criança que estabeleceu o vínculo com a mãe tem um vocabulário melhor do que a que não o fez, simplesmente porque a mãe comunicava-se muito mais com o filho. Ela fornece espontaneamente nomes à criança em cada uma de suas interações, por causa da comunicação e da reação instintiva de interesse. Nutrir o humano é nutrir a inteligência, da qual a linguagem é a base. Assim, a criança vinculada é em geral mais inteligente que a não-vinculada. A presença constante dos pais — comunicando-se, acompanhando e sancionando eventos na experiência do filho — determina, num grau incomensurável, a profundidade da capacidade cognitiva, da percepção sensorial e geral e da educabilidade daquela criança. Marcia Mikulak descobriu que a percepção sensorial do ambiente, das pessoas e dos eventos que estão se processando nas crianças das sociedades não-tecnológicas é cerca de 25% maior que a das crianças norte-americanas. As crianças "primitivas" normais sabem não só nomear centenas de plantas de seu ambiente imediato, mas também usá-las; elas conseguem captar os climas geral, emocional e ambiental e são, quase sempre, simplesmente mais vivas. Som e toque, palavra e coisa, são duas interpretações da mesma freqüência. A criança privada do contato físico, carente sensorial e emocionalmente, criada num ambiente mecanizado, será também deficiente lingüística. Não é *possível* a formação de uma linguagem abstrata posterior sem a prévia base sólida de uma linguagem concreta. As crianças que sabem dar nome e reconhecer as centenas de plantas que existem à sua volta estão em melhores condições de apreender abstrações, como $E=MC^2$ quando chegar a hora, do que as crianças que forem forçadas prematuramente a essas abstrações, sem ter nada de concreto em que as basear.

O hemisfério direito do cérebro retém essa linguagem concreta inicial, na qual as palavras denotam questões referentes aos sistemas sensório-motor e emocional, mesmo depois que o hemisfério esquerdo e seu uso abstrato da linguagem prevalece. Nosso hemisfério direito tem uma conexão neural mais rica com os dois cérebros mais antigos, voltados para o objeto, que seu vizinho esquerdo. O hemisfério direito tem sido popularmente chamado de hemisfério "holístico", mas só o é na medida em que integra os dois sistemas inferiores e os põe a serviço do superior. Na verdade, sua principal direção é para baixo, mantendo intacto o sistema tripartite. A secundária é lateral, rumo ao seu parceiro direito, que traz em seus potenciais um "holismo" muito maior.[4] Assim, notamos que quando a atividade do hemisfério direito predomina, tendemos a ficar ansiosos e defensivos. Quando é a atividade do hemisfério esquerdo que prevalece, nos tornamos mais relaxados e eufóricos. O esquerdo é evolucionariamente superior ao direito; é o último a desenvolver-se na criança e fornece um meio para a passagem a reinos inteiramente além do físico.

Por volta dos 6 ou 7 anos, quando começamos a manejar o nosso primeiro pensamento operacionalmente objetivo, a natureza começa a criar essa "linguagem semântica" abstraindo palavras de seus referentes concretos. A palavra *mão*, por exemplo, pode ganhar um sentido metafórico muito mais amplo numa linguagem que é essencialmente do hemisfério esquerdo, onde uma palavra não precisa referir-se a nada além de si mesma. Todo desenvolvimento se processa "do concreto ao abstrato", como disse Piaget, o que significa, de fato, da ação reptiliana estímulo-reação para ações criadoras superiores, neocorticais. Nessa progressão, as palavras plantadas em solo material podem crescer e florescer como pensamento puro. O mesmo se passa com a nossa noção de eu, que vai de um ponto de apoio a outro, cada qual progressivamente menos físico.

A natureza programou essas progressões com cuidado, permitindo a cada estágio tempo suficiente para o desenvolvimento e presumindo, obviamente, o ambiente adequado. Embora os estágios variem de acordo com a criança, as estatísticas revelam uma certa uniformidade, a qual é bom ter em mente para que não deixemos de perceber a concretude na orientação da criança em seus primeiros anos e não pensemos que ela pode apreender linguagem e pensamento abstratos. No próximo capítulo, vamos analisar a questão da concretude conforme é observada no "ciclo de competência", por meio do qual a aprendizagem se desenrola. No ciclo de competência, podemos encontrar maiores provas de que a perda neural dos 11 anos é excessiva (lembre-se de que apenas um diferencial de escassos 2% nos separa geneticamente dos primatas superiores).

CAPÍTULO 15

Ciclo de Competência

A excelência mecânica é o veículo do gênio.

WILLIAM BLAKE

O que a natureza prevê para nós é a aprendizagem de procedimentos, para que possamos participar do processo criador. Os produtos — tais como informações, respostas, pensamentos e coisas — são baratos; o processo é que não tem preço. Gente que tem QI de 25 é capaz de dar respostas infalíveis e fornecer amplas informações. No pensamento reversível, considerado por Jean Piaget o mais alto nível do intelecto, resolvemos um problema e fazemos o percurso inverso para ver como é que chegamos àquela solução. Só então podemos "abstrair" aquela capacidade de seu contexto original e aplicá-la a diversas situações novas. A solução em si é secundária diante do processo de aprendizagem; no caso do bebê que agarra um objeto, obter esse objeto (o estímulo) é secundário em relação a aprender a agarrar.

Em sua maior parte, a aprendizagem, intencional ou não, obedece a um "ciclo de competência" dividido em três partes. Esse ciclo — observado por Greenfield e Tronick no Harvard's Center for Cognitive Studies há muitos anos — parece ganhar mais importância do que nunca à luz da natureza triuna do nosso cérebro. Esse ciclo se divide em: (1) esboço, (2) associação e preenchimento de lacunas e (3) prática e variação.[1] Em nossos primeiros anos de vida, esse ciclo manifesta-se sob uma forma de absorção que exige toda a atenção. Uma absorção é uma seqüência que se desdobra a partir de pré-requisitos, em que cada passo leva ao seguinte. Falamos em ser "consumidos" por uma absorção é até que ela acabe, pois não há como dividir a percepção. Não podemos sequer processar outras informações sensoriais quando está ocorrendo uma absorção (como me acontece quando, entretido ao escrever, fico indiferente ao cheirinho da comida que prometi à minha mulher que jantaria). Quando o ciclo de competência chega ao fim de seu curso tripartite, a autopercepção volta a ser generalizada e pode dar atenção a outros estímulos.

Ao que tudo indica, nosso eu pessoal representa apenas entre 5 e 10% do total da nossa consciência. Como um ponto de atenção flutuante, o eu pode agir como uma supercélula-alvo e ativar qualquer das inteligências e capacidades disponíveis. Quando maduro, esse sistema pode deixar-se absorver por uma atividade, permitindo que nela se apliquem 100% da sua energia ou, também, pode inverter completamente essa entrega a uma atividade e ir em frente. O eu fragmentário permanece incrustado em vários sistemas, incapaz de desprender-se totalmente deles e, portanto, de concentrar plenamente suas energias numa única absorção.

Como queria a natureza, o bebê se entrega e se deixa absorver. Por exemplo, a primeira vez que uma garotinha vê a mãe abrir uma porta do armário da cozinha, ela vai até uma dessas portas, agarra o puxador e abre-a, como viu a mãe fazer. Dependendo da força, ela pode até cair para trás, mas se levanta e vê que a porta está aberta. Então a fecha, agarra o puxador e abre-a novamente, dessa vez mantendo o equilíbrio; mais uma vez a porta se abre. A "ficha" cai; surge a compreensão à medida que o esboço vai sendo preenchido com conteúdo real. Então é assim que a mamãe faz. Campos neurais anteriores, que lidavam com complexos movimentos similares, começam a interagir e a unir-se; novos campos neurais entram em serviço, preenchendo as lacunas com tudo aquilo que completa o padrão.

A prática, o estágio seguinte, vem logo em seguida. Animada, a garotinha começa a abrir e fechar a porta várias vezes. Após um bom tempo dessa barulhenta atividade, há mielinização suficiente nos vários milhões de conexões neurais investidos nessa ação mente-corpo total para funcionar com dispêndio mínimo de energia. Isso liberta a consciência do bebê daquela absorção, permitindo que ela abandone essa arena e procure novos mundos para conquistar. Tem início o crítico período de variação. A criança identifica outras portas e repete a façanha em todas, passando horas nessa brincadeira. Consciente da recém-descoberta capacidade e deleitada com ela, a garotinha brinca de abrir e fechar portas como um pianista tocaria seu piano.

Antes do fim do estágio da prática, a garotinha não tem percepção de si mesma executando a nova ação; ela *é* essa ação. Ela só se percebe *enquanto* ação, e não da ação. Sua absorção é tão completa que não lhe resta nenhuma energia consciente para a autopercepção. Só quando ela chegar ao fim é que ela poderá ganhar distanciamento, vê-lo com objetividade, verificar o que conseguiu fazer e aplicar o que aprendeu em outro lugar. Essa é a base do pensamento reversível e de todo posterior desenvolvimento, e se aplica a nós tanto aos 7 quanto aos 70 anos de idade.

Quando essa fase sensório-motora do ciclo chega ao fim, surge uma absorção superior, que impele a garotinha a extrair a nova capacidade do contexto que lhe deu origem e a variar essa aprendizagem. Ela fará correlações entre essa situação e outros contextos e expandirá os campos neurais estáveis que acaba de formar a cada nova variação. Poderíamos dizer que ela "entra" no próprio neocórtex e analisa o que aqueles sistemas inferiores podem fazer agora sob seu comando. E olha em torno, à procura de algo que se pareça o bastante com uma porta para ser compatível com seu novo campo de potencial e, ao mesmo tempo, seja variável o bastante para fornecer novos estímulos que ampliem esse novo campo.

A repetição continuada e sem variação levaria à habituação e fecharia prematuramente o ciclo. Ocorre habituação quando não há nenhuma novidade e a fita-padrão neural faz um circuito completo, voltando-se para o sistema-R. Este pode lidar com aquele padrão contanto que não haja variação. Essa é uma economia da natureza, mas se o sistema-R assumir o controle cedo demais, a expansão em novas relações será interrompida. Já que o episódio da primeira porta, por si só, representa uma aprendizagem incompleta, o neocórtex mantém a bola rolando com o fator novidade.

Trata-se de um ciclo bem definido, no qual, quando chega a hora, a variação é a chave. A variação perturba os padrões estabelecidos, forçando-os a acomodar-se a novas possibilidades, e isso os fortalece. Todos os meus músculos estão à vontade, relaxados, enquanto eu estou aqui na minha cadeira acolchoada. Mas eles jamais chegarão perto dos que vejo nas revistas de saúde e fisiculturismo se eu os deixar numa situação tão confortável. A palavra *conforto* deriva de palavras latinas que correspondem a *com* e *força* e, originalmente, significava *agir conforme a força* — algo bem diferente do que ela passou a significar hoje em dia: evitar qualquer ação e "escarrapachar-se". Ilya Prigogine alega que a perturbação e o desequilíbrio são necessários à aprendizagem e ao crescimento. Um sistema acomodado, satisfeito, torna-se estático. Marian Diamond observa que o cérebro se mantém flexível e potente a vida inteira se encontrar desafios suficientes. A habituação é inimiga do crescimento. A perturbação, ou transtorno de padrões estabelecidos, supera a tendência a essa inércia. Assim que estabelecêssemos um padrão, poderíamos parar nele, se esse impulso de variação não estivesse incorporado ao ciclo. A dinâmica entre os sistemas reptiliano e mamífero tende à habituação e evita o novo, já que não é uma dinâmica feita para administrar a novidade. Já a dinâmica entre os nossos cérebros emocional e intelectual nos impele à novidade. Nossa constante tensão entre as naturezas inferior e superior é parcialmente essa tensão entre estruturas neurais novas e antigas, entre evitar e buscar a novidade, entre o equilíbrio e o desequilíbrio. Mesmo quando escolhemos a novidade, queremos descansar a cada ponto alcançado e desenvolver habituação ao novo estado. A suprema razão da vida talvez seja viver num estado de puro fluxo, um "estado-agora" sem passado nem futuro, no qual a previsão e o controle não sejam fatores — um estado de adaptação contínua, instante-a-instante, ao desconhecido, que é o máximo além do estado reptiliano que se pode imaginar. É nesse estado que vive a criança ativa, em fase de aprendizagem (por padrão; posteriormente criamos habituação), e é esse estado que precisamos recapturar no desenvolvimento espiritual.

No estágio de variação experimentado pelo bebê, qualquer possibilidade de variar se torna o estímulo. Depois de adquirida, essa capacidade pode aumentar. Isso mantém os campos de potencial em busca de novas reações e compatibilidades. O aumento deve seguir de perto a aprendizagem inicial, enquanto a absorção estiver em vigor. Agora a mielinização se fará entre categorias de experiência, entre redes neurais relacionadas. Agora, o novo campo de potencial ganha certa autonomia, como se fosse uma inteligência independente, e busca todas as áreas de compatibilidade no ambiente. Algumas das correlações feitas pela garotinha da porta serão claramente compatíveis, outras um pouco menos, à medida que ela vai estendendo a ação a portas de formas bem diferentes — uma infinidade de objetos com dobradiças, o assento do "troninho", a tampa da caixinha de música — até chegar a tampas em geral, como as das caixas e dos frascos. Uma vez formada, a categoria inicial se expande continuamente enquanto a dinâmica se amplia; formam-se subcategorias que entram em relação e assim por diante.

Considere-se porém uma variação comum da situação acima. Em meio a esse período de prática que a tudo abarca, enquanto o bebê, inteiramente absorto, está lá batendo a porta com toda a força para deixar a mielina "em cima", o telefone toca. A mãe diz: "Pare com isso, meu amor; não estou conseguindo ouvir nada." A criança nem sequer aumenta um pouco o intervalo entre as batidas. A mãe grita: "Pare com isso agora, estou no *telefone!*" O bebê não dá o menor sinal de reação; continua mandando brasa na porta. A mãe põe o telefone na mesa, corre furiosa até o bebê e dá-lhe um tapa na mão. "Quando é que você vai aprender a me obedecer?" pergunta ela, deixando o bebê aos berros e voltando ao telefone.

O bebê não reagiu ao pedido da mãe porque a absorção não deixa que sobre energia para processar outras formas de informação. A menina simplesmente não ouviu a mãe. O tapa na mão apenas rompe a absorção como falsa conclusão, uma interrupção ilógica de uma reação instintiva, integrada. A aprendizagem agora foi cancelada e a criança terá, de certa forma, de começar tudo de novo. O problema é que, depois de algumas dessas interferências, ela aprende que entregar-se à absorção integrada da aprendizagem pode acabar em desastre, num beco sem saída que põe em risco o vínculo com o pai ou a mãe (um dos maiores temores da infância). A confiança é a essência da inteligência. *Confiança* quer dizer "com fé". A fé que se tem em si mesmo é inata; o temor e a timidez, sendo contraproducentes, precisam ser aprendidos. Depois de alguns episódios de reprimendas e exigências conflituosas por parte dos pais, que rompem a absorção de aprendizagem da criança, ela deve necessariamente dividir a atenção entre a aprendizagem em si e o ambiente em geral, já que este se tornou uma fonte de medo e sofrimento imprevisíveis. Dali em diante, o bebê ficará com um olho na "porta", ou qualquer que seja o alvo de sua aprendizagem, e o outro nos pais ou, mais tarde, no professor, para não tomar de repente um tapa (sem nenhuma razão que possa compreender). Um ciclo de aprendizagem atrai, no mínimo, 50% de sua energia, os mecanismos de defesa atraem 50%, e a aprendizagem torna-se um esforço intermediário, dividido. A maioria das pessoas cresce dividida assim. Dizemos que não conseguimos nos concentrar, e é verdade. Não confiamos o suficiente em nosso mundo para nos deixar absorver por nada. Não conseguimos investir 100% da consciência em nenhuma ação, já que isso não deixaria nada para o nosso sistema de defesa. Assim, nos dispersamos e fragmentamos entre o que tentamos aprender e a ansiedade.

Portanto, um bom ambiente de aprendizagem para as crianças será aquele em que há segurança e não há reprimendas, medo ou sofrimento — um ambiente no qual se fornecem os estímulos para o início dos ciclos de aprendizagem e se permite às crianças finalizá-los.[2]

Estima-se que 95% de toda a aprendizagem ocorra abaixo do nosso limiar de percepção. A gestante simplesmente fala como sempre falou, e isso ativa o padrão de fala integrado, inato, do bebê. Não se pode impedir as crianças de aprender a falar se elas escutarem gente falando. O mesmo se aplica a várias inteligências. Curiosamente, muito pouco se aprende com tentativas deliberadas, forçadas de fazer uma criança aprender. Basta dar-lhe um ambiente adequado — um ambiente onde haja aceitação, amor, proteção e estímulos apropriados —, que o cérebro simplesmente não poderá ser impedido de aprender: ele foi projetado para isso.

O bebê que engatinha, ainda tentando adquirir controle sobre seus desajeitados membros e músculos, não pode discutir evolução nem física quântica. Da mesma forma, o adulto que ainda está preso a uma identidade baseada no mundo-corpo e dependente de posturas defensivas de baixo nível, não pode discutir a evolução do espírito. O cientista que está preso na realidade compatível com seus aparelhos físico-eletrônicos e identificado com ela dificilmente pode ser acusado de falta de entusiasmo por meus relatórios sobre um estado de unidade da consciência ou uma experiência de meditação.

Meu mestre de meditação disse: "Você, na realidade, não pode ocupar de verdade este corpo antes de conseguir superá-lo." À luz da aprendizagem em geral, "superar o corpo" é a conclusão lógica do extenso processo que ocupa a nossa infância: a descoberta e a aprendizagem do uso do nosso corpo físico no corpo mais amplo do mundo. William Blake comentou que a excelência mecânica era o veículo do gênio. Não se pode chegar à música, disse um grande pianista, sem as notas. Por meio da excelência mecânica num assunto, nós o superamos e podemos brincar com ele de modo criativo. Assim, a meta que a natureza reservou para nós parece ser o domínio sobre o próprio processo criador. Talvez essa seja uma sugestão audaciosa, já que implica ir além da própria criação, mas é uma conclusão lógica do ciclo de competência que a natureza nos reservou.

CAPÍTULO 16

A Vontade e os Dois Terrores

Nossa garotinha de dezoito meses aponta para as coisas, exige seus nomes, bate portas e põe na boca tudo que encontra para criar uma estrutura de conhecimento do seu mundo. Oitenta por cento dessa estrutura estará formada por volta dos 4 anos de idade, graças à curiosidade natural da criança que explora e brinca, ativando e desenvolvendo assim cada um dos três sistemas neurais em sua respectiva ordem evolucionária.[1] A aprendizagem física e emocional inicial, embora integrada aos nossos dois sistemas primários, é registrada através de campos neurais do neocórtex. Isso nos possibilita posteriormente modular e humanizar esses comportamentos inferiores. Da mesma forma que vimos ocorrer com a linguagem, toda atividade cerebral superior precisa estabelecer-se antes nos dois sistemas primários. Assim, o desenvolvimento sensório-motor e emocional precisa estar em conformidade com a natureza desses dois cérebros animais que desabrocham primeiro, como bases para o cérebro superior, humano. É por isso que qualquer tipo de educação voltada para a criança precisa ser apresentado de maneira compatível com a natureza — essencialmente "sensório-motora" — desses "sistemas animais" iniciais, com segurança emocional.

O pico de crescimento cerebral do nascimento equipa os bebês para a adaptação ao seu novo ambiente, e eles se identificam completamente com essa tarefa do sistema-R, deixando-se "absorver" inteiramente por ela. Os recém-nascidos não "têm" corpo; eles *são* corpo; eles não "têm" uma sensação; eles *são* aquela sensação. Não há separação entre sujeito e objeto simplesmente porque as absorções exigidas são tão completas que não sobra nenhuma energia para um "auto-sistema". Esse eu subjetivo só aparece quando o sistema límbico fica pronto para começar a desenvolver-se, por volta do fim do primeiro ano, quando os campos visuais amadurecem e se forma um mundo estável. Nesse momento, que Piaget chamou de "constância do objeto", ocorre outro pico de desenvolvimento cerebral, paralelamente a um desenvolvimento do sistema límbico. Tem início uma nova fase da primeira infância: é quando a *vontade* desabrocha e surge um auto-sistema independente. Esse eu egóico abarcará os comportamentos e inteligências emocionais e cognitivas do sistema límbico, lutando para criar uma estrutura de conhecimento do mundo, do eu, dos relacionamentos e da linguagem.

Nossa estrutura de conhecimento do mundo é construída por meio de um acoplamento entre mente e ambiente. O primeiro ambiente é a própria mãe; o segundo, o lar. Para todos os mamíferos, o ninho é o espaço seguro da exploração e proporciona ao recém-nascido um parâmetro estável. Porém considere-se que nosso bebê descobre o bibelô na mesinha da sala e vai direto em cima dele. A mãe grita: "Nem pense em tocar nesse enfeite; é caríssimo!" O bebê, perplexo, vira-se e olha para a mãe — mas, aos trancos e barrancos, vai se aproximando do objeto desconhecido, sem desgrudar os olhos da mãe. Esta, ao ver que, embora não pare de fitá-la, o bebê faz exatamente o que ela lhe disse que não fizesse, fica aborrecida e grita: "Se você pegar o enfeite, a mamãe vai bater em você." O bebê parece assustado, mas, ainda olhando fixamente a mãe, estica o braço na direção do bibelô — e, na maioria das vezes, derruba-o da mesinha. A mãe corre até lá, agarra o bebê, sacode-o, dá-lhe umas palmadas e grita: "Mas o que é que há com você? Não ouviu o que eu disse? Está surdo, seu burro? Quando é que vai aprender a fazer o que eu mando?" Mais tarde ela vai contar o episódio à vizinha, ao marido ou à sogra, dizendo: "E o capeta olhou direto no meu olho e fez exatamente o contrário do que eu estava dizendo." (Quantas vezes não ouvimos essa história e quantas vezes mais extrema não é a reação do pai a esse tipo de "desobediência".)

A razão para essa diabólica reviravolta está num desconcertante impulso chamado *vontade*, que é um dos comportamentos do sistema límbico. Conhecemos — e, até certo ponto, toleramos — as imprevisíveis emoções que têm início nesse momento; as mudanças radicais e voláteis do gostar ao não gostar, do amar ao odiar, da alegria à tristeza, da euforia às lágrimas, são os primitivos instintos de aversão-atração do sistema-R incorporados às emoções muito mais complexas do sistema límbico. Embora a toleremos bem menos, também conhecemos essa força chamada vontade, surgida nessa mesma época, como uma inteligência voltada para a superação de obstáculos ao desenvolvimento. Trata-se de uma força não-volitiva, isto é, o bebê não tem nenhum controle sobre ela. A vontade funciona como um impulso instintivo, integrado, que impele o sistema-R a fazer o que o sistema límbico manda. Nos primeiros quatro anos, o desenvolvimento é tanto sensório-motor quanto emocional, embora o sistema emocional seja uma estrutura superior, evolucionariamente mais potente. Ela faz o sistema motor "cumprir a sua vontade", da mesma forma que o neocórtex mais tarde conduzirá ambos os sistemas, emocional e sensório-motor. Assim, quando nosso filho avista o bibelô, ativa-se nele uma absorção para explorar esse novo objeto e criar uma estrutura de conhecimento em torno dele. Com a ordem materna, duas forças igualmente poderosas, mas opostas, entram em vigor: o vínculo com a mãe e esse forte impulso. Se os pais bloquearem a aprendizagem, a vontade é deflagrada para fazer a criança ultrapassar os obstáculos e ir em direção ao seu desenvolvimento. Quando esse obstáculo é a mãe, a própria fonte da vida, sucede-se um dilema clássico: impelido pela vontade, o bebê vai tropeçando até o alvo — ao mesmo tempo, ele, como ser que tem consciência e percepção, volta-se para olhar a mãe "direto no olho", tentando manter aquele vínculo ameaçado enquanto o corpo vai agindo por sua própria conta.

Com algum esforço moral, nós, adultos, podemos, com o nosso ego desenvolvido, modular esses instintos mamíferos (restringir a tendência à violência contra a cara-metade, o filho ou o chefe, por exemplo). Mas o bebê, cujo ego ainda está assentado no sistema-R e no sistema límbico, não dispõe dessa influência moderadora. Eles não *têm* emoções, eles *são* aquela emoção que sentem no momento. Portanto, o corpo do bebê vai em direção ao alvo enquanto ele se volta, em silêncio, para olhar a mãe, preso entre dois importantes impulsos instintivos que se opõem, não tendo o mínimo controle sobre nenhum deles.

A melhor solução é, antes de mais nada, tornar a casa "à prova de crianças" e guardar tudo que for caro ou perigoso fora do alcance do bebê. Caso contrário, podemos retirá-lo com calma da situação, dando-lhe outro objeto que chame a sua atenção e, quando as coisas esfriarem, reprisar a situação de um ângulo mais construtivo. A fúria e a punição enfraquecem a vontade da criança — a capacidade de superar obstáculos e explorar o desconhecido, que é a própria aprendizagem. Elas a deixam sem autoconfiança, sem nenhuma fé em si mesma, e a fazem atrapalhar-se ou bater em retirada à menor dificuldade ou desafio. Quando é muito freqüente, esse tipo de dilema do exemplo, que rompe o ciclo de competência, divide a psique. Aquele bebê vai crescer e se tornar um adulto como nós, que pensa uma coisa, sente outra e age de uma forma que não tem nada a ver com nenhuma das duas.

Michael Gazzaniga afirma que o ambiente (dos pais e da sociedade) é, em geral, um fator inibidor para a aprendizagem da criança.[2] A falta de estímulos e o excesso de frustrações e inibições significa que apenas um mínimo de campos neurais será mielinizado, tornando-se disponível para futuro desenvolvimento. A natureza calculou as complexidades do mundo físico muito antes que nós entrássemos em cena, provendo-nos de mais neocórtex que o necessário para sobreviver nele. Indo além de coisas tão elementares quanto esse bem estabelecido sistema físico, o resto de nosso novo cérebro nos dá a possibilidade de entrar no potencial puro ou em outros reinos do ser. Primeiro, precisamos da capacidade de superar obstáculos, da "vontade de perseverar", da curiosidade e da coragem de penetrar no desconhecido. É preciso que tenhamos também uma base neural suficientemente madura, o que decorre da interação física com um ambiente que nos alimente e estimule.

O desenvolvimento de nossas duas estruturas primárias deve ter prioridade máxima nos primeiros anos, para que tenhamos uma base para essas empresas maiores, futuras. Nossas estruturas animais inferiores destinam-se não apenas a atender às nossas necessidades físicas e emocionais, mas também a lançar às bases para as futuras necessidades do neocórtex. A natureza nos prepara para isso com anos de antecedência, a intenção precede a capacidade de realização, como ilustra a reação muscular *in utero* aos fonemas, mas esse mesmo padrão se aplica a todas as formas de ação do neocórtex, principalmente à inteligência que surge por volta dos 4 anos de idade.

CAPÍTULO 17

Intuição:
Ver Dentro e Ver Além

Por volta dos 4 anos, ocorre outro pico de crescimento cerebral, aumentando ainda mais a oferta de conexões neurais e potenciais de campo. A essa altura, 80% da linguagem, visão de mundo e estrutura egóica da criança estão prontos. Os restantes 20% serão preenchidos por volta dos 7 anos, conforme possibilita este pico de crescimento dos 4. Entre os potenciais que se descortinam para o desenvolvimento aos 4 anos estão a música e aquela irmã gêmea da imaginação, a intuição: a capacidade de "perceber informações não-disponíveis aos sentidos". Como a habilidade musical tem alguma chance de ser estudada e desenvolvida, me concentrarei na intuição — além de ser, em geral, mal-interpretada, a intuição quase nunca é cultivada. Nas crianças, ela aflora continuamente. A mãe de um garoto de 5 anos foi ao centro da cidade. Parou numa lavanderia automática para telefonar para casa e saber da babá como estavam as coisas. O filho atendeu ao telefone e perguntou: "Mamãe, por que é que você está na lavanderia se não levou nenhuma roupa pra lavar?" A mãe ficou se perguntando como é que ele sabia onde ela estava. Uma garotinha de 4 anos pára de brincar e entra na sala dizendo que o papai quer falar com ela; o telefone toca e é o papai que resolveu ligar e falar um pouco com a filhinha. Ou lembre o discurso teológico do meu filho — essencialmente o mesmo tipo de jogo de energias. A conexão é feita por meio da ordem implicada, e a relação presente é bem clara.[1]

A inteligência é a capacidade de responder pelo próprio bem-estar. A intuição é uma inteligência que está um ponto "acima" no esquema da evolução e fornece informações relativas ao nosso bem-estar físico ou emocional, quando essas informações não são encontradas no ambiente físico imediato. A intuição emprega a dinâmica entre o sistema límbico e o neocórtex, ao passo que as informações ambientais ordinárias provêm da dinâmica entre o sistema límbico e o sistema-R. Cada estrutura do sistema tri-uno possui seu próprio domínio ou reino de freqüência. As informações de cada um deles estarão disponíveis em seu próprio nível "lateral", se pudermos "percebê-las". Como disse William Blake, podemos perceber muito mais do que nos permitem os sentidos, isto é, o físico. Porém, em geral, o físico é até onde nós vamos, em termos de desenvolvimento.

Existe um estudo interessante sobre os colonizadores anglo-saxões nas montanhas do sul dos Estados Unidos, que ficaram isolados durante muitas gerações. Esses pioneiros usavam a "telepatia", como os pesquisadores a chamavam, com toda a naturalidade, sem perceber o impacto dessa novidade. Praticamente, todas essas comunicações "telepáticas" diziam respeito ao bem-estar geral e ao vínculo afetivo dentro da unidade familiar: a mãe avisando a família que o jantar estava pronto, um parente percebendo que o outro estava aflito e coisas assim.[2] Se uma sociedade decidir que a intuição é importante, essa intuição inata pode ser cultivada até tornar-se uma estrutura de conhecimento poderosa, ampla e viável, como a Hora do Sonho dos aborígines. Um bom exemplo está no clássico estudo sobre as mães africanas e sul-americanas que estabelecem vínculo com os filhos. Elas não põem fraldas em seus bebês e carregam-nos a tiracolo a toda parte que vão, mas nunca se sujam — simplesmente pressentem quando o filho está pronto para urinar ou defecar. Naturalmente, isso não é senão uma parte das intuições que afloram na mãe que estabelece o vínculo com o filho recém-nascido.[3] (Que ironia que essas fraldas descartáveis sejam agora um dos principais poluentes dos aterros sanitários e uma das maiores ameaças tóxicas nos Estados Unidos.)

Assim que a criança desenvolve o grosso do seu conhecimento do mundo-corpo físico, por volta dos 4 anos de idade, a natureza abre esse domínio não-físico como instrumento de bem-estar físico. Essa forma superior de inteligência mamífera baseia-se no sistema límbico, conforme o emprega o neocórtex. A maioria dos animais faz uso de algum tipo de intuição, já que ela é crucial para a sobrevivência, mas não a pode desenvolver como nós.[4] A criança de 4 anos ainda é muito uma "filha do sonho", vivendo tanto no reino físico quanto no sutil. Agora que 80% desses sistemas estão prontos e que se pode poupar energia para o intento, a natureza prepara a criança para subir na escada tri-una. O neocórtex esteve em plena atividade desde o início, é claro, mas apenas perifericamente, gravando os avanços de seus vizinhos inferiores. Quando o novo cérebro fica disponível para o desenvolvimento, aos 4 anos, a mente pode empregar o reino da ordem implicada — que é como um reino de sonho — de novas maneiras. Aparentemente, a primeira tarefa de qualquer inteligência superior é sempre incorporar as inferiores e dar-lhe novos usos.

Lembre-se de que o hemisfério direito possui conexões neurais mais ricas com sua estrutura límbica que o esquerdo e, assim, mantém uma conexão unificada de todos os três níveis. A linguagem concreta é retida no hemisfério direito e posteriormente será utilizada e incorporada às formas mais abstratas do hemisfério esquerdo. Da posição objetiva permitida pela localização desse hemisfério, podemos ter acesso direto a informações do sistema límbico e de sua ordem implicada. A mente pode extrair informações sobre a realidade física, que ganha forma dentro da ordem implicada não-temporal, antes que o potencial sutil se torne explicado por meio do sistema perceptivo. (Naturalmente, assim é como Targ imagina a visão a distância de alvos futuros.) Do hemisfério direito, podemos valer-nos dos campos de onda formadores de relacionamento disponíveis por meio do sistema límbico e obter informações sobre o ambiente com antecedência, ou fora de nossas fronteiras de espaço-tempo imediatas. A mente aparentemente o faz por meio de uma dinâmica entre o sistema límbico e os lobos temporais. Fornecer informações para nosso bem-estar quando elas não estão disponíveis aos cinco sentidos é um passo absolutamente lógico da natureza — além de estar perfeitamente alinhado com o desenvolvimento, isso está fisiologicamente manifesto na construção do cérebro.

Se não for cultivada, a intuição aparentemente se desvanece por volta dos 7 anos. Seu desenvolvimento exige modelação e cuidados. A função deixa de desabrochar se não for reconhecida e orientada ou se for diretamente desestimulada, como é o caso quando os pais consideram os eventos intuitivos algo patológico ou psicótico. A palavra *providência* provém do latim *providere*, "ver adiante". Na criança de 4 anos, a intuição é o primeiro estágio desse "ver adiante" — uma capacidade que paramos de cultivar e depois "divinizamos", que é o que geralmente fazemos com os potenciais não-desenvolvidos. Com a ausência da intuição, iremos permanecer parcialmente inseridos no sistema-R e no sistema límbico, restringindo a nossa forma de relação com o planeta e com o outro a basear-se nas informações físico-sensoriais. Se as percepções físicas forem tudo o que temos, nossa base estará na matéria. No momento em que obtemos informações acerca do mundo físico, ele já agiu sobre nós. Se contarmos apenas com relatórios físicos para prosseguir, a natureza precisa compensar, intensificando nossa atenção a eles.

Se essa intuição inicial se desenvolvesse como parte da inteligência que mantém o nosso bem-estar físico, seria repassada ao piloto automático como parte integrante do sistema mais amplo de manutenção do sistema-R. Sem ela, desenvolvemos um intelecto que tenta compulsivamente compensar, criando o ambiente e a nós mesmos. Isso contribui para que vivamos como "crustáceos armados, sempre de sobreaviso" contra um mundo em que não conseguimos confiar, além de restringir o pleno desenvolvimento de nossas estruturas superiores.

O intelecto é uma forma de inteligência especializada e limitada, destinada a empresas que se situam bem acima da segurança física. E quando ele é incorporado ao nosso sistema de defesa, cria problemas. Tentamos prever e controlar um sistema infinitamente aberto e criativo, dominando a Terra e a nós mesmos, em nome de um bem-estar físico que fica seriamente ameaçado por essa mesma atividade. Consideramos as ciências e tecnologias resultantes nossas maiores realizações; achamos que elas indicam "progresso" evolucionário, mesmo quando forçam aquela que é a superior dentre nossas estruturas a uma ação cerebral inferior, o que é devolucionário. Isso bloqueia o desenvolvimento das inteligências que podem levar-nos além de qualquer necessidade de manipulação. Se a nossa intuição se desenvolvesse, o hemisfério direito, cuidando da integração balanceada com seus sistemas inferiores de apoio, manteria nossos ajustes ambientais em sintonia fina. Isso permitiria à mente passar (mediante o hemisfério esquerdo e, provavelmente, de uma dinâmica geral entre o cérebro e o cerebelo) aos reinos mentais que a evolução realmente destinou para nós.

Os aborígines australianos desenvolveram a intuição de modo excepcional.[5] Eles baseavam não só a sua cosmologia mítica como também sua visão de mundo prática nessa forma não-localizada de percepção. A Hora do Sonho era muito mais que um primitivo "estado de transe". Era, pela lógica, o estágio de desenvolvimento que se seguiria ao sistema-R e ao sistema límbico, sendo requisito para estágios posteriores de pensamento operacional. Para *nós* o aborígine parece não ter desenvolvido esses estágios posteriores tanto quanto nós ocidentais, mas o fato é que o nosso pensamento operacional se desenvolve sem a base propiciada por esse crítico pensamento intuitivo. E, assim, nós reconhecemos como válido só o pensamento operacional que "opera" em nosso mundo material — o que, mais uma vez, pode ser devolucionário.

Quanto mais alto subirmos na escada da evolução, menos físicas e estáveis se tornam as energias. Curiosamente, embora mais poderosas, elas são igualmente mais frágeis, mais sutis e fluidas, mais difíceis de estabelecer e de manter. A evolução nos direciona para estados de consciência nos quais nos situamos além do físico. No entanto, esses estados parecem estar fundamentalmente sujeitos a perturbações físicas até se estabilizarem. Graças a milhões de anos de codificação genética, habituamo-nos a esses campos estáveis de matéria do sistema-R; pela própria natureza de nossa concepção e nascimento, eles são automáticos em nós. Para nós, habituar-nos a eles é mais natural e cômodo que adaptar-nos a possibilidades desconhecidas além do espaço-tempo. É além da nossa própria "natureza" que precisamos ir, neste caso. As possibilidades evolucionárias superiores são fluidas, campos relacional-causais que não têm nenhuma estrutura ou realidade fixa. Eles não "existem", mas se formam à medida que interagimos com eles, de acordo com a natureza da nossa interação. Eles são imprevisíveis e incompatíveis com medidas e padrões previamente estabelecidos — e nós fugimos de tal insegurança, inserindo-a mais fortemente em nossa ancestral estabilidade física (que para nós, frágeis mortais, ironicamente é apenas fugaz e transitória).

Em vez de objetivo, o desenvolvimento do intelecto — para analisar logicamente e intervir na ordem natural — pode ter sido uma aposta da natureza. Já que, por natureza, nosso cérebro superior é afeito ao novo, a tendência natural, em vez de explorar o potencial do sistema superior, é buscar a novidade por intermédio do inferior. Para fusão com a criação enquanto processo, precisamos ser capazes de operar nos mais altos níveis criadores — e o intelecto é a ferramenta da natureza para isso. Então, aparentemente, a natureza precisa não só desenvolver esse intelecto mas também, ao mesmo tempo, fazer-nos usá-lo para ir além do forte apelo de nossos sistemas antigos, físicos e estáveis.

O objetivo da natureza parece ser integrar o intelecto numa inteligência que o use de forma equilibrada e lógica. E essa é justamente a inteligência do coração, a que pode guiar o intelecto em sua entrada no desconhecido. Precisamos reconhecer que o desconhecido o é até mesmo para essa inteligência superior. O desconhecido se forma à medida que o intelecto faz suas sondagens, buscando o novo. Porém nós perdemos o contato com essa inteligência superior, talvez devido à própria interferência do intelecto; o risco que ele coloca é sua capacidade de afastar-se de sua dinâmica polar. Nesse estado de alienação nós desenvolvemos o intelecto como um aliado do sistema físico-sensorial e de suas primitivas posturas defensivas, o que produz pensamento brilhante em personalidades reptilianas. E quanto mais brilhante for o réptil humano, mais precária será a nossa situação.

A capacidade de entrar nesse reino de potencial evolucionariamente superior ainda não foi estabelecida o bastante para que haja disponibilidade de estatísticas. O acesso a esse estado é difícil de obter ou manter num nível amplo se permanecermos entrincheirados em nossas naturezas animais, servidos por um intelecto desenvolvido graças a um revés devolucionário. A combinação é desastrosa para a evolução e para as sociedades que caem nessa dinâmica inversa.

Porém, o desenvolvimento se desdobra conforme o cronograma da natureza. E o objetivo desta é o processo. O acesso ao processo é possível por meio da nossa estrutura mais recente, a nossa estrutura superior, assim como o acesso ao produto é dado pelas nossas estruturas mais antigas, inferiores. Por volta dos 6 ou 7 anos, o propósito da natureza é que nossa orientação para o produto, o conhecimento físico, esteja bem estabelecida, permitindo-nos vê-lo objetivamente, começar a entendê-lo e afinal poder dominá-lo. Assim, a natureza propicia um novo pico de crescimento cerebral no sexto ano de vida, dando à criança de 7 anos um número quatro a cinco vezes maior de conexões neurais que aos dezoito meses. (Gazzaniga afirma que o sistema neural fica entre seis e sete vezes mais compactado que antes.)⁶ Com uma enorme carga de novos materiais neurais, a criança de 7 anos entra na fase concreta, a primeira, do pensamento operacional. Se estiver correta a nossa atual pesquisa acerca da espantosa extensão das conexões neurais do cérebro nessa idade, a possibilidade de desenvolvimento é ilimitada. O único limite é o imperativo natural do modelo, um limite que se revela tão restritivo quanto nossos pais e a sociedade.

As operações concretas que têm início nessa idade são tão importantes que nós as discutiremos num capítulo à parte. Mas primeiro, já que elas não podem desenvolver-se sem as bases construídas com a brincadeira infantil, revisaremos essa ação criadora inicial, o brincar, no nosso próximo capítulo.

CAPÍTULO 18

O Brincar

> Se você quiser que seus filhos sejam brilhantes, conte-lhes contos de fadas. Se quiser que sejam ainda mais brilhantes, conte-lhes ainda mais contos de fadas.
>
> ATRIBUÍDO A ALBERT EINSTEIN

O brincar está na base da inteligência criativa, mas, como qualquer inteligência, precisa ser desenvolvido; conforme o imperativo natural do modelo, a criança que é submetida ao estímulo da brincadeira aprenderá a brincar. A criança com quem não se brinca não conseguirá brincar e correrá riscos em todos os níveis. Uma das bases do brincar está na narração de histórias. Mesmo antes de aprenderem a falar, os bebês escutam, embevecidos, os adultos falarem ou contarem histórias. A princípio, a compreensão das palavras é quase secundária; é o som das sílabas o que fascina as crianças. Em suas memórias, um escritor revela que, quando era pequeno, adorava sentar-se no colo do pai e escutá-lo ler os grandes filósofos; palavras majestosas que predispunham sua mente jovem a coisas sublimes.

Os contos infantis tradicionais são igualmente essenciais ao desenvolvimento da criança. Ela ouve a pessoa que está narrando a história com atenção total; fica imóvel, de boca aberta, olhos arregalados que não perdem de vista o narrador. Sua visão, porém, é transportada para onde a ação está transcorrendo, pois as palavras de uma história estimulam a criação das imagens internas correspondentes. Uma garotinha me disse que gostava mais do rádio que da televisão porque as imagens eram bem mais bonitas. As palavras do rádio fornecem o estímulo; as imagens bonitas são criadas por ela própria. Essa criação de imagens é a base do futuro pensamento simbólico e metafórico, tanto do pensamento concreto quanto do pensamento operacional formal, da alta matemática, da ciência, da filosofia e de tudo aquilo que consideramos mentação ou educação superior.

A palavra *metáfora* vem do grego *metapherien*, "transferir". A palavra *meta* significa aquilo que "está entre, que vem depois ou representa". Uma metáfora é uma imagem que pode criar uma ponte entre diferentes sentidos, mostrando uma semelhança entre eles ou representando algo diferente por meio da transferência de sentido de um objeto ou evento para outro. O pensamento metafórico pode criar novos sentidos, relacionando imagens de diferentes maneiras, e sugerir novas direções para a ação criadora.

No conto dos três ursinhos, o Papai Urso usa terno e bengala. Ele é uma metáfora, no sentido de ser uma figura animal representando uma figura humana. O Papai Urso simboliza o arquétipo do pai. A palavra *símbolo* vem do grego *sumbolon*, que significa "fornecer uma prova". Nós usamos os símbolos como provas de uma ação, pensamento ou estrutura maiores. O símbolo aponta para além de si mesmo, em direção a um estado, condição ou conceito do qual participa. Por exemplo, a bandeira norte-americana, a águia da cabeça branca e o Tio Sam simbolizam os Estados Unidos; a cruz simboliza o cristianismo; a estrela de seis pontas, o judaísmo. Suzanne Langer observou que os símbolos são "veículos para a concepção" das coisas. Quando ouvimos palavras sobre alguma coisa, temos conceitos dessas palavras. "É o conceito, e não as coisas, que os símbolos significam diretamente."[1]

Os símbolos que aparecem nas histórias infantis são a base da futura conceituação. As figuras simbólico-metafóricas podem representar, identificar ou apontar estados do ser. Elas podem participar de sentidos ou sugerir relações que abrem novas áreas de pensamento. A linguagem simbólico-metafórica é capaz de sugerir estados sutis que, em si mesmos, não podem ser articulados. É por isso que a poesia é um grande instrumento para elevar a mente, tirar-lhe as raízes da matéria. Ela pode evocar, ou trazer de volta, sentimentos, anseios e aspirações indisponíveis ao pensamento, lógica ou descrição discursiva.

É quase certo que a estrutura límbica, em conjunção com o neocórtex (a combinação que está presente no sonho e na formação de imagens), seja indispensável ao desenvolvimento da capacidade simbólico-metafórica. Cada um de nossos três cérebros tem suas próprias imagens, as quais são representativas de sua função: imagens físicas do ambiente externo, no caso do sistema-R; imagens oníricas interiores, no caso do sistema límbico; e imagens abstratas, no caso do pensamento do neocórtex. A distância entre os eventos-coisas localizados do sistema-R e as concepções abstratas do neocórtex é coberta pelo sistema límbico. Como diz o poeta George Franklin, os sublimes reinos da imaginação, conforme explorados e defendidos por poetas como Coleridge e Blake, vão além das meras imagens. Eles podem transportar-nos a um reino em que a metáfora seja causal, não apenas emocional mas "cognitivo-epistemológica", conduzindo-nos à própria criação.[2]

As imagens interiores funcionam metaforicamente para ligar nosso sistema sensório-motor aos sistemas criativo-intelectuais e transferir a produção de uns para os outros. Pesquisas recentes sugerem que toda forma de pensamento passa pela imagem. O mundo de sonhos em que vive a criança pequena é um híbrido que está a meio caminho entre a ordem implicada transicional e a ordem explicada de seu ambiente. O sistema límbico, no qual tudo isso se concentra, precisa adaptar-se e transferir sinais físicos ao neocórtex, além de interpretar e retransferir seus conceitos para o sistema-R. Para ser *conceitualizadas* e ter sentido, essas percepções devem ser transferidas para o neocórtex. O tradutor e meio de transferência é o sistema límbico.

Um pequeno erro na nossa interpretação dessa função cerebral é responsável por uma boa parte do fracasso da educação. O sistema-R pode enviar sinais ambientais diretamente às partes do neocórtex que formam padrões neurais de experiência concreta nos nossos primeiros anos. Por intermédio disso, podemos reagir a sinais sensoriais comuns com a nossa inteligência superior, como a interpretação rápida como um raio da logística de um veículo ou projétil que vem em nossa direção e a cronometragem de nossa saída da sua rota. Mas presumir que os símbolos matemáticos ou alfabéticos e as instruções altamente abstratas seguem a mesma rota é um erro crasso. Toda ação simbólico-metafórica deve ser *traduzida* do sistema-R ao neocórtex pelo sistema límbico.[3] Assim, a lembrança daquilo que aprendemos na escola guarda o estado emocional que envolvia a aprendizagem.

Criar a base dessa capacidade simbólico-metafórica é a tarefa principal da primeira infância, e isso ocorre por meio do brincar. Nisso a narração de histórias tem um papel muito importante. A palavra falada tem papel crucial para a criança desde que está no útero. Na hora e no lugar certos, as palavras certas estimulam o cérebro a criar um fluxo correspondente de imagens. Esse ato criador representa um enorme desafio para o cérebro e requer praticamente todos os campos neurais; é por isso que as crianças parecem "catatônicas" quando ouvem uma história. A absorção necessária a esse fluxo de imagens é tão completo que não sobra energia alguma para mais nada. Depois dos 5 anos, mais ou menos, as crianças passam a ser ouvintes mais ativas, pois sua capacidade de criar imagens desse modo já se desenvolveu o bastante para operar com muito menos energia. Já que cada nova história requer uma seqüência inteiramente nova de interações entre os campos neurais, as crianças querem ouvir a mesma história o tempo todo — não para "aprendê-la", pois a maioria das crianças lembra de uma história após ouvi-la uma vez, mas porque a repetição provoca a mielinização dos campos neurais entretecidos exigidos no fluxo de imagens de cada história. Cada nova história exige um conjunto inteiramente novo de conexões e novos campos de reação. Assim, quanto mais histórias e mais repetições, mais campos neurais e conexões entre eles entram em jogo. Quanto mais forte e permanente se torna a capacidade de interação verbo-visual, mais fortes se tornam a conceitualização, a imaginação e a atenção, enquanto o escopo e a flexibilidade das capacidades neurais em geral aumentam. (As escolas Waldorf repetem sabiamente todas as histórias seis ou mais vezes, ou mesmo "convivem" com uma história por vários dias antes de passar a outra.)

Quando os campos de imagens de uma nova história se estabilizam, as crianças, que já não estão absortas na ação, podem afastar-se dessa função e assumir o controle, como no ciclo de competência. Elas estão prontas para reverter o processo: tomar o fluxo de imagens interiores criado por elas mesmas e sobrepô-lo a um estímulo externo apropriado. Elas querem modular seu mundo exterior com uma imagem interior, o primeiro passo para a própria criação. (E veja-se como isso começa cedo.) Contamos e recontamos a nossa filhinha a história dos três ursos enquanto ela fica sentadinha, com os olhos vidrados. Um belo dia, porém, sentamo-nos para jantar e a nossa ursinha diz: "Ah, está quente demais", empurrando para longe o seu "mingau". "Precisamos dar uma voltinha na floresta." E insiste em nos fazer participar de sua brincadeira, levantar-se da mesa e ir dar uma volta, real ou de mentirinha. Ou, depois que conheceu a história dos três porquinhos, uma batida na porta a faz dizer: "Oh, é o lobo mau. Vamos correr e nos esconder." Todos nos tornamos alvos de sua sobreposição de imagens, cumprindo nossa parte no elenco exterior de sua produção interior.

Quando cria um mundo interior em torno da história, extrai sua essência e a aplica a uma situação diferente, a criança fecha a dinâmica. A brincadeira exterior retroalimenta sua concretização no mundo criativo. A ordem implicada da criança torna-se explicada. O "mundo interior" significa a dinâmica límbico-neocortical; o "mundo exterior", a dinâmica entre o sistema límbico e o sistema-R. No brincar, o sistema-R reage a ordens que vêm de cima — padrões que integrarão o sistema tri-uno e o eu egóico — e, com isso, a criança aprende que seu próprio pensamento e sua imaginação podem mudar o seu mundo.

O brincar simbólico segue o mesmo padrão. A criança de 5 anos vê um rolo compressor na rua, compactando o pavimento. Em sua imaginação, ele é o engenheiro de estradas, só que não tem um rolo compressor. Um dia, esse menino encontra no estojo de costura da mãe um carretel vazio, um "rolo compressor"! Então vai brincar com ele por horas a fio, imitando todos os ruídos, dando ordens, exercendo domínio sobre seu mundo particular. Ele extrai dessa experiência concreta do rolo compressor seu objeto de desejo e a reprisa em seu mundo de imagens interiores até que encontra um objeto exterior sobre o qual pode projetar o interior. Sua projeção de imagens interiores preenche o esboço esquemático daquele carretel, que se torna o poderoso rolo compressor, e o menino passa a viver num mundo modulado, criado por ele mesmo.

No analfabetismo funcional, a pessoa consegue "ler" uma palavra, pronunciá-la, e até mesmo escrevê-la corretamente, mas quando se pede o significado dessa palavra num determinado contexto, a resposta é vaga e cheia de hesitação. A palavra escrita, aí, não é senão um contraste entre claro e escuro para o sistema perceptivo, e a fala, uma reação muscular. A compreensão desses sinais significa que o neocórtex deve receber esse sinal de uma forma que lhe seja compatível; isso requer uma capacidade simbólico-metafórica, estabelecida pelo brincar, que equipe o cérebro límbico para ligar o sistema-R e o neocórtex.

Observe-se que a maioria dos personagens das histórias para crianças pequenas são animais humanizados. (Vêem-me à mente os nomes de autores como Thornton Burgess, A. A. Milne, Beatrix Potter e Joel Chandler Harris.) As crianças possuem uma espantosa capacidade de comunicar-se com os animais, sendo os de pelúcia amados tanto quanto as bonecas.[4] A afinidade com os animais é parte integrante da primeira infância porque as estruturas cerebrais que estão sendo desenvolvidas para construir um mundo compartilhado são sistemas neurais compartilhados. Através dos tempos têm surgido inúmeros relatos de "telepatia" entre seres humanos e animais; nós mesmos podemos ter algum caso a acrescentar. O nosso cérebro mamífero é *o* cérebro mamífero.

Ao longo dos séculos, os animais têm representado um papel proeminente, e mesmo crítico, nas mitologias de todas as culturas. Em geral, essas imagens animais são metafóricas, representam seres humanos ou simbolizam características humanas. Tanto na mitologia quanto nos contos de fadas, há um fluido intercâmbio entre as formas animais e humanas. Deixando de lado os altos níveis de simbolismo presentes, observe-se que o belo rei se transforma numa fera terrível e o bonito príncipe, num feio sapo (até que alguma alma dadivosa venha dar fim ao castigo). Nas *Chronicles of Narnia*, de C. S. Lewis, o leão é uma figura messiânica. Em muitos mitos, o rato representa a timidez; o leão, a coragem; a coruja, a sabedoria. Carl Jung ficou fascinado com a recorrência desses arquétipos animais.

Walt Disney representou intuitivamente seus animais humanizados com cabeças desproporcionalmente grandes e sorrisos benévolos. A cabeça grande é uma característica da infância (quando a proporção entre cabeça e corpo é bem desequilibrada), que confere a seus arquetípicos animais humanos um ar de primeira infância e instintivamente joga com a nossa herança ancestral e a nossa reação protetora diante dos mais jovens. Essa intuição não passou despercebida à Madison Avenue. A maior parte da propaganda dirigida à criança pré-lógica usa coelhinhos e gatinhos, assim como as mulheres de biquíni enfeitam a publicidade adulta.

Recentes pesquisas revelam que a maioria dos personagens dos sonhos de crianças pré-lógicas consiste em animais. Esses "animais oníricos" são símbolos ou metáforas das pessoas que estão no cotidiano real da criança. Por volta dos 7 anos, esses personagens-animais desaparecem dos sonhos e são substituídos por seres humanos.⁵ A essa altura, a natureza já finalizou o seu longo processo de desenvolvimento dos dois cérebros animais e já os integrou ao neocórtex, onde o desenvolvimento irá se concentrar daí em diante.

A razão pela qual mais de 90% de todas as imagens oníricas da infância são animais que agem de modo simbólico-metafórico, a razão pela qual a maioria dos personagens das histórias infantis são animais falantes, e o cruzamento entre homens e animais é uma questão central nos mitos e contos de fadas está, então, na nossa estrutura tripartite: cada cérebro herda a sua própria agenda. Embora sejam remodelados quando colocados a serviço do seu superior na escala da evolução, eles precisam estabelecer-se de acordo com sua própria agenda genética. Não é fácil descartar milhões de anos de codificação genética. A transformação do inferior em superior só é possível depois que o primeiro tem condições suficientes de ser transformado, como deveriam lembrar os educadores de mentes e espíritos.

As atuais pesquisas indicam que compartilhamos 98% de toda a codificação de cromossomos com os primatas superiores. Esse diferencial de 2% que temos parece pequeno, mas nos proporciona um salto de anos-luz adiante dos nossos primos. Entretanto, precisamos ter uma base sólida para esse salto, e ela está nos 98% compartilhados.⁶

Portanto, o Papai Urso, falando com autoridade trajando terno e bengala, é compatível tanto com os nossos sistemas animais ancestrais quanto com os nossos sistemas humanos superiores. A imagem serve para ligar dois mundos, como faz a metáfora. Acrescente-se a isso a força da linguagem, que incute humanidade no urso e abre o terreno para o uso superior abstrato da linguagem anos mais tarde.

No brincar de imitação, a criança vê a mãe fazendo bolo e quer participar. A tigela e a colher são grandes demais e estão acima dela; então ela vai, pega a tampa de uma jarra e um palito, coloca um pouco de lama ou areia na tampa e mistura com o palito, repetindo todas as palavras esperadas de quem faz um bolo. Dois atos metafóricos principais são aqui executados: o bebê representou um ato exterior com uma imagem interior e então o transferiu para objetos acessíveis (tampa de jarra, palito, lama), que ele pode manipular. Esse ciclo do exterior para o interior e de novo para o exterior integra a transferência de imagens ao sistema tri-uno.

Portanto, o pensamento simbólico-metafórico desenvolve-se por meio das histórias, da dramatização dos personagens e da representação de uma coisa por outra, como quando a caixa de fósforos se transforma na cama ou no caminhão, ou o alfinete de segurança, na boneca ou no foguete. Ao longo desse período, a criança fala constantemente e em voz alta (se lhe for permitido). Lembre-se de que toda linguagem inicial é concreta — as palavras são uma parte estrutural de um padrão neural relacionado com as coisas. Quando a palavra é dita, a imagem do objeto correspondente é de algum modo reconstruída; se não estiver presente aos cinco sentidos, é criada interiormente. No brincar, o próprio discurso da criança entra na construção do mundo interior.

Não há colapso da lógica no brincar infantil. A criança sabe perfeitamente que o carretel não é um carro nem um caminhão; está admirada pelo fato de o carretel dar um carro tão bonito. Do mesmo modo que o físico usa "h" para representar a Constante de Planck para que possamos "ver" como o mundo interior do átomo funciona ou como o poeta usa uma metáfora (o lago é uma safira) para nos fazer ver algo sob uma nova luz, a criança nos mostra a caixa de fósforos caindo aos pedaços e diz: "Veja como meu barco é bonito." Isso é ver com criatividade, em vez de passividade, a capacidade que William Blake e outros retiveram por toda a vida e cultivaram até transformar numa arte refinada.

Toda e qualquer forma de brincar é um exercício de pensamento simbólico-metafórico, a base da erudição e de todos os estudos mais avançados. Um símbolo matemático abstrato como $E=MC^2$ não tem em si nenhum sentido. Só "vemos" o que algo significa se conseguirmos manipular essa imagem num nível mental. Como disse George Franklin, "a metáfora e o símbolo podem funcionar vertical e lateralmente", ligando os três reinos da mente ou funcionando dentro de qualquer um deles individualmente. "A metáfora pode estar a serviço do nível causal, construindo conexões laterais entre imagens geométrico-arquetípicas, como as do *Paraíso* de Dante. No seu sentido mais sublime, o simbolismo geralmente tem um aspecto causal e pode tornar-se um só com uma fonte numinosa" — isto é, participar da criação.

Por volta dos 7 anos de idade, deixamos o mundo dos sonhos e passamos a uma visão objetiva do mundo físico. Nossas primeiras formas básicas de transferência devem ser plenamente estabilizadas, deixando-nos livres para ir além delas. Embora essas primeiras funções sejam posteriormente sobrepostas por formas muito mais sofisticadas, deixando para trás o Papai Urso, precisamos lembrar o quanto ele é importante para a nossa base. Nossa reação muscular aos fonemas no útero, embora microcinética e invisível, é a base de Shakespeare, do *Bhagavad Gita*, da Canção de Salomão. A evolução é isso. As bases são, elas próprias, estruturas; no entanto, só são construídas para serem recobertas e superpostas com estruturas superiores, e não há superestrutura possível sem a sua base.

Depois dos 7 anos, as histórias, como as brincadeiras, mudam. Os animais são só animais para essa nova criança, que quer histórias em que animais e seres humanos se relacionem. As histórias de magia, mistério e seres excepcionais são também muito cotadas, e a criança brinca de ser as figuras fantásticas ou de representar o herói-modelo. Para a criança, a realidade é tudo aquilo em que a transformamos. Aos 9 anos, com um esfarrapado chapéu de caubói, um revólver de compensado — cujo tambor era um carretel cortado ao meio — e um coldre feito com os restos do forro de um velho banco de automóvel amarrado na cintura, eu me transformava em gente como Buck Jones e Tom Mix, os gigantes do faroeste que eu via na tela, sentado com a boca aberta nas tardes de sábado, na semana em que tinha a sorte de ganhar os dez centavos que custava o ingresso, caríssimo.

Esses heróis e os personagens das histórias que eu lia e que liam para mim definiram os parâmetros de minhas possibilidades. E minhas possibilidades pareciam-me infinitas, inesgotáveis; por mais escassas que as coisas fossem no mundo da Depressão da década de 30, nosso mundo interior era maravilhoso; nosso futuro, ótimo. Tínhamos esperança. Nossa lógica de 9 anos de idade era fluida, ambígua, indeterminada: "Pá! Pá! Matei você!"; a queda dramática do atingido pela bala; a ressurreição imediata para outra rodada. (Assim nós também lutávamos, da melhor forma possível, com o conceito da morte, que se articula por volta dessa idade.) Nós nos identificávamos com o nosso modelo e fazíamos a representação, preparando-nos para seguir para o mundo adulto como pessoas integradas e inteiras.

Os competitivos jogos coletivos não têm nada a ver com esse segundo momento da infância. Nas brincadeiras infantis, todos ganham e, como Bruno Bettelheim deixou claro, nenhuma criança *deveria* jamais ter de perder.[7] Tudo o que essa segunda criança aprende perdendo é a tornar-se uma perdedora. O ganhar e o perder aparecem espontaneamente mais tarde e servem a diferentes funções. O brincar, para essa nova criança, é fluido, solto, não-estruturado e aberto. Brincamos de esconde-esconde, de pique, de polícia e de ladrão enquanto fazemos a transição para operações formais aos 11 anos, quando o foco na organização, a estrutura formal do brincar com regras e regulamentos, é um dos principais interesses. Na minha época, aos 11, 12 anos, a paixão era jogar beisebol ou futebol na quadra do bairro. A simples divisão justa dos times tomava uma parte desproporcional do tempo do jogo, pois a justiça era uma questão de absoluta importância. Os jogos em si dividiam-se em ação e discussão acalorada e frenética sobre aquela ação: "Você está fora!", "Não estou!", "Você está sendo injusto!"

Esse jogo da criança de 11-12 anos baseia-se num princípio preponderante: o autocontrole, cujas razões em breve se tornarão evidentes. As irrestritas possibilidades da segunda infância dão lugar às organizações coagidas, regidas por regras, da criança da fase final da infância, pois a puberdade está próxima: a adolescência, que leva a criança a tornar-se um membro efetivo da sociedade; a sexualidade, que possibilita à criança tornar-se o pai/a mãe — responsabilidades que exigem o máximo autocontrole. Nós nos reuníamos na quadra para negociar as regras e os regulamentos de conduta como time, grupo, sociedade, os quais são todos altamente dependentes de nossa aceitação voluntária dos parâmetros impostos pela necessidade grupal, a aceitação de bom grado do autocontrole em nome da comunidade como um todo. Abdicando de nossas liberdades individuais, inocentes, oníricas e mágicas, em função do grupo social, exigimos também que esse grupo seja justo e eqüitativo. Assim, passamos metade do tempo discutindo ardorosamente a justiça e metade jogando — mas *tudo* é igualmente jogo; transformamos um primitivo "instinto gregário" compartilhado com todos os mamíferos nos instintos sociais e nas impressionantes dimensões da civilização humana. Nesse último período da infância, são cruciais os grandes mitos, as lendas heróicas e as biografias de grandes vultos históricos, com suas sagas de sacrifício, virtude e contenção, tolerância e superação de grandes obstáculos.

Aos 11 anos, já não podemos mais nos dar o luxo de ver tudo como possível. Os parâmetros abertos da infância se fecham para a disciplina das operações formais: a aprendizagem do "corpo de conhecimentos" da nossa cultura, as aprendizagens seletivas, disciplinadas que chamamos educação superior. A natureza nos prepara para isso por meio do brincar infantil, que nos permite entrar na fase seguinte com alegria e emoção.

CAPÍTULO 19

O Fim da Brincadeira

Além de desenvolver a inteligência e integrar a nossa natureza tri-una, o brincar prepara-nos para a educação superior, para o raciocínio criativo e a participação e manutenção de uma estrutura social, ajudando-nos a preparar-nos para nos tornarmos bons pais e mães quando chegar a hora. O brincar é a própria força da sociedade e da civilização; um colapso na capacidade de brincar se refletirá num colapso da sociedade. Somos uma espécie forte, resistente; nossa capacidade de compensar danos é enorme. Nossos filhos conseguiram compensar o nascimento no hospital e a subseqüente ansiedade da separação das creches e seu abandono. Só que a criança não consegue compensar a partir de um certo ponto, e nós passamos desse ponto há anos. Dez anos depois de começarmos a separar sistematicamente os bebês das mães nos hospitais, eliminando o vínculo e rompendo com o desenvolvimento da dinâmica entre o sistema límbico e o coração, criamos a televisão. O principal dano provocado pela televisão tem pouca relação com o conteúdo: seu dano é neurológico e talvez o mal que nos causou seja mesmo irreversível.[1]

Em primeiro lugar, na maioria dos lares, a televisão substituiu a narração de histórias. O rádio, que era um narrador de histórias, tornou-se apenas uma caixinha de música.[2] Quando a televisão é criticada, seus apologistas lembram advertências semelhantes, feitas quando o rádio entrou em cena no início do século. Mas o rádio, como um eterno narrador de histórias, deflagrou a imaginação de uma geração — à qual, aliás, ajudou a dar origem — cuja criatividade mudou a face da terra (para melhor ou para pior). A televisão, por sua vez, já está entre nós há muito mais tempo que o rádio havia estado quando ela foi criada, e sua programação vem decaindo a uma velocidade vertiginosa, pelas mesmas razões que nos prejudica.

A televisão substituiu também a conversa entre os membros da família. A refeição feita na bandeja diante do aparelho de TV substituiu a mesa de jantar e seu bate-papo cativante. Carol Gilligan lembra como as avós costumavam sentar-se para contar as histórias de sua infância a uma platéia de netos embevecidos.[3] Aquela fantástica série de livros de Laura Ingals Wilder nasceu das "histórias de seus pais e avós". Gilligan viu nisso uma necessidade essencial das avós (uma recapitulação que preenchia suas próprias vidas), mas as histórias da vovó atendiam a várias necessidades: proporcionavam uma continuidade entre as gerações, davam às crianças uma noção de História e estabeleciam um *continuum* no que se refere ao sentido da vida. Ouvi tanto as histórias da minha avó quanto as do meu avô, contadas diretamente por eles ou pelos meus pais. E sabia como havia sido a infância da minha mãe, assim como a do meu pai, por causa de suas reminiscências, que nos deixavam encantados nas noites de inverno ou nas reuniões em volta da mesa. Eu conseguia ver meu pai menino no rio, em Milan, Tennessee, claramente — mas tão claramente que aquelas imagens que se formavam na minha mente enquanto ele contava suas histórias ainda brilham tão vívidas que eu as confundo com as da minha própria meninice. Vejo-o garotinho, matando aula para brincar com os barquinhos, portos e molhes que ele mesmo fazia; na noite em que ele os esqueceu e o rio subiu e destruiu tudo, parecia que a perda havia sido minha. A infância da minha mãe foi interpretada em imagens tão nítidas que as duas últimas décadas do século XIX tornaram-se para mim o mesmo que a década em que eu vivia. As histórias que as minhas duas avós tinham para contar eram bem menos amenas, tinham que ver com a necessidade de fugir dos exércitos ianques durante a Guerra Civil e tornavam aquele conflito extremamente concreto, minha própria luta. Ao transmitir suas histórias, eles nos deram tradição, continuidade, lugar e sentido. Sabíamos quem éramos e de onde vínhamos, nossas vidas tinham importância, dramaticidade, sentido. Minha filha me pede: "Conte pra mim como era quando você era pequeno", e nunca se cansa de me ouvir (mesmo com as minhas repetições e exageros).

Em segundo lugar, com a entrada em cena da televisão, os pais passaram a brincar mais raramente com os filhos. Todos começaram a sentar-se diante do aparelho, e isso contribuiu para fazer desaparecerem até as brincadeiras entre irmãos. Assim, não se desenvolveu nenhuma capacidade para a brincadeira nem para a formação das imagens que a acompanham. A Nintendo não substitui, nem pode substituir, o brincar cheio de imaginação.

Em terceiro lugar — talvez o mais importante — a televisão inunda de imagens o cérebro do bebê e da criança justamente no momento em que esse cérebro deve aprender a formar imagens interiores. A narração de histórias propicia um estímulo que provoca uma reação de formação de imagens que envolve cada aspecto do nosso sistema tri-uno. A televisão propicia ao cérebro do bebê e da criança *não só* o estímulo *mas também* a reação, como um efeito emparelhado e único, e aí é que está o perigo. A televisão enche o cérebro com uma reação falsificada, que imita aquela que ele deve aprender a mostrar diante dos estímulos das palavras e ou da música. Em decorrência disso, elimina-se boa parte do acoplamento estrutural entre a mente e o ambiente; desenvolvem-se poucas imagens metafóricas; entram em cena poucas áreas corticais superiores; desenvolvem-se poucas — se é que se desenvolvem — estruturas simbólicas. $E=MC^2$ será apenas um desenho no papel, pois não haverá nenhuma capacidade metafórica de transferir esses símbolos ao neocórtex para conceituação nem, posteriormente, nenhum desenvolvimento do seu principal objetivo, que são os sistemas simbólicos conceituais.

Um efeito igualmente insidioso é a habituação — a condição natural de nossos dois cérebros animais e sua reação integrada à "informação concreta".[4] Incapazes de adaptar-se ao novo, esses sistemas primitivos o evitam. Eles só buscam estímulos compatíveis e só se sentem "à vontade" com os aportes familiares — a menos que comandados pela busca do novo, característica do neocórtex. Lembre-se de que a nova história contada à criança mantém ocupada a maioria dos campos neurais, conectando os três sistemas a fim de criar um fluxo de imagens novas compatível com o novo estímulo. A repetição promove a mielinização e estabiliza a ação criadora. Esse padrão imagético torna-se parte integrante do sistema neural, quando então é interpretado no mundo exterior, parte dos mapas de referência geral necessários num mundo em expansão. Observe-se que cada nova história requer todo um novo conjunto de padrões para acomodar os novos estímulos, exigindo continuamente a absorção de todos os três cérebros. Desafiado mais uma vez, o cérebro continua aumentando o número de campos neurais necessários aos fluxos de novos padrões imagéticos.

Por outro lado, a televisão — como fonte de uma imagem que se emparelha a um som — pode ser assimilada por um único conjunto de campos neurais. Os mesmos campos neurais, inicialmente desgastados por processar esses estímulos emparelhados, podem assimilar todos os estímulos posteriores pertencentes a essa mesma ordem. Cada vez que uma determinada fonte deflagrar um estímulo, um campo específico reagirá. Observe-se que *nos habituamos à televisão com poucos minutos de observação*, desde a primeira exposição — já que não é preciso nem possível emitir nenhuma reação criativa a esses estímulos. Essa reação já é parte do estímulo que está sendo deflagrado. Na verdade, isso significa que aquelas seis mil horas de televisão que a criança norte-americana típica já assistiu quando chega aos 5 anos de idade poderiam muito bem ter sido o mesmo programa.

Recentemente, mostraram-se a grupos de crianças de 5 e 6 anos de idade vários programas de TV destinados a essa faixa etária. Para esse experimento, o áudio foi mudado para que o som não correspondesse à imagem em nenhum dos programas exibidos. As crianças não reconheceram a discrepância.[5]

A razão é que o cérebro se habitua a uma única fonte de estímulos; a qualquer repetição desses estímulos, independentemente de sua aparente variedade, processos autônomos primários assumem o comando. Portanto, a natureza do estímulo — o programa — não vem ao caso (e, depois, falam maravilhas das informações e dos programas educativos que costumam ser propostos para essas seis mil horas...).

A habituação também apazigua o cérebro, colocando-o para dormir, uma vez que o estímulo já traz em si próprio a reação cerebral. Assim, não se exige quase nenhuma energia do cérebro, enquanto a mente é ocupada para que nenhum outro estímulo seja buscado.[6] Isso indica, mais uma vez, que a habituação é uma reação reptiliana primária. Paul MacLean mostra que o sistema-R assume todos os padrões físicos aprendidos do neocórtex. Depois que consegue lidar economicamente com uma fonte, o sistema-R não precisa continuar transmitindo os sinais para os sistemas superiores. Com a rápida substituição de imagens, a aparente novidade da programação engana o aspecto do neocórtex dedicado a buscar o novo. Junto com a habituação, isso nos faz ter dificuldade de dar as costas à TV mesmo quando odiamos o programa que está sendo exibido.[7]

O não-desenvolvimento das imagens significa a falta da imaginação. Isso é muito mais grave que a incapacidade de devanear. Significa crianças que não conseguem "ver" o que significam o símbolo matemático ou as palavras semânticas, nem as fórmulas químicas, nem o conceito de civilização conforme o conhecemos. Elas não conseguem compreender as sutilezas da Constituição ou da Declaração dos Direitos Humanos e ficam altamente entediadas (com toda razão) com abstrações desse tipo. Essas crianças só conseguem perceber aquilo que bombardeia diretamente o seu sistema físico e, sem esse bombardeio, ficam inquietas e pouco à vontade. Sofrendo de privação sensorial, elas deflagram o estímulo por meio da movimentação constante ou da interação intensamente verbal umas com as outras — o que em geral é erroneamente tomado por precocidade, mas na verdade é uma hiperatividade verbal que preenche as lacunas dos bombardeios a que elas se habituaram.

A criança norte-americana típica assiste seis mil horas de televisão antes de chegar ao quinto ano de vida. Nesse momento, que deveria ser o apogeu de seu onírico mundo de brincadeiras, nós a colocamos na escola, impedimos o movimento corporal (a maior parte da aprendizagem intencional nessa idade é sensório-motora) e exigimos que ela lide com sistemas altamente abstratos e simbólicos (alfabéticos e numéricos), para os quais a maioria das crianças não tem nenhuma estrutura neural. Impelidas pela natureza para obedecer a seus modelos, elas tentam e não conseguem. Sua auto-estima entra em colapso; o fracasso e a culpa dão lugar à raiva. Mesmo depois que começam a freqüentar a escola, elas mantêm intacto o número de horas que gastam diante do televisor. Aí passam mais tempo que na escola, e o tempo nacional diário dedicado a assistir TV aumenta ano a ano.

A falta de capacidade de formar imagens interiores deixa sem uso a maior parte do cérebro. A criança que não consegue imaginar não só não consegue aprender, mas também não tem perspectiva em geral: como não consegue "imaginar" uma situação interior para substituir a exterior, ela se sente vítima do ambiente. Um recente estudo mostrou que as crianças que têm pouca imaginação são muito mais propensas à violência que as crianças imaginativas, pois não conseguem imaginar uma alternativa quando a informação sensorial imediata é ameaçadora, ofensiva, desagradável ou pouco compensadora. Elas atacam tudo o que é desagradável com a atitude defensiva típica do sistema-R, ao passo que as crianças dotadas de imaginação podem pensar numa alternativa, isto é, criar imagens que, não estando presentes ao sistema sensorial, lhes forneçam uma saída. O verdadeiro brincar é a capacidade de brincar com a própria realidade. Assim a imaginação confere força, flexibilidade, resistência e a capacidade de abrir mão da gratificação imediata em função de estratégias de longo prazo.

Quarenta anos atrás, junto com a epidemia das creches e da televisão, um novo fenômeno explodiu no cenário norte-americano: a loja de brinquedos. Até esse momento, a criança norte-americana típica tinha, no máximo, cinco brinquedos. Lembro-me de cada um dos meus; eles eram preciosos. O Natal, a única ocasião em que nós ganhávamos brinquedos, era quase uma época emocionante demais. Meu trenó era de segunda mão, mas durou minha infância toda. Meu caminhão era novo e foi, dos meus 5 aos 12 anos, um dos itens mais importantes. Meus patins eram novos e duraram até meus 14 anos. Dei-lhes bastante uso. (Um par novo custava US$0,79, que eram um bom dinheiro.) Comprei, por US$2,87, minha bicicleta quando tinha 11 anos, uma velha relíquia para a qual economizei por dois anos. Ela durou até meus 14 anos, quando saí de casa. Eu não sabia o que era a palavra "tédio" até entrar para o exército durante a II Guerra Mundial. Durante minha infância, jamais vi uma criança entediada. Havia muito, mas muito o que fazer, apesar de termos só alguns brinquedos.

Se o bebê de hoje vir a mãe fazer um bolo e quiser cozinhar também, não vai usar tampa, palito nem lama, como se fosse algum primitivo. É provável que ele tenha uma cozinha de brinquedo, a miniatura perfeita, com eletrodomésticos a pilha e tudo mais. Quando o garoto de 5 anos vê o rolo compressor, não precisa procurar um velho carretel: a gigantesca indústria de brinquedos lhe dá um rolo compressor completo, a pilha, exatamente igual em todos os detalhes ao real, para que a criança assista passivamente — como assiste quando o rolo compressor é anunciado na TV. As crianças são sufocadas com objetos que não representam alguma coisa; já são essa coisa. Elas não precisam mais enrolar um pedaço de pano para fazer uma boneca; nossas filhas têm prateleiras e mais prateleiras cheias de bonecas de todos os tipos — bem-feitas, quase reais, *sexy*; possuem mesmo todos os órgãos para uma precoce sofisticação, se você quiser. Onde está a aprendizagem simbólico-metafórica ou o mundo onírico em que a criança, brincando, representa o adulto?

O próprio brinquedo eletrônico que faz tudo ao apertar de um botão cria a habituação. O tédio sobrevém imediatamente; o que teremos agora? Mesmo quando brincam com esses objetos, as crianças geralmente só repetem as imagens transmitidas pela televisão. Quando se identificam com as crianças que brincam com o mesmo brinquedo na TV, sentem alguma autenticidade grupal, algo que nenhuma outra coisa lhes proporciona. A televisão, é claro, é o veículo para a venda desses brinquedos, que passam então a representar as imagens transmitidas, sufocando o jovem cérebro, reforçando o estímulo da televisão mesmo quando ela está ausente.

Os cerca de 30% de crianças norte-americanas que ainda conseguem aprender alguma coisa na escola são formados por aquelas crianças cujos pais leram histórias e brincaram com elas. Mas isso, geralmente, é um acréscimo à TV e a montes de porcarias de plástico — o que mostra quão pouca atenção basta para se alimentar o cérebro e desencadear sua criatividade. Por outro lado, a tela impede o desenvolvimento neural e seu conteúdo afeta o comportamento. Já antes de 1963, estudos haviam mostrado a existência de uma correspondência direta entre o conteúdo da televisão e o comportamento. A violência observada na TV produz comportamento violento nos jovens. Todos sabem disso. Só que depois que se está habituado à violência como estilo de vida, qualquer coisa que não chegue a tanto se torna chata. Existem dezesseis atos de violência por hora nos programas infantis e apenas oito nos programas para adultos.[8] Antes de chegarem à adolescência, nossos filhos já viram aproximadamente dezoito mil assassinatos violentos na televisão, seu critério básico para distinguir o que é "de verdade". A vida é mostrada como dispensável e barata, e no entanto nós os condenamos por agir com violência.

Um último ponto que precisa ser mencionado nesse desfile de interferências intelectuais sobre a inteligência da infância é de menor gravidade, mas também provoca seu efeito. No último capítulo, mostrei como o brincar na pré-puberdade e início da adolescência girava em torno do conceito de *nós*, ação grupal, e da necessidade de autocontrole em *nosso* nome — do time, do clube ou organização. O que me interessa aqui são os jogos de futebol, beisebol e outros que praticávamos em nossa rua. Algum tempo depois da II Guerra Mundial, a sociedade de repente ficou sem lugar para as crianças: as ruas tranqüilas de nossa infância se encheram de carros a toda velocidade; ergueram-se muitos novos bairros sem calçadas; os quintais passaram a ser símbolos de *status*; e a brincadeira infantil foi relegada a parques, sob a supervisão de instrutores profissionais. A segurança das crianças tornou-se a principal preocupação. A brincadeira supervisionada substituiu a brincadeira infantil. Nossos critérios e julgamentos pessoais, ardorosamente defendidos, começaram a ser substituídos pelas regras, regulamentos e decisões dos adultos.

Pode-se ver o ápice dessa intromissão adulta na infância na Little League, liga que promove torneios de beisebol infantil. Acabou-se a chance de escalar os times, lutar por justiça, discutir as regras e as infrações, negociar calorosamente as decisões. Tudo começou a ser administrado pelos adultos: eles passaram a criar os times e a fornecer os uniformes — que, evidentemente, logo estavam ostentando a propaganda dos "patrocinadores". Os adultos ditam as regras e regulamentos e fiscalizam seu cumprimento, eles têm a última palavra; as crianças ficam lá, de cara amarrada, enquanto os pais, proferindo impropérios das laterais do campo, gritam pela vitória a qualquer preço. Ganhando ou perdendo, essa nova criança carrega nos ombros o time, o patrocinador, os pais e a imagem social. Insidiosamente, a Little League se foi voltando para crianças cada vez mais jovens até que hoje vemos os pirralhos marchando compenetradamente, todos paramentados pelos patrocinadores, para dar início a uma batalha contra o inimigo. O que ainda poderia ter restado do espírito da brincadeira depois da televisão foi massacrado pela Little League e outras ligas de esporte organizado, impondo uma forma adulta e seriíssima de competição, de vida ou morte por algo que já foi um verdadeiro brincar. Acabou-se a inestimável aprendizagem social, o autocontrole e a capacidade de decisão.

Existem muitas outras facetas no atual colapso da infância. Toquei apenas rapidamente na questão, mas uma coisa é certa: nossas escolas degeneraram porque precisam lidar com bens danificados. O maior responsável por esse dano é o parto hospitalar; o segundo é a televisão. Em seguida vem a creche, que fomenta a televisão e é resultado do parto hospitalar. Em quarto lugar está a entrada prematura na escola. (É preciso aguardar um pouco para discutir o quinto responsável.) E, à medida que nossos lesados filhos crescem e se tornam pais e professores, o dano será a norma, o modo de viver. Nós nos habituaremos a ele. E nada mais se saberá. Como é que você pode perceber a falta de algo que não consegue sequer reconhecer, algo que nunca teve?

CAPÍTULO 20

Operações Concretas

Piaget observou que o desenvolvimento vai "do concreto ao abstrato", o que significa: do nosso conhecimento da matéria para o nosso conhecimento do processo mental. Muito antes de o mundo concreto estar plenamente formado, a criança sobrepõe imagens interiores a objetos exteriores, vendo na caixa de fósforos um barco etc. Agora, aos 7 anos de idade, com uma estrutura de mundo completa, a criança pode dar um passo além e, na verdade, fazer um objeto concreto mudar para conformar-se a uma idéia interior. Piaget denominou esse processo de pensamento operacional concreto.

Agimos dessa forma sobre os objetos por meio do uso de um processo físico contra ou em conjunção com outro ou, em circunstâncias excepcionais, diretamente, sem mediação. As operações não-mediadas são sempre exceções à regra, bastante aleatórias e essencialmente semelhantes às verificadas nos idiotas-sábios. Em 1983, por exemplo, John Hasted, físico e matemático da University of London, publicou um estudo baseado em dezenas de crianças, cuja média de idade era de 9 anos, que conseguiam, em condições adequadas, dobrar objetos metálicos simples sem tocá-los.[1] Em 1982, no Robert Monroe Institute, da Virgínia, 25 pessoas (entre as quais eu me encontrava), com idades variando de 5 a 70 anos, sentadas em círculo e, sob a orientação de um coronel do exército dos Estados Unidos, dobramos aço inoxidável, dando-lhe várias formas simplesmente tocando-o. As crianças logo ganharam a dianteira naquela noite, dando nós nas facas, enrolando os cabos das colheres sobre as conchas, dobrando em duas as conchas das colheres. Um menino de 5 anos fez seu pesado garfo retorcer-se numa apertada espiral, dos dentes ao cabo, diante de nossos olhos. Nós, os adultos, conseguimos fazer o mesmo logo depois.

Um físico da University of Melbourne dobrava barras de metal colocadas dentro de frascos de vidro vedados. As espectrografias feitas demonstraram que o aço assim dobrado possuía uma estrutura químico-molecular diversa da existente no mesmo metal não-dobrado ou dobrado por pressão mecânica. Ao investigar a interação entre mente e matéria e descobrir que pessoas comuns podem influenciar aparelhos eletrônicos de formas classicamente "impossíveis", Robert Jahn declarou que precisamos "reescrever as leis da física". Na década de 70, Bryan Josephson, físico ganhador do Prêmio Nobel, presenciou barras de aço serem dobradas ou desaparecerem completamente, para depois reaparecerem em outra sala do laboratório, quando colocadas a cerca de 3,5 metros de um garoto inglês. Conectado a um eletroencefalógrafo (aparelho que registra a freqüência cerebral) e cercado por uma dúzia de físicos e psicólogos, esse menino, Matthew Manning, foi submetido a várias semanas de testes, levando Josephson a anunciar que teríamos de "reescrever" as leis da física.[2] Manning foi levado à University of Toronto, onde o Dr. Joel Whitten trabalhou com ele, sempre ligado ao eletroencefalógrafo, durante seis semanas. No momento de cada evento não-ordinário, o aparelho mostrava um pico de atividade no sistema-R e no cerebelo de Manning.[3] Isso é intrigante, à luz do que sabemos do sistema-R e da alegação de Sir John Eccles de que o cerebelo é a "sede da mente".

Recentemente, Michael Sky fez um notável relato de seus vários anos de experiência guiando grupos em "caminhadas sobre brasas", isto é, caminhadas sobre leitos de carvões em brasa com mais de doze metros de extensão. Algumas pessoas caminham tranqüilamente, de um lado para outro, sentam-se ou até se deitam nesses leitos de carvão ardente. De vez em quando, alguém se queima, mas nunca é nada grave. Aparentemente, depois dessa experiência sobrévem uma mudança fundamental na atitude pessoal.[4] Em Sri Lanka, a situação é ainda mais incrível. Em dois de meus livros anteriores, citei estudos científicos sobre as caminhadas sobre brasas realizadas por lá, as quais constituem uma prática milenar em honra de Kataragama, um deus local. Os caminhantes são cuidadosamente selecionados pelos sacerdotes do templo e preparados durante três semanas. A caminhada ocorre no pátio central do templo de Kataragama. A cova em que são colocados os carvões, de 1,8 metro de largura por seis metros de comprimento, produz calor suficiente para derreter alumínio por contato. Quem assiste não consegue chegar mais perto que seis metros, nem que seja por breves instantes. No entanto, todo ano centenas de pessoas caminham sobre esses carvões; algumas correm, outras passeiam e sentam-se, algumas das mulheres colocam punhados de carvão em brasa no cabelo e no rosto sem o menor sinal de incômodo ou queimadura. Porém, a cada ano uma média de 3% dos interessados não consegue, e a maioria deles morre, apesar da intervenção de ajudantes com longos ganchos de madeira que tentam puxá-los para fora da cova. A roupa de algodão usada não queima nem fica chamuscada, exceto no caso desses 3%, cujas roupas e cabelos pegam fogo no momento em que eles falham. A revista *The National Geographic* fez um ensaio fotográfico de uma cerimônia semelhante, também dedicada a Kataragama, numa casa particular. Era uma cerimônia amadora, e assim o calor era menos intenso. Apesar disso, os pirômetros óticos registravam mais de 1.250°C no interior e quase 750°C no exterior, o que deveria ser quente o bastante para qualquer divindade.[5] (A bagana de um cigarro queima a 750°C.)[6]

Esses breves exemplos de operações concretas não-mediadas não são do tipo que está nos livros, mas demonstram nosso potencial de intervenção no mundo. Podemos passar bastante bem sem esses esoterismos, mas não podemos deixar de desenvolver o tipo listado nos livros-texto. Por volta dos 6 ou 7 anos de idade, quando chega ao fim o desenvolvimento do sistema límbico e do sistema-R, o neocórtex passa a ser o foco do desenvolvimento. A natureza proporciona outro grande pico de crescimento cerebral para acomodar as novas inteligências que começam a desabrochar. Lembre-se que o cérebro da criança de 6 anos tem dois terços do tamanho de um cérebro adulto, com um total de conexões neurais e campos disponíveis entre cinco e sete vezes maior do que na primeira infância ou na idade adulta. A natureza fornece material em abundância para os vastos potenciais disponíveis nas novas operações.

Um dos exemplos clássicos (e prudentemente acadêmicos) do pensamento operacional de Piaget é a Lei da Conservação, que as crianças pré-lógicas não conseguem apreender, mas as de 7 anos, sim. Pegue uma garrafa de meio litro comprida e fina e outra, também de meio litro, baixa e bojuda, e demonstre que elas contêm a mesma quantidade de líquido. A percepção prática das crianças pré-lógicas lhes diz que "a comprida tem mais" e não adianta encher e esvaziar as garrafas que elas não se convencem. Sua explicação "mágica" — "uma parte simplesmente desaparece" quando se esvazia a comprida na baixa ou "simplesmente aparece mais" quando se esvazia a baixa na comprida — é suficiente para seu bom senso pré-lógico. Com a passagem às operações concretas por volta dos 7 anos, o sistema conceitual recém-aberto automaticamente corrige o sistema perceptivo. As crianças reconhecem que o líquido se "conserva", que permanece o mesmo apesar das aparências. A mesma lógica se aplica automaticamente a situações semelhantes.

Assim, para agir na realidade concreta dificilmente é preciso ser esotérico: misturar farinha, manteiga, açúcar e ovos e ver os resultados saírem do forno como bolo é uma operação concreta muito prática e desenvolvimentista. Com isso, a criança que atinge a segunda infância descobre como mudar a natureza da informação concreta de acordo com um plano abstrato — e está ávida para fazê-lo. Mesmo o brinquedo de armar fornece oportunidade para operações concretas. Usamos o pensamento operacional quando "vemos" como um determinado aparelho funciona ou como uma tarefa mecânica deveria ser cumprida. Nossas ciências, tecnologias e artes gráficas são essencialmente operações concretas, algumas a serviço de um pensamento formal mais avançado, que discutiremos no próximo capítulo.

O período entre os 7 e os 11 anos de idade é o momento ideal para "fazer as coisas e cantar", como proclamou ser seu objetivo de vida a minha filha de 7 anos. Fazer música — como nos jogos em que é preciso movimentar o corpo e cantar apresentados em *Education Through Music (ETM)*, do Richards Institute — é algo que combina as primeiras brincadeiras infantis e as operações concretas. A obra é uma excelente publicação, pois cria um estado de espírito aberto à aprendizagem. A brincadeira espontânea — fazer coisas e cantar, envolver-se com o cotidiano e ter, ao mesmo tempo, a imaginação a mil — mantém abertas as opções, utiliza os novos campos neurais e é a educação perfeita para esse estágio intermediário. Margaret Mead disse certa vez que nenhuma educação funcionaria se não fosse baseada na arte. Isto é, na arte não como disciplina a ser ensinada, mas como a forma pela qual tudo deve ser abordado. As escolas Waldorf baseiam a educação na arte, e o Workshop Way, de Grace Pilon, é a própria arte. As crianças de Nyack, da New York's Blue Rock School e da Sudbury Valley School, de Massachusetts, aprendem por intermédio da arte, da brincadeira e da exploração.[7]

Forjar uma representação concreta a partir de uma idéia ou sensação puramente mental é o núcleo do pensamento operacional. Com uma capacidade neural infinitamente aberta, as crianças entre 7 e 11 anos de idade não têm limitações e consideram todas as possibilidades igualmente válidas. O único requisito é o imperativo da natureza: que recebam ambiente e modelos culturais apropriados. Ernest Hilgard observa que, na segunda infância, a criança se torna profundamente sensível às sugestões referentes às possibilidades pessoais. Em quase todos nós, essa suscetibilidade à sugestão atinge o pico por volta dos 11 anos e se encerra por volta dos 14 anos. Sugestões sutis, implicações e até mesmo idéias vagas dos pais, colegas ou crianças mais velhas acerca de quem somos e quais são ou deixam de ser as nossas possibilidades afetam-nos profundamente então. As crianças captam as crenças e idéias dos adultos a respeito da sociedade, sejam estas expressas ou não, e automaticamente as refletem. Por menos que se possa perceber, suas ilimitadas possibilidades de novos padrões de concepção e percepção serão limitadas pela natureza de seus modelos.

Dobrar objetos sem tocá-los, caminhar sobre brasas ou outras demonstrações de "mente sobre matéria" não são resultantes do desenvolvimento — não se pode *fazer* nada com elas nem melhorar seu caráter aleatório. Porém elas continuam sendo operações concretas e estritamente biológicas. Lembre-se que o hemisfério direito possui uma conexão neural muito mais forte com o sistema límbico que o esquerdo e que a linguagem concreta se faz a partir da palavra e seu objeto como uma estrutura combinada de saber. O hemisfério direito retém essa linguagem concreta, o que lhe confere sua conexão unificadora "holística" com os dois sistemas de mundo e de eu inferiores. O hemisfério esquerdo, em boa parte isolado do sistema límbico, usa sua conexão com o direito para obter informações do resto do sistema e comunicar-lhe suas idéias abstratas. A rota é: do esquerdo para o direito para o sistema límbico e, daí, para o sistema-R. Lembre-se que os movimentos musculares diretos, como os gerenciados pelos padrões neurais dos novos cérebros devotados a tal ação, são uma modalidade distinta do emprego do intelecto do novo cérebro para mudar processos estruturais nos dois sistemas inferiores.

Os dois hemisférios são ligados por um imenso feixe de fibras nervosas chamado *corpo caloso*. Esse corpo caloso — que começa a desenvolver-se após a constância do objeto, em torno de 1 ano de idade, e está pronto entre os 4 e 5 anos — pode ser, em si, um órgão funcional de tomada de decisões. Ele não apenas liga os hemisférios, mas pode controlar o tráfego dessa conexão, enviando informações em ambos os sentidos, tomando decisões, fechando o tráfego quando o hemisfério esquerdo necessita de privacidade para executar seu trabalho abstrato e assim por diante. Mediante sua possibilidade de isolamento, as ações laterais do hemisfério esquerdo podem ser independentes e não estar sujeitas às regras gerais que se aplicam ao resto do cérebro. Isso significa que o hemisfério esquerdo não tem que se reportar à inteligência orgânica que rege a vida como um todo, como as estruturas inferiores.

Assim, o hemisfério esquerdo pode obter material do seu sistema de mundo inferior e operar sobre ele dentro de suas próprias funções laterais, não se reportando a nenhuma outra parte do sistema de outra forma integrado. Usando idéias abstratas que não provêm da matéria como tal, mas das idéias da mente acerca do que pode ser *feito* com a matéria, nós modulamos, mudamos ou alteramos as informações concretas. As crianças precisam de modelos para tal ação, se é que devem desenvolver essa capacidade, e esta desabrocha de acordo com a natureza dos modelos. As crianças não demoram a criar suas próprias infinitas e engenhosas idéias, mecanismos vistos em sua imaginação. Geralmente a capacidade de imaginação de uma criança está bem à frente de qualquer possível capacidade de pôr essas idéias em ação, o que pode ser frustrante. Como disse Jerome Bruner, a intenção precede a capacidade de realização.

Por meio desse modo mental operacional, podemos chegar ao domínio do mundo que nos é dado por esses sistemas inferiores. Entrando "mais acima" na corrente evolucionária, podemos até reverter ou cancelar a ordem natural na qual a realidade se baseia. Na primeira infância, uma imagem interior é sobreposta a uma imagem exterior, como no caso do carretel de linha que se transforma no rolo compressor. Então se brinca numa "realidade modulada", na qual na verdade nada de físico muda, tudo está na imaginação. Depois dos 6 ou 7 anos, esse nível causal, superior, do neocórtex é ativado e torna-se parte integrante da estrutura do ego. Então a imagem interior (a idéia) pode ser superposta ao objeto exterior (a informação concreta) e, em certas circunstâncias, pode de fato modular e mudar essa informação. Quando as estruturas que o traduzem estão desenvolvidas, o supra-implicado pode mudar o implicado, o que, por sua vez, muda sua exibição explicada. Com o desenvolvimento, conforme aponta Alexandria Luria, diferentes centros nervosos ganham dominância, e a hierarquia entre funções comportamentais se altera.[8]

Michael Gazzaniga observou que "nada acontece psicologicamente antes que a região cerebral certa se tenha tornado fisiologicamente funcional". Lembre-se, de nosso breve esboço da física quântica, que os campos de ondas não-localizados dão origem a partículas localizadas cuja história muda esses campos que lhes deram origem, numa dinâmica de eterno vaivém. Malhas de campos de onda ressonantes dão origem a partículas vinculadas que podem ser mudadas, em termos de lugar ou de forma. O metal, como retícula de partículas vinculadas, pode ser mudado como uma unidade ou ter sua forma alterada através dos campos implicados não-localizados que lhe dão origem. Esses campos implicados envolvem o sistema límbico e só podem ser mudados assim mediante as ordens supra-implicadas de energia, que começam a operar no neocórtex por volta dos 7 anos. Isso não é senão uma ampliação da observação, feita pelo físico Paul Davies, de que "os sistemas auto-organizadores que, ao invés de fechar-se, estão abertos [...] podem trocar energia, entropia e material com seu ambiente [...], onde se aplicam os princípios organizacionais gerais a uma vasta gama de sistemas complexos [...] [que] transcendem os limites subjetivos".[9]

Intervir na dinâmica natural entre onda e partícula é uma das coisas que o cérebro pode fazer, já que ele *intermedeia entre* onda e partícula. Uma vez que os sistemas físico e emocional estejam relativamente estabilizados e nós passemos ao novo cérebro causal, a mente pode empregar essa mediana entre onda e partícula e mudar as relações entre partículas ou, posteriormente, entre os próprios campos de onda. A relação entre o sistema límbico e o sistema-R muda nas operações concretas. É possível caminhar impunemente sobre o fogo quando uma idéia abstrata do neocórtex causal exerce impacto sobre os campos de ondas de relacionamento acessíveis por meio do cérebro límbico, mudando a natureza das relações no nível da partícula, o nível que é interpretado ou percebido por meio do sistema-R.

Para que a imunidade seja deflagrada, é preciso apenas mudar as relações dentro dos campos de experiência — um jogo interior, pessoal. É possível dobrar metais ou interferir no funcionamento de uma máquina sem tocá-los usando o mesmo processo, mas esses esoterismos envolvem os campos de matéria compartilhados universalmente entre todos, o que já é outra coisa. O intelecto egóico é um auto-sistema pessoal, voltado para a matéria, que se não for um produto das emoções de seu sistema límbico e seu sistema-R, ao menos estará sujeito a essas emoções; mais um receptáculo que um instigador nos níveis formativos profundos. Teríamos de não possuir nenhuma identificação com nossas duas estruturas inferiores e ficar de fora delas para agir deliberadamente sobre a matéria de uma maneira que envolvesse os campos potenciais gerais. (Por exemplo, dizendo à montanha: "Transporte-se para o mar" e vendo-a acatar a ordem.) Quando ocorrem intervenções no mundo comum, como de fato sucede aleatoriamente, uma inteligência superior está assumindo o controle a partir daquele ponto por razões que só a ela dizem respeito. "Ela" pode reagir ou não quando a criança de 9 anos tenta dobrar o metal, quando o praticante da visão a distância tenta ver e quando o devoto entra na cova cheia de carvão em brasa. Assim, ao que parece, boa parte do paranormal ocorre aleatoriamente.

Os esoterismos do tipo caminhar sobre brasas e dobrar metais podem ter pouco valor utilitário, mas são fenômenos que podem furar os bloqueios impostos pelo pensamento científico e religioso clássico às nossas auto-imagens e possibilidades pessoais. Intervir no mundo físico sem intermediários é só o jogo de uma parte do nosso cérebro tri-uno com outra, mas por meio desse jogo podemos descobrir que a realidade é uma construção interior do nosso sistema auto-organizador e que está sujeita à nossa participação em um grau desconhecido. A única forma pela qual poderíamos intervir na realidade dessa forma não-mediada seria se o cérebro funcionasse, como propus, como intermediário entre o campo de onda e a exibição da partícula e se essas três estruturas neurais — física, relacional e potencial-causal — operassem cada uma em seu respectivo nível de freqüência, de poder sucessivamente maior.

A impressão que temos é que nós estamos para esses atos não-ordinários como o idiota-sábio está para seus estranhos feitos. Um fator aleatório nos mantém sempre beirando a incerteza. É por isso que Targ, Jahn e outros enfrentam tamanha frustração quando tentem obter dos colegas cientistas a aceitação desses fenômenos reais mas quase aleatórios. Matthew Manning jamais sabia quando algo iria acontecer ao objeto em que estava concentrado nem tinha a menor idéia do que ou como aquilo aconteceria; só sabia que as coisas tendiam a ocorrer se essa fosse a sua intenção. "Ela" dobra o metal e nos permite caminhar sobre o fogo. "Ela" cria uma bolha uma hora após a experiência hipnótica. "Ela" pode fazer respirar o corpo durante a meditação. Considerem-se as declarações de pessoas criativas de que, no momento final do *insight*, "ela" irrompe com "suas" revelações como dádiva. Nós só temos de permitir isso sem atrapalhar as coisas. Nesses casos, "ela" é a possibilidade de pensamento operacional concreto. Qualquer denominação serve, já que "ela" não é uma proposição semântica.

O que a evolução nos reservou vai muito além dos exercícios de "mente sobre a matéria", embora precisemos conhecer essas capacidades. Nossa tarefa no planeta é não mutilar a nossa matriz-terra, mas sim nutri-la e preservá-la, assim como ela nos nutre e preserva. Precisamos desenvolver as inteligências necessárias para ir além dessa matriz — antes que nos vejamos enterrados nela. O sábio nada muda, a não ser os corações e as mentes. Uma sociedade realmente madura deixaria poucos indícios de si mesma. Ao atingir essa maturidade, que nos permitiria mudar deliberadamente nossos "constructos ontológicos" (milagres no sentido clássico), não teríamos a menor vontade de praticá-los, pois há temas muito maiores no caderninho da evolução.

CAPÍTULO 21

Operações Formais

Por volta dos 11 anos ocorrem alguns eventos de importância capital: o cérebro libera uma substância química que dissolve todos os campos neurais não-mielinizados, removendo 80% da massa cerebral disponível aos 6 anos. Têm início então operações formais que, por sua vez, dependem do desdobramento paralelo de uma linguagem semântica. A linguagem semântica pode denotar qualidades, atitudes, valores ou estados de espírito, em palavras como *verdade*, *beleza* e *virtude*, por exemplo. As crianças podem usar palavras semânticas antes desse momento, mas é nele que adquirem uma compreensão funcional de conceitos abstratos; a partir daí elas conseguem entender sistemas matemáticos baseados não apenas no valor quantitativo, mas também no qualitativo ou transferir sentido metafórico de uma abstração para outra. Da mesma forma que a linguagem concreta participava de eventos-objetos físicos, a linguagem semântica participa do pensamento. A palavra pode agora ser intermediária entre nós e o nosso pensamento, permitindo-nos vê-lo objetivamente. Daí desenvolvemos uma autoconscientização por meio da qual podemos considerar os pontos de vista alheios, colocando-nos no lugar dos outros, por assim dizer. E o principal é que, por meio desse tipo de raciocínio, podemos descobrir níveis de percepção que vão além da realidade física.

A mente da criança pequena é silenciosa. A tagarelice interior surge na adolescência e é não-volitiva. É possível que, de vez em quando, consigamos escolher aquilo em que queremos pensar, mas fazer cessar o pensamento é praticamente impossível. Esse ininterrupto diálogo interior é um sistema mielinizado de linguagem abstrata, com "motores trabalhando em ponto morto", como precisam as estruturas neurais. Entretanto, todos os estágios são temporários e destinam-se a ser superados, inclusive aquele que raramente questionamos, no qual constantemente surgem os pensamentos compulsivos. Se recebermos a orientação e o estímulo certos, nossa capacidade de compreender e descrever estados de espírito ou conceitos abstratos pode ser o instrumento que nos levará além de nossa natural "absorção" no pensamento constituído por palavras. A mente silenciosa, sem aquela "tagarelice de cérebro panorâmico", é rara, pois exige um alto grau de maturidade.

Jean Piaget considerava a nossa maior façanha intelectual o pensamento reversível: a capacidade de "considerar todas as possibilidades de um *continuum* como igualmente válidas e de retornar ao ponto em que começamos". As crianças que têm entre 7 e 11 anos de idade podem considerar todas as possibilidades como igualmente válidas, mas não têm necessidade de um ponto de referência estável. Além disso, seus pensamentos não se restringem a um *continuum* disciplinado. No pensamento de reversibilidade, o *continuum* considerado é, em si, uma categoria de possibilidade que se baseia em relações lógicas. Dentro dos parâmetros aceitos, podemos explorar todas as possibilidades e, ao mesmo tempo, manter nossa estrutura de pensamento formal intacta. Esse crucial "ponto de retorno" exige parâmetros estáveis. E assim o estágio aberto, em que tudo é possível, é progressivamente suprimido, a natureza remove todos os campos neurais não-comprometidos e põe ordem na casa.

E então ficamos prontos para aprender o "corpo de conhecimentos" da nossa sociedade, aquele sistema tripartite de idéias no qual se baseiam todas as sociedades: uma cosmologia (filosofia ou religião), uma arte (música, poesia, literatura, pintura, escultura e assim por diante) e uma ciência (tecnologia, agricultura, artesanato, a mecânica da abordagem da matéria física). Essas são nossas idéias abstratas em relação às ações possíveis dentro do nosso sistema tri-uno. Hoje em dia essa estrutura formal de pensamentos sobre o pensamento, a sensação e a ação é transmitida por uma escola que só se relaciona ao ambiente físico, o que parece ser simplesmente sensato. Entretanto, ao desenvolver o raciocínio abstrato apenas para analisar, predizer e/ou controlar a matéria física ou o nosso comportamento, não apenas promovemos o nivelamento de nossas estruturas neocorticais superiores com base no sistema-R, mas também automaticamente as colocamos a serviço dele.

A operação formal é o primeiro estágio do pensamento causal. É aí que o intelecto, uma variável da inteligência, mais se desenvolve, podendo afastar-se para depois dominar as inteligências físicas que a ele conduzem. Se ele realmente se desenvolver, poderemos modular intelectualmente nossas anteriores emoções animais e tornar-nos um pouco mais racionais, humanitários e civilizados. Se plenamente desenvolvido, o intelecto pode levar-nos além do nosso apego a todas as estruturas de conhecimento construídas até este momento.

Cada parte de nosso sistema tri-uno tem seu próprio bloco independente de capacidades e comportamentos, os quais se abrem para o desenvolvimento em seqüência. Nossa noção de eu está incutida em cada um desses blocos até que se desenvolva, momento em que, teoricamente, somos levados ao passo evolucionário seguinte. Cada período de desenvolvimento funciona em dois níveis complementares: seus comportamentos específicos devem desenvolver-se de acordo com as codificações genéticas mas, ao mesmo tempo, entrar em ressonância com a estrutura superior à qual eles finalmente servirão. Nosso sistema-R, com todas as suas codificações físicas, domina e ordena os gânglios inferiores que estão a seu serviço e o faz de acordo com as necessidades dos sistemas superiores aos quais serve. O sistema límbico ordena todos os instintos físicos numa ordem de operações respectivamente mais elevada, conforme exigirá o neocórtex. O unificador hemisfério direito (operando em conjunto com o esquerdo) utiliza a estrutura límbica para intuir e imaginar. Aos 7 anos, o hemisfério esquerdo passa a dominar o direito, empregando-o em operações concretas. Aos 11, o novo *locus* é provavelmente o cerebelo, sede da mente e ponto final da percepção. O desenvolvimento de operações formais irá não apenas cumprir os nossos potenciais humanos, mas também aprontar-nos para passar a um parâmetro correspondentemente mais amplo.

A "sabedoria do corpo", aquela inteligência intuitiva que existe em todas as formas de vida, requer o coração e suas conexões límbicas. O intelecto, quando desabrocha aos 11 anos, é uma energia causal ou supra-implicada de primeiro estágio, capaz de modular todos os sistemas inferiores, inclusive a inteligência biológica do coração. Com sua lógica operacional, o intelecto pode utilizar e modular todas as estruturas inferiores, e aqui a natureza arrisca tanto que precisamos compreender o que é que está em jogo. Aqui o pensamento começa a romper com a nossa inteligência orgânica geral, própria da espécie, aquela dinâmica entre o coração e o sistema límbico que mantém o corpo e seu ambiente, interior e exterior, em equilíbrio. As idéias nascidas no intelecto podem funcionar fora dessa inteligência, e assim podemos tanto beneficiar quanto prejudicar, a nós ou a todo o planeta. Foi isso que levou Arthur Koestler a concluir que, ao deixar o hemisfério esquerdo quase que inteiramente desconectado do sistema límbico, a evolução havia cometido um tremendo erro. Embora praticamente todos os nossos desastres de fato decorram dessa aparente omissão, Koestler deixou de perceber as apostas ainda maiores que natureza tem em mente.[1]

Com uma linguagem abstrata, semântica, podemos criar pensamentos "do nada", pensamentos que surgem do ato de pensar, em vez de surgirem de uma reação aos próprios objetos. Caminhar sobre carvões em brasa é uma operação concreta, mas a idéia se originou em nosso passado ancestral, de uma operação mental formal. O fogo em si jamais poderia implicar o não queimar. Podemos extrair informações do contexto e agir sobre elas com idéias criadas espontaneamente, idéias diferenciadas e auto-referentes, que não obedecem necessariamente a parâmetros mais gerais. O último capítulo deu uma idéia de como podemos, mediante o corpo caloso, introduzir as atividades do hemisfério esquerdo no direito e, por intermédio da ligação do hemisfério direito à estrutura límbica, mudar os campos relacionais que dão origem ao nosso mundo sensorial. Aos 11 anos, abre-se uma inteligência que, se desenvolvida, pode ficar fora dessa capacidade e, agindo sobre as estruturas do pensamento, alterá-las.

Ao colocar a seu serviço as operações concretas, as operações formais poderiam nos propiciar o domínio sobre o mundo físico, de modo que pudéssemos usá-lo como trampolim para transcendê-lo. Entretanto, acabamos usando-as apenas para dominá-lo e, assim, perdemos tudo mais de vista. As operações formais podem levar-nos à causalidade, representando nosso ponto de apoio na criação, nosso meio de nos tornarmos um com a inteligência criadora. Só esse processo pode integrar-nos e integrar nosso intelecto numa forma superior de bem-estar, contrabalançando as tendências destrutivas do intelecto imaturo.

A criança de 9 ou 10 anos de idade flutua em meio a um *continuum* de possibilidades, com regras e regulamentos fluidos e relativos, ao passo que a de 11 anos está sujeita a uma lógica sensata e coerente consigo mesma. Por meio de um conjunto específico de fatores controláveis, o pensamento formal encerra um campo infinitamente aberto e aleatório; ele seletivamente extrai a ordem do caos. Agredir a nossa lógica formal ou nosso sistema de idéias é violar nosso intelecto e nossa integridade, uma ameaça pior que a morte. As visões de mundo do intelecto giram em torno do sistema de linguagem semântica, com o qual nos identificamos e no qual nos baseamos para poder desenvolver-nos. Muitas guerras já foram feitas para defender essas visões de mundo, que são também identidades do ego.[2]

O brincar na criança de 8 ou 9 anos de idade é espontâneo e aberto; sua lógica, flexível. Nessa idade, ela pergunta choramingando: "É jogo de brincar ou jogo de ganhar?" Porém, por volta dos 11 ou 12 anos, os jogos coletivos estritamente competitivos entram em cena. Brincar torna-se então algo muito sério, baseado num senso cada vez maior de coesão lógica, equilíbrio, igualdade e justiça — parte da lucidez e do senso de correção moral e ética que parecem estar na ordem do dia do pré-adolescente. De importância crítica na organização e coesão social, esse mesmo senso de restrição, razão e ordem equilibradas, auto-impostas, fornece a disposição de espírito necessária a disciplinas como a química, a matemática, a física, a gramática e assim por diante. Uma disciplina (termo derivado de uma palavra latina que significa "seguidor") exige que aprendamos o que é e o que não é admissível; o que funciona e o que não funciona. Além disso, esse estágio nos prepara para a plenitude da sexualidade, para a paternidade e a maternidade, que sem dúvida exigem muito autocontrole. Essa disciplina não poderia se desenvolver de jeito algum se "toda e qualquer ação fosse igualmente válida". Tampouco estaríamos dispostos a abrir mão de nossa autonomia individual em nome de um grupo, a menos que entendêssemos sua dinâmica e acreditássemos que o esforço e o sacrifício valeriam a pena.

Pertencer a um grupo é uma importante necessidade biológica do fim da infância e da adolescência. Nosso ego social emerge inicialmente aos 7 anos, floresce aos 11 e dá frutos a partir do 15 anos, mais ou menos. Ser membro, participar, é um instinto gregário intrínseco aos mamíferos. Por volta dos 11 anos, nós nos preparamos para deixar o ninho e entrar na sociedade. Os vínculos fundacionais que permitem isso já devem haver sido construídos através dos anos. Esse impulso, que é o impulso da civilização, deveria incorporar todas as nossas inteligências preliminares em potenciais e estruturas neocorticais superiores. Não ser membro é terrível, tanto para o pré-adolescente quanto para o adolescente, e com toda a razão. Deixando de lado as necessidades sexuais e a "reserva genética comum", se não fôssemos membros de uma cultura e não tivéssemos acesso ao seu saber cumulativo, que é oralmente transmitido, seríamos obrigados a reinventar a roda a cada nova geração — e nenhuma geração duraria o bastante para conseguir fazer um veículo se locomover. Além disso, a força do grupo é maior que a do indivíduo, em todos os níveis de energia. Portanto, estamos (ou deveríamos estar) ansiosos para nos submeter às disciplinas da sociedade, prosseguir de onde nossos predecessores pararam e ir adiante. É como herdar uma fortuna com a qual — já que o dinheiro faz dinheiro — podemos acumular fortunas ainda maiores. (Uma geração que se "rebela" contra seu próprio corpo social é uma tremenda anomalia.) Uma sociedade eficiente, poderosa, alinhada com o fluxo da evolução e da inteligência, na qual a natureza obtivesse o que busca, seria extremamente estável e longeva.

Quando a natureza limpa a casa aos 11 anos, dissolvendo todas as conexões neurais não-mielinizadas, ela também limpa o terreno para um nível mais refinado e aparentemente mais restrito — porém mais poderoso — de operação. No entanto, a perda de 80% da massa neural é perturbadora porque acabamos, neurologicamente, com aquilo que tínhamos ao completar nosso primeiro ano de vida. A produção em excesso é da natureza, mas uma perda neural tão maciça, não; todas as outras perdas comparáveis são imediatamente repostas por picos de crescimento cerebral.[3] Essa perda é um fenômeno culturalmente induzido — ela é, ao mesmo tempo, diretamente resultante e causadora direta da nossa disfunção e do nosso mal-estar cultural. Talvez ela se venha processando há muito, indicando a eterna impossibilidade de sermos o que a evolução pretende, o que é mais uma razão para procurarmos outra saída. As causas do nosso colapso — o parto tecnológico e as creches, por exemplo — tornam-se campos de potencial que se multiplicam, tornando-se rapidamente uma garantia e fazendo-nos aceitar o medo, a raiva e a impotência generalizada que acarretam como nossa condição natural. As causas do nosso pesar tornam-se os nossos parâmetros.

Em meados da infância, construímos uma estrutura de conhecimento em torno das possibilidades criadoras de acordo com nossos modelos. Toda e qualquer coisa é possível, mas o que se atualiza é determinado pelo usual acoplamento estrutural. Estudos mostram que as opiniões não-expressas de um professor sobre seus alunos de 7 anos de idade têm sobre eles um profundo impacto. As crianças se saem bem com o professor que acredita nelas e "sabe" que seus alunos vão sair-se bem — mas elas se saem mal com o professor cuja opinião a respeito dos alunos (e provavelmente também de si mesmo) é negativa.[4] Assim como nossas atitudes (das quais não precisamos ter consciência) podem ter impacto sobre nossa saúde e nossos relacionamentos, podem também afetar nossos filhos.

Por qualquer que seja a razão, entramos em nosso estágio operacional formal com 20% das estruturas neurais disponíveis quatro anos antes. E esses 20% provavelmente são estabelecidos antes dos 7 anos; depois disso só ocorrem acréscimos relativamente insignificantes. Em vez de construir novas estruturas de conhecimento durante o estágio operacional concreto e intuitivo, a criança parece apenas consolidar a aprendizagem já realizada, expandindo-a por meio do preenchimento de lacunas. Nenhuma aprendizagem que exigisse novas estruturas neurais *poderia* ter sido introduzida durante esse período intermediário, do contrário não terminaríamos com o "peso neural" que temos ao começar a primeira infância. Sem dúvida, há um "enxugamento" de campos neurais, com a eliminação de conexões redundantes e uma maior utilização das remanescentes, como acontece no amadurecimento.[5] Porém de modo algum isso pode justificar uma redução de 80%, muito pelo contrário. A natureza não acrescentaria volumes gigantescos de massa neural só para ajudar a tornar mais eficazes e estritos os campos já em operação. Nenhum dos picos de crescimento dos 4 e 6 anos de idade produz muito. Seguramente, nossa visão de mundo é bem mais sofisticada aos 11 anos, mas não dispõe de mais circuitos neurais do que os que possuíamos no começo do nosso desenvolvimento sensório-motor. A implicação é que não acrescentamos nada de significativo além da experiência emocional físico-sensorial e deixamos o sistema superior permanecer quase que totalmente adormecido.

No Capítulo 5, apresentei recentes pesquisas que sugerem que nós desenvolvemos apenas uma fração do potencial neocortical. Os lobos pré-frontais são um acréscimo evolucionário muito recente e os últimos a se desenvolverem na infância.[6] Alguns pesquisadores insinuam que o intelecto se desenvolve para a manipulação do nosso ambiente físico, devotando-se a isso. Mesmo a ciência, por mais rarefeitas que sejam suas hipóteses e sua matemática, volta-se para processos estritamente físicos. O caráter e a natureza de tudo aquilo que nos é ensinado entre os 7 e os 11 anos (e, com efeito, também posteriormente) relacionam-se diretamente com nosso consensual mundo de objetos, eventos e processos exteriores, para os quais já havíamos feito nossas construções de conhecimento *antes* dos 7 anos. Já que a nossa cultura tem como ponto pacífico o fato de que não existe nenhuma dinâmica entre a mente e o ambiente, todo aspecto da aprendizagem entre os 7 e os 11 anos poderia, por conseguinte, ser assimilado em padrões neurais previamente desenvolvidos, aqueles do nosso pensamento concreto. A maior parte do neocórtex não está em ressonância com o nosso sistema físico-sensorial, não podendo ser utilizada em nome deste. Portanto não podemos dar livre curso ao nosso potencial em nome de uma perícia mais científica ou tecnológica — o impulso da evolução poderia, simplesmente, não ser rumo a melhores *lasers* ou maiores PIBs, de qualquer modo.

Jean Piaget ficou intrigado com as descontinuidades entre os estágios de crescimento infantil nos primeiros quinze anos. Cada novo estágio descortina capacidades superiores às do estágio anterior. Embora retrospectivamente possamos ver com clareza como tudo num estágio é uma preparação para o seguinte, nenhum período nos deixa vislumbrar os poderes que virão em seguida. Nada nos primeiros quatro anos explica de alguma maneira a intuição; nada nos primeiros sete anos sugere a assombrosa capacidade do pensamento operacional; as operações concretas não deixam entrever, de maneira alguma, a riqueza das operações formais. Esses saltos descontínuos, cada um descortinando novos panoramas de possibilidades além do alcance de seus predecessores, obedecem a uma espécie de aumento exponencial em escala Richter. Se começássemos pela mente do bebê e a comparássemos a cada um dos sucessivos estágios, computando os correspondentes aumentos em capacidade até a chegada à vida adulta, e depois computássemos um aumento semelhante a partir daí, talvez ganhássemos uma pequena indicação do poder que é inerente a nós.[7] Não poderíamos conhecer a natureza de uma forma tão nova de inteligência senão sendo essa inteligência — só que nada do que estamos fazendo agora condiz com a natureza de um salto assim quântico em criatividade. Mesmo que tivéssemos modelos para demonstrar isso, quem poderia compreendê-lo? A criança de 4 anos de idade não consegue entender a lei da conservação; a de 8 anos, as operações formais; o adulto comum, nada das pós-operações. Como observou William Blake, as xícaras não podem "conceber mais que a sua capacidade ou continência".

O uso que presentemente damos ao intelecto está se mostrando destrutivo para nossa vida e nosso planeta, além de criar problemas que o próprio intelecto não tem a menor condição de resolver. Já que é do superior transformar a natureza do inferior na natureza do que é superior, deveria ser óbvio que a inteligência inerente ao nosso não-desenvolvido neocórtex incorporaria e usaria esse nosso espantoso intelecto, transformando-o automaticamente nesse processo e levando-nos a viver de modo que nossos atuais problemas não existissem. Movido a novidades, o intelecto só pergunta: "Isso é possível?" Orientando-se para nosso bem-estar e realização, a inteligência pergunta: "Isso é apropriado?" Um intelecto plenamente desenvolvido e integrado não poderia, pela própria natureza, fazer nada que não fosse pelo bem-estar do eu, da sociedade e do mundo. Pela própria natureza da nossa mente, não seríamos capazes sequer de cogitar despejar cem milhões de toneladas de resíduos químicos agressivamente tóxicos em nosso próprio ninho ou de gastar em armamentos num só dia o bastante para alimentar adequadamente os mais de sete milhões de crianças que morrem de fome a cada ano.

No próximo capítulo analisaremos rapidamente a adolescência, que é quando a natureza joga sua última cartada. Estatisticamente falando, parece que essa cartada é em vão, mas o individual é sempre o não-estatístico. A partir da adolescência, uma quarta inteligência, ou inteligência pós-operacional, é intuitivamente esperada. E nós passamos o resto da vida esperando essa inteligência sem saber o que esperamos, acalentando a convicção íntima de que a vida é mais que comer, beber, dormir, procriar e ser enterrado.

CAPÍTULO 22

Grandes Expectativas

A adolescência é uma categoria arbitrária, artificiosa. Em eras passadas, as crianças eram crianças até o início da adolescência, quando, mediante algum rito de passagem, eram conduzidas à sociedade adulta e lá tomavam seu lugar. Hoje não há lugar econômico para jovens adultos nem ritos de passagem. Em vez disso, criamos um estágio dilatório que mantém os jovens num limbo, no qual todo ano as crianças entram cada vez mais cedo e os adultos permanecem até cada vez mais tarde.

Como as necessidades sociais são intensas nesse período, esse grupo de excluídos forma sua própria subcultura, baseada em modelos que, para atender aos jovens alienados, vão ostensivamente de encontro à cultura principal. Só que esses modelos são cuidadosamente engendrados para a exploração comercial desse grupo etário e rendem fortunas espantosas tirando vantagem da falta que o adolescente tem de outros modelos e de sua necessidade de pertencer. Como o submundo do romance *1984*, de Orwell, nossa contracultura é produzida pela cultura. O "abismo de gerações" é também um fenômeno novo na História. Antigamente os jovens desejavam tomar parte na vida adulta e ansiavam por essa oportunidade de "provar quem eram". Através dos tempos, os jovens vieram seguindo as pegadas dos mais velhos e assim criaram a História. A palavra *disciplina*, de *discípulo*, seguidor, significa "seguir o modelo". A falência da disciplina entre os jovens é a falência dos desígnios geneticamente codificados que trazemos em nós para seguir o modelo. O adolescente rebelde, que se recusa ou reluta em assumir seu papel na sociedade, é uma anomalia biológica. Imagine-se, porém, que a codificação para seguir o modelo seja a constante, e o modelo seja a variável. Assim como o fracasso no estabelecimento do vínculo após o parto é responsabilidade do adulto e não do recém-nascido, o fracasso dos adolescentes em seguir a nossa disciplina é culpa dos modelos adultos.

Há três características da adolescência que não fazem parte do esquema aceito, mas podem encontrar eco. Trata-se de sensações, pressões emocionais sem nenhum conteúdo específico, difíceis de descrever e de compreender. Por serem qualitativas, podemos entrar em ressonância com elas, mas, não sendo quantitativas, elas escapam à descrição precisa. Escritores e poetas têm tentado dar-lhes voz, como J. D. Salinger em *Catcher in the Rye [O Apanhador no Campo de Centeio]* ou Thomas Wolfe em *Look Homeward Angel*.

Primeiro, a partir dos 11 anos mais ou menos até meados da adolescência, a intensidade da imagem idealista da vida vai aumentando. Segundo, por volta dos 14 ou 15 anos surge uma grande expectativa de que "algo tremendo deve acontecer". Terceiro, os adolescentes percebem em si uma grandeza secreta, única, que busca expressão, e quando tentam exprimi-la recorrem ao coração — o que é uma pista muito significativa em termos do que se trata.

O que é "isso" que deve acontecer nessa idade permanece um mistério, pois, embora possa demorar-se como a uva de Thomas Wolfe "explodindo na garganta", jamais acontece. George Leonard falou de um anseio angustioso e tão agudo que pensou que jamais poderia ser apaziguado. Uma estudante universitária disse que, desde os 14 anos, havia estado esperando por algo transcendental que jamais ocorreu. (Se fosse a questão sexual, não seria uma incógnita.) Outro estudante escreveu aos pais dizendo que amava o terceiro ano da faculdade, mas que havia acordado uma noite com "a fria mão do terror agarrando-lhe o coração". Segundo ele, desde os 14 anos sentia que algo terrível tinha de acontecer. Agora, perto de completar 21 anos de idade, já havia esperado sete anos e nada tinha acontecido. Então perguntara-se ao despertar naquela madrugada: "E se nunca acontecer e eu jamais sequer venha a saber o que devia ter sido?" Essa possibilidade o deixou desesperado.

Talvez seja difícil aceitar que os adolescentes sejam idealistas: muitas vezes eles parecem grosseiros e cínicos, evidentes imitadores de anti-heróis. Betty Staley, da Rudolph Steiner College, explica em seu livro como um nobre idealismo automaticamente desabrocha nos jovens, impelindo-os a buscar algo que lhe sirva de modelo ou expressão.[1] Inconscientemente, eles vêem a sociedade, os pais e os professores através do prisma desses novos critérios e, assim, pela primeira vez constatam os nossos pés de barro. Não se trata de desrespeito deliberado, mas da necessidade interior de um modelo de novos horizontes, uma necessidade que os impele como a vontade verificada nos bebês.

A terceira característica, aquela grandeza secreta, oculta, complementa as anteriores. O jovem, sentindo-se especialmente escolhido para cumprir uma grande tarefa ou vencer um grande desafio, busca ou um veículo que possa expressar toda essa sua singularidade ou uma pessoa que represente esse potencial. Em priscas eras, a maioria das sociedades herdava e transmitia mitos e lendas sobre heróis de grande estatura, os quais eram ouvidos pelas crianças como parte de seu processo de crescimento. Na Europa, por séculos e séculos as pessoas foram criadas junto com as heróicas figuras do Antigo Testamento; a figura etérea e quase mítica de Jesus Cristo; os Cavaleiros da Távola Redonda e a demanda do Santo Graal; os Deuses Nórdicos. Os vitrais das grandes catedrais incutiam na mente dos analfabetos uma imagem grandiosa de seres extraordinários que os fazia elevar-se acima do mundo perecível. A Catedral Gótica em si era um mecanismo didático, destinado a elevar o espírito de cada um acima de nossa natureza inferior, animal, conduzindo-o a reinos sublimes.

Na Grécia, os mitos pré-socráticos e as lendas de Homero giravam em torno de pessoas que se situavam apenas um pouco abaixo dos deuses, partilhando tanto os atributos humanos quanto aqueles a que só poderíamos aspirar. A Índia viveu à luz de três grandes épicos: o *Mahabharata*, o *Bhagavatum* e o *Ramayana*. Relatando façanhas sobre-humanas de homens e mulheres que eram como deuses, esses grandes épicos entrelaçam a feitos miraculosos os mais altos ensinamentos espirituais. A sua força está num paradoxo: o de que a humanidade tenha conseguido superar-se a partir de representações de todas as falhas humanas imagináveis, falhas magnificadas a ponto de se tornarem inconfundíveis, que, no entanto, são finalmente transcendidas. Incorporando a grandeza divina — que almejamos possuir — e a fraqueza humana — que já temos — esses modelos de transcendência encontram-nos onde estamos a fim de mostrar-nos aonde podemos ir. Nossa evolução rumo à grandeza começa, no fim das contas, num corpo de feitio absolutamente animal. Na infância, a ponte está entre um cérebro especificamente mamífero e um cérebro humano, ao passo que, na adolescência, ela está entre o cérebro humano e o espírito humano que o pode transcender. As grandes e duradouras culturas da História punham diante de seus jovens figuras simbólicas que se elevavam acima de suas naturezas inferiores, tornando a transcendência a suprema e a mais nobre de todas as buscas, o maior feito e o modelo em que nos deveríamos transformar.

Criados com modelos de tal estatura, nós nos identificamos com uma idéia geral, embora inarticulada, de um "objetivo maior na vida". Essas imagens funcionam como ímãs; mesmo que ninguém jamais atinja tais metas, todos nos sentimos exaltados ao reconhecer sua presença. E, pelo menos para alguns, elas funcionam como o primeiro estágio do ciclo de competência: um modelo aproximado que nos impele a completá-lo, a "preencher suas lacunas", e nos infunde o desejo de esforçar-nos para ser como ele.

Nos nossos primeiros anos, desenvolvemos cada um dos blocos de inteligência que se abriam deixando-nos absorver inteiramente neles. À medida que cada estágio ia atingindo o amadurecimento, a natureza — extraindo dele a nossa noção de eu — conduzia-nos a um potencial ainda maior. Com 1 ano de idade, nós *éramos* o nosso sistema reptiliano; aos 4, o nosso sistema mamífero e assim por diante. Aos 15 ou 16, com a sexualidade a todo vapor, somos "só hormônios", apesar de absortos em nosso intelecto lógico e em nosso envolvimento na sociedade. Além disso, sentimo-nos literalmente imortais — e é por isso que o melhor soldado é o garoto de 18 anos e é também por isso que nessa faixa de idade está o maior índice de acidentes de automóvel. Essa onipresente "intimação da imortalidade" persiste, embora por volta dos 25 anos o corpo atinja o apogeu e tenha início o seu lento declínio.

Por volta dos 15 anos, os hemisférios já estão mielinizados e, segundo as pesquisas, não há novos picos de crescimento cerebral ou mudanças detectáveis depois. Se a essa altura só tivermos desenvolvido no máximo 10% do neocórtex, como muitos acreditam, nossa sensação adolescente de haver algo mais está intuitivamente correta. Lembre-se que a faxina de padrões neurais dos 11 anos remove as conexões axodendríticas, mas aparentemente não os neurônios. Estes podem, como demonstram as crianças de 6 anos, suportar uma quantidade de axônio e dendritos seis ou sete vezes maior do que a que nós adultos possuímos. Se o jovem recebesse os estímulos adequados, haveria um pico de crescimento cerebral em torno dos 15 anos de idade, o qual conduziria ao novo bloco de inteligências que obviamente está à espera. Porém, independentemente do quanto esse nosso anseio possa ser imaterial, o imperativo natural do modelo permanece em vigor.

Conforme o que acontece, todo o desenvolvimento que sofremos após os 15 ou 16 anos, nossa "educação superior" e a aprendizagem da vida inteira, não é senão uma extensão ou adaptação da base de inteligências desenvolvidas nos primeiros quinze anos. E todas elas se concentram em nossos corpos físico, social e mundial, que representam a natureza dos modelos e buscas que a sociedade nos possibilita a partir daí. Todas as "carreiras" e caminhos de vida são, no fundo, comercialmente motivados; sempre surge alguém para lucrar com a reação do jovem. Se o interesse declarado não tem na base o dinheiro, é considerado pouco realista e pouco prático.

O padrão da evolução é incorporar cada desenvolvimento a serviço de uma função superior: a inteligência animal está destinada a servir a uma inteligência maior, humana — e esta, por sua vez, precisa logicamente encontrar outra à qual possa servir. Talvez não possamos empregar mais que cerca de 10% de nossas estruturas corticais superiores em atividades físicas simplesmente porque *apenas um pequeno percentual do neocórtex destina-se a operar nessas freqüências inferiores*. O neocórtex é tão potente que basta uma pequena parte dele para modular ou alterar as estruturas inferiores. E a questão é: para que são os restantes hipotéticos 90%?

Nossos primeiros quinze anos são necessariamente dedicados a produtos do sistema criador. O que a natureza reservou para nós após a adolescência consiste em descobrir o processo e tornar-nos um com ele — essa busca irá ativar e incorporar o restante de nossas estruturas neurais, trazer-nos equilíbrio e levar-nos aonde a evolução pretende. O Dr. B. Ramamurthi, presidente do International Congress of Neurosurgery [Congresso Internacional de Neurocirurgia], propõe que a porção não-utilizada do nosso cérebro destina-se à exploração de um "universo interior".² Dez por cento do neocórtex conseguem dar conta do mundo exterior, já que esse mundo é uma criação estável, previamente estabelecida, ao passo que o interior é vasto, aberto e infinito. Isso é semelhante ao contraste entre o enorme desafio colocado ao cérebro pelo fluxo de imagens criadas pela narração de histórias e o espectro habitual, estreito, de estímulos neurais apresentado pela televisão. O desconhecido é um potencial que definimos e criamos quando nele entramos e dele participamos, o desafio máximo e o oposto da habituação.

Quanto mais avançada uma inteligência, mais intensa a necessidade de orientação e de um ambiente protetor e mais demorado o desenvolvimento. Quanto mais alto subimos na escada da evolução, mais difícil e árdua é a jornada. Se a extensão relativa dos estágios encontrados nos primeiros quinze anos fosse aplicável após a adolescência, o desenvolvimento de uma inteligência pós-operacional implicaria uma grande parte da nossa vida adulta e seu emprego em todos os anos subseqüentes. Isso significaria uma vida abrindo-se continuamente para reinos mais amplos de experiência, conhecimento e compreensão — o que não seria, de modo algum, uma má perspectiva.

Um quarto nível de inteligência está em jogo nesse potencial pós-operacional. E essa inteligência precisa ser ativada e estabelecer-se antes dos vinte e poucos anos. Do contrário, ficará latente, como a linguagem ou a intuição, se não forem desenvolvidas dentro dos nossos primeiros sete anos de vida. Se essa inteligência permanecer adormecida, a busca de um modelo supremo dá lugar ao cinismo; a grande expectativa se esfuma, nossa grandeza oculta não se revela e nos resignamos a uma vida de desespero calado. Massacrados pelo "mundo real", voltamo-nos para as fantasias da adolescência e da infância. Cedemos ao denominador social comum e começamos a "dar duro" para comprar a longa fila de substitutos que nos mantém encerrados no sistema-R. Essas posses e prazeres temporários aliviam apenas brevemente o nosso anseio, obrigando-nos sempre a ir em busca de novos para manter a bola rolando.

Durante décadas, a maior percentagem de suicídios ocorreu no grupo dos vinte e poucos anos, particularmente entre os homens. Embora latente, essa inteligência do quarto nível jamais descansa; ela está sempre à espera e, às vezes, quando silenciamos por um instante, percebemos que ela ainda está ali: é um vago mal-estar, uma inquietude no coração.

CAPÍTULO 23

Compensação e Morte

Algo de tremendo que deveria acontecer não acontece e, embora esperemos sem saber o quê, cedemos aos únicos modelos e critérios oferecidos. Isso acaba por revelar-se uma mesquinharia. Nosso valor como pessoas é medido em dinheiro, tornando-se uma mercadoria a mais entre as do PIB; somos escolarizados com base nessa doutrina, enquanto assistimos a seis mil horas de televisão antes de atingir os 5 anos de idade (e mantemos o mesmo percentual após entrar na escola). Com dezesseis atos de violência por hora nos programas infantis e oito nos adultos, assistimos a dezoito mil assassinatos antes de chegar à adolescência e aprendemos, de fato, que a vida é violenta, e as pessoas, inclusive nós mesmos, são descartáveis. Qualquer indício de nobreza é sutilmente menosprezado. A virtude e o controle não fazem dinheiro.

Uma revista de grande circulação publicou uma matéria sobre uma descoberta da Madison Avenue: as crianças entre 4 e 7 anos de idade representam um novo e lucrativo mercado. Com os estímulos certos, "esses pirralhos revelam-se tão materialistas quanto os adultos". Prevê-se como nova moda as cadeias de lojas nacionais com balcões e caixas em miniatura destinados ao grupo que acaba de aprender a caminhar. Além disso, segundo a mesma matéria, os psicólogos determinaram que, com os estímulos e a programação certos, os hábitos de compra de uma criança podem ser determinados para o resto da vida antes que ela complete 6 anos de idade. Aos milhões de dólares iniciais, aplicados na pesquisa do tipo de comerciais e programas necessários para preparar apropriadamente essas jovens mentes, se seguirão mais alguns milhões para a etapa seguinte: a produção desses programas — um preço baixo para quem consegue estabelecer seu mercado com uma boa antecedência.

COMPENSAÇÃO E MORTE

Um artigo na página do editorial do *Wall Street Journal* convocava o empresariado a investir na educação, pois o analfabetismo da população operária está debilitando a fibra da indústria nacional. O presidente de uma grande empresa patrocinou, no mesmo veículo, uma série de anúncios relativos à crise na educação, nos quais explicava que ela é também uma crise para a Indústria Americana e convocava uma reforma. A partir de 1990, todos os dias nos Estados Unidos 135 mil crianças levam revólveres para a escola. Todos os dias, dez crianças morrem e trinta ficam feridas em decorrência de tiros. A cada 78 segundos, um adolescente ou uma criança tenta o suicídio; diariamente seis o conseguem. A cada dia, 1.512 adolescentes abandonam a escola e 3.288 fogem de casa. A qualquer dia, encontram-se 1.629 crianças em prisões para adultos, enquanto 2.556 crianças nascem fora do casamento (essas mães não contam com praticamente nenhum apoio, seja ele qual for).

Em 1987 os jornais estamparam relatos de página inteira sobre o aumento da população carcerária nos Estados Unidos. Usando 1976 como ponto de partida para as projeções, dada a taxa atual, 30% de todos os homens brancos nascidos nesse ano estarão ou terão estado na prisão antes dos 29 anos, ao passo que 80% de todos os homens negros nascidos em 1976 estarão ou terão estado na prisão antes dos 29 anos. Desde 1990, 23% de todos os negros norte-americanos adultos ou estão na prisão, aguardando julgamento, ou em liberdade condicional, com 96% de reincidência, e esses números crescem a cada ano.[1]

Há pouco um grupo de *rap* gravou um disco que, antes que algum adulto prestasse atenção às letras, vendeu mais de um milhão de cópias. A média de idade dos compradores desses discos de *rap* está em 12 anos, e eles os ouvem em grupos. Uma das instrutivas canções desse "sucesso absoluto de vendas" descrevia em linguagem explícita, apesar de muito pouco inteligível, as várias formas de sexo anal e oral praticadas entre o cantor e uma garota de 12 anos de idade. As tentativas de algumas autoridades locais de retirar o disco do mercado provocaram não só uma grita contra o desrespeito às liberdades e aos direitos econômicos, mas também um aumento gigantesco nas vendas do disco. (Foi Platão quem disse que, se conseguisse determinar a música que os jovens ouviam, conseguiria determinar também a forma da sociedade.) Carol Gilligan, de Harvard, referiu-se às jovens de nosso país como "seguras aos 11 anos e confusas aos 16". Ela observou na menina de 11 anos uma lucidez, uma pureza mental e uma auto-imagem forte que eram massacradas antes que ela chegasse aos 16. Com essa destruição ganham-se milhões de dólares, e a criança destruída torna-se o adulto destruidor, mas consumidor.

A História não se repete necessariamente. Nos últimos cinqüenta anos surgiram fenômenos sem precedentes históricos, os quais o nosso sistema genético não pode compensar. Esses fenômenos alteraram tanto a nossa constituição mental que ficamos cegos para a óbvia relação entre causa e efeito.

Detalhei aqui parte dos malefícios provocados pelo parto hospitalar, pela creche, pela televisão e erosão da brincadeira infantil. A escola contribui com a sua parte e continuará a fazê-lo, já que há muito interesse em ver o caos apenas como oportunidade econômica ou política. Até o momento, nenhuma "solução" nacional passou de uma posição politicamente motivada ou "financeiramente viável". O grande impulso pró-educação computadorizada, que fascina o público com seu *design*, é um bom exemplo. Com um computador em cada carteira e *software* vendido aos milhões e bilhões pelos investidores, estará feito o cúmulo do mal às crianças, que ficarão prejudicadas a ponto de não poderem mais ser educadas.

Já que a maioria das crianças maiores é ineducável, nosso foco passou ao início da escolarização baseada no domínio de sistemas simbólico-metafóricos abstratos. As "cartilhas de prontidão para a leitura" destinadas às crianças do jardim-de-infância exigem operações formais que, do ponto de vista da natureza, só devem ser feitas depois que todos os sistemas de apoio estiverem finalizados, ou seja, por volta da puberdade. Essas capacidades são geneticamente intrínsecas às suas respectivas estruturas cerebrais evolucionárias (assim como as fêmeas já nascem com todos os seus vários milhões de óvulos nos ovários). É possível forçar uma criança a fazer uso, prematuramente, dessas inteligências abstratas, mas isso tem um preço. Exigir que uma criança pequena desenvolva prematuramente sua capacidade simbólica implica uma grande negligência dos programas (detalhados em capítulos anteriores) que a natureza destina para esse período. Ironicamente, esses programas iniciais são nossas bases para a verdadeira capacidade abstrata, simbólica, posteriormente. Porém, como o imperativo da natureza é seguir o modelo, as crianças não têm escolha a não ser tentar. Sem nenhuma estrutura neural desenvolvida para tanto, a maioria das crianças sai perdendo antes mesmo de começar. A culpa e a ausência de auto-imagem são os resultados dessa sua falta de habilidade. Enquanto isso, continuamos testando-as seguidamente, para mostrar que elas não conseguem colocar-se à altura das expectativas.

Ao forçar prematuramente inteligências acadêmicas, mesmo que não consigamos obter aquilo que queremos e impeçamos a natureza de obter o que ela quer desse período, nós provocamos comportamentos colaterais que faríamos muito bem em evitar. As operações formais, previstas para a pré-puberdade e a adolescência, fazem parte de um programa geral que inclui os comportamentos sexuais codificados destinados a desabrochar nesse momento. Enquanto nossa pressão pela capacidade abstrata prematura em geral não dá em nada, a atividade sexual prematura em geral ocorre. Há cerca de setenta anos, Rudolph Steiner lançou uma advertência contra a iniciação prematura das crianças na escola formal (a Europa e os Estados Unidos estavam reduzindo o limite mínimo de idade de 8 para 7 anos na primeira série) e avisou que o primeiro resultado (embora demorasse um pouco para tornar-se visível) seria a sexualidade precoce. Há cinqüenta anos, a gravidez de meninas de 11 anos teria sido uma anomalia crassa. Há vinte anos, isso se tornou uma espécie de epidemia (há cinqüenta anos, o total de casos era zero; em seguida, alguns; depois, centenas; e agora, milhares); hoje a epidemia se alastra entre crianças de 9 anos de idade. Atualmente é comum a menarca, o início da menstruação, entre meninas de 8 anos de idade; o estupro e a agressão de meninas por meninos de menos de 10 anos passou de zero há cinqüenta anos para níveis alarmantes hoje em dia.[2]

A televisão também contribui para a sexualidade precoce com seu conteúdo. A maior parte da programação adulta tem uma base sexual, a eterna tensão homem-mulher encontradas no teatro e na literatura, e a publicidade depende muito disso. Na maior parte das vezes, o que as crianças assistem na TV são os programas adultos, que colocam a sexualidade no centro das atenções e a tornam a norma habitual, aceita, em vez do mundo de fantasia e brincadeira que fazia a infância em nosso passado. A boneca Barbie, uma invenção televisiva acintosamente sexual empurrada aos telespectadores há alguns anos, substituiu quase que totalmente o bebê de brinquedo nas brincadeiras infantis. A importância disso é muito clara. As meninas já não representam a mãe (muitas mal sabem o que é mãe, para começo de conversa), mas assumem o papel de objeto sexual, de acordo com os personagens que vêem na televisão.

Entretanto, o que mais contribuiu para a sexualidade prematura foi um dos avanços químicos da II Guerra Mundial. Os cientistas sintetizaram os hormônios que acompanham ou provocam o extraordinário pico de crescimento da adolescência. A indústria rapidamente os acrescentou à ração dos animais para acelerar o processo de crescimento. Por volta de 1946 já era possível comercializar frangos para abate em seis semanas em vez de treze, com metade do gasto em ração. A produção de ovos, da mesma forma, aumentou e o preço, não só do ovo como da galinha, despencou. Antes da II Guerra, uma vaca dava em média 350 litros de leite por ano. Com a inclusão desse hormônio na ração, a média subiu, ficando entre 680 e 1.000 litros — um aumento entre 200 e 300%. A introdução desse mesmo hormônio na ração de animais criados para abate (bois, porcos e carneiros) aumentou enormemente a produtividade e reduziu os custos de produção.[3] Como esse crescimento forçado desestabiliza gravemente o sistema metabólico, homeostático e imunológico dos mamíferos, antibióticos que contrabalancem esse efeito há muito se tornaram um ingrediente básico na ração animal, o que foi apenas o prelúdio de um monte de problemas que estão além da nossa discussão aqui.

A adição de hormônios ocorreu ao mesmo tempo que nós praticamente eliminamos a amamentação nos Estados Unidos, reduzindo-a em 97%. Substituímos o leite materno por leite de vaca ou "fórmulas para recém-nascidos" e começamos a alimentar os bebês desde cedo com alimentos infantis processados de alto teor de proteínas, inclusive ovos e vários tipos de carne. Tivemos uma explosão imediata e sem precedentes nos padrões de crescimento de toda uma geração. Os filhos do pós-guerra de repente ficaram muito mais altos que os pais e as camas de repente ficaram pequenas, fato que atribuímos à melhoria da nossa dieta — e, com a nossa pressuposição cultural de que mais sempre é melhor, ficamos orgulhosos e aceitamos sem perguntas essa súbita geração de gigantes. Há muito tempo se provou de forma irrefutável que esses hormônios artificiais se acumulam no organismo, induzindo a sexualidade prematura; eles são, afinal, hormônios sexuais.[4]

Todo vínculo provém da mesma fonte mamífera; a desintegração do vínculo induzida pelos hospitais promoveu as creches, a dissolução da família e um aumento drástico na violência contra as crianças. Anualmente quase um milhão de crianças recebe atenção médica (e talvez mais devessem receber) devido a surras e maus-tratos; umas cinco mil morrem todos os anos. A média de idade das vítimas está entre as duas semanas e os 2 anos. O abuso sexual de crianças tem proliferado igualmente, e não é de surpreender que coincida com a ingestão generalizada de hormônios sexuais desde o nascimento, das imagens televisivas, da escolarização prematura e por aí vai. Com tal combinação de fatores, era inevitável uma "revolução sexual". Por outro lado, o colapso da vida familiar deu origem à superficial "nova família". A rotatividade de parceiros fortuitos das mães divorciadas tornou-se comum; com a "mudança", os pais temporários trouxeram para o novo lar a sua própria cota de problemas sexuais, acotovelando-se com crianças sexualmente precoces, perturbadas, confusas e emocionalmente carentes — uma mistura explosiva. Muitas vezes, a raiva inerente ao adulto que agride uma criança, seu medo de ser descoberto e as ameaças que faz a essa criança para que não conte o que ocorreu criam uma atmosfera emocional muito mais prejudicial à criança que o próprio ato em si.

Essas forças destrutivas constituem a própria trama do nosso atual tecido social. Elas são interdependentes e se reforçam mutuamente, incrustando-se até em nossa visão de mundo e abrindo caminhos inteiramente novos de exploração. Comercializando os instintos básicos do sistema-R — sobrevivência, alimentação, território e sexualidade — e promovendo a sua capitalização, mantemos nossos jovens presos a esses comportamentos de ordem inferior e identificados com eles. Criando-se uma nação de adolescentes radicalmente imaturos como forma de manter girando as rodas da indústria, desencadeiam-se comportamentos em adultos típicos de crianças de 2 anos de idade. Se já são irritantes o bastante no bebê, na população adulta esses comportamentos tornam-se terríveis. Como o aprendiz de feiticeiro antevisto por Goethe, desencadeamos uma força grande demais para nossas precárias capacidades político-intelectuais, prejudicamos a maioria de nossas crianças a ponto de torná-las ineducáveis — e as que foram poupadas são poucas demais para contar a história. A indústria está, de fato, em apuros.

Os médicos e biólogos celulares escoceses Scott Williamson e Inez Pearse observaram três principais estados em nossa experiência de vida: função, compensação e morte.[5] Na função, agimos de modo ótimo em mente, corpo e espírito. A compensação começa em qualquer ponto de falência funcional, sempre que algo seja menos que ótimo. A morte começa quando a compensação entra em colapso. Isso ocorre graças à sobrecarga, a qual se processa gradualmente. Vamos nos habituando a cada gradação da compensação até que passamos a compensar as compensações, tão absortos em cada exigência que raramente percebemos a constante deterioração de nossa qualidade de vida. A morte, o terceiro estado, pode ocorrer ao longo de anos, até mesmo ocupar toda uma vida, tornando suas gradações cada vez mais elaboradas que nossas labirínticas compensações. Williamson e Pearse vêem os corpos culturais e sociais como idênticos aos individuais. Também eles têm seu apogeu e seu declínio, quase sempre por si próprios.

Em 1974, Herman Epstein, da Brandeis University, mostrou um nítido declínio no número de crianças que atingiam o pensamento operacional formal, e o mesmo se passava, embora em menor escala, com as operações concretas. Nas universidades norte-americanas em geral, a queixa generalizada do professorado é de que a qualidade do corpo discente vem piorando a cada ano. Em 1988, 80% de todas as distinções acadêmicas e prêmios científicos dos Estados Unidos foram para estudantes estrangeiros, os quais representam uma pequena fração da população estudantil. Metade de todos os pesquisadores com Ph.D. nasceram fora do país.

A escola de psicologia de uma importante universidade do oeste criou e aplicou um teste a fim de determinar a capacidade dos calouros em termos de pensamento operacional. Descobriu-se então que bem mais de 50% eram absolutamente incapazes de tais operações. Como o percentual continuou decaindo, foi criado um teste semelhante para os alunos do terceiro ano, a fim de observar qual o efeito desses anos de estudo; não se detectou nenhuma mudança.

Em 1983 a secretaria de educação de um estado do meio-oeste contratou-me para realizar um *workshop*, durante um dia, com quatrocentos professores que participavam de uma semana de treinamento para o ensino de alunos excepcionalmente inteligentes e dotados. Logo no início, perdi três quartos de minha platéia: embora começasse a ir mais devagar, adotasse novas técnicas explanativas, desse os melhores exemplos concretos que podia e usasse copiosos recursos audiovisuais, nada adiantou. Os professores que ficaram, uns cem, acompanharam tudo com facilidade. Esses, em sua maioria, estavam na meia-idade e tinham mais de vinte anos de experiência. Os 75% que perdi tinham em média 25 anos de idade. Não conseguiam ficar sentados nem escutar com atenção e, aparentemente, não estavam entendendo nada do que eu estava dizendo. Se tivessem se comportado como alunos numa aula da forma como se comportaram naquele curso, teriam sido considerados hiperativos, portadores de "deficiência de atenção". Depois que o pensamento operacional formal desaparecer completamente, sua ausência não será mais detectável que a falta da música para uma espécie surda. Aqueles jovens professores eram vítimas e produtos do nosso sistema moribundo. "E se um cego guiar o outro, não vão os dois cair no buraco?"

PARTE *três*

ALÉM DO MUNDO QUE CONHECEMOS

CAPÍTULO 24

Pós-Operações

[...] para onde tende a consciência do mundo,
sopram os ventos e deságuam os rios.

THOMAS WOLFE

No desenvolvimento há dois estágios "que deveriam ter ocorrido, mas não ocorreram".[1] O primeiro estágio encontra paralelo nos períodos piagetianos dos quinze primeiros anos, assim como o estado-onda é paralelo ao seu complemento partícula. Sob condições ideais e seguindo o curso natural das coisas, essa primeira fase de pós-operações seguiria os mesmos ciclos de sete anos e chegaria ao fim por volta dos 30 anos. Entretanto, embora seja característico do fim da adolescência, o potencial para a pós-operação permanece aberto, permitindo-nos desenvolvê-lo em qualquer fase da vida.

Nossos quinze primeiros anos giram em torno de "produtos" do sistema criador, ao passo que as pós-operações concentram-se no processo, na ação criadora. O primeiro estágio é bastante aberto, oferecendo normalmente um *continuum* de fenômenos "não-ordinários", assim como antes eram oferecidas as operações concretas. Surgem movimentos ou grupos que nos levam além de nossos parâmetros normais de espaço-tempo, como os experimentos de hipnose mútua de Charles Tart, os sonhos lúcidos compartilhados pelo grupo Posêidon, o programa Hemi-sync, de Robert Monroe, e alguns aspectos da "parapsicologia". Os caminhos da alta meditação e da contemplação cristã são impulsos diretamente alinhados com o fim da evolução. O primeiro grupo pode proporcionar-nos experiências do lado onda da dinâmica da nossa realidade, fazendo-nos passar temporariamente da localização à não-localização. O segundo pode levar-nos ao segundo estágio das pós-operações, que vai além de todas as dinâmicas.

Com o estímulo apropriado, haveria um pico de crescimento do cérebro por volta dos 15 anos; com o ambiente propício, a decorrência seria o desabrochar do desenvolvimento operacional — e isso sem nenhum alarde, como nas mudanças dos 4, 6 e 11 anos. Porém, se as operações formais já podem não ser acessíveis a todas as crianças, mais difíceis ainda podem ser as pós-operações. Elas são raras devido ao desenvolvimento anterior incompleto e/ou à falta de estímulo, de modelo ou de ambiente propício, como é necessário na adolescência. O procedimento pode ser raro e difícil porque ainda está "em andamento" na cena evolucionária, não tendo sido ainda compreendido. Lembre-se da observação, feita por Luther Burbank, de que novos agrupamentos celulares abrem novos rumos evolucionários. Talvez a natureza tenha aberto um novo rumo ao acrescentar lobos frontais que permitem uma possibilidade desconhecida. Os bem-estabelecidos sistemas neurais dos dois cérebros primários, que nos dão o mundo físico e contribuem para o nosso eu egóico, são concorrentes formidáveis para essa incógnita informe, que está à espera de ser desvendada.

Provavelmente foi por isso que a natureza acrescentou as problemáticas "substâncias químicas novas" de que fala Cloninger. Ela nos está empurrando para um novo território. Os não-desenvolvidos lobos frontais, *locus* do primeiro estágio das pós-operações, são não apenas a mais recente aquisição da evolução, mas a última a desenvolver-se no fim da infância; eles são não apenas mais complexos como também mais frágeis e fáceis de danificar que as demais partes do cérebro. "Muitas das células dos lobos frontais ainda estão formando conexões e estabelecendo circuitos durante a infância [...]. O córtex pré-frontal dorso lateral é notavelmente pouco acabado e não-funcional [...]. Certas células cerebrais não terminam de desenvolver-se antes do início da vida adulta."[2] Para poder chegar à plenitude, é preciso que as pós-operações aguardem o amadurecimento dessa área cortical superior e a finalização das estruturas de apoio necessárias que a infância deveria fornecer.

Lembre-se de que Paul MacLean associou esses lobos frontais a uma inteligência maior, mais empática e humanitária, além de haver considerado o seu desenvolvimento apropriado ao final da adolescência, quando os sistemas de apoio necessários atingem suficiente maturidade. A limpeza cerebral dos 11 anos é, antes de mais nada, uma limpeza de conexões axodendríticas. Esses neurônios têm entre seis e sete vezes mais conexões aos 6 anos — e, se certas condições fossem atendidas, poderiam produzir imediatamente uma quantidade semelhante e oferecer, aos 15 ou 50 anos, a mesma quantidade de novos campos. Tudo indica que em meados da adolescência há um potencial pico de crescimento cerebral, que inauguraria um novo período de desenvolvimento. Seria isso o que todo jovem está esperando, mas continua valendo o imperativo natural do modelo: "interação com sistemas apropriados de apoio ambiental".[3]

Essa progressão da "concretude à abstração" observada por Piaget é vista com clareza nos comportamentos e capacidades inerentes a cada um de nossos cérebros evolucionários. Nascemos imersos na matéria e nos voltamos para a forma de onda dessa matéria, como se vê na progressão através do nosso sistema tri-uno: da experiência física limitada do sistema-R ao mais fluido e potente sistema límbico, sutil e emocional, para chegar, finalmente, ao ilimitado reino causal do neocórtex. Cada um dos estágios de Piaget é progressivamente mais difícil de cuidar e finalizar e é, também, paradoxalmente mais frágil em seu estado potencial, embora seja mais potente depois que se torna funcional. Os estágios são descontínuos; nada em um grupo de desenvolvimento sugere, de modo algum, o salto quântico de capacidade verificado no seguinte, apesar de cada um preparar claramente o terreno para seu sucessor, já que constitui sua base. O mundo interior e o modulado mundo das brincadeiras da infância; nossas intuições, nossos sonhos ou experiências de Heureca!, que transcendem a mente, dirigem-nos para além da nossa matriz física.

Sejam factuais ou não, os vários livros de Carlos Castañeda sobre o mundo "não-ordinário" de seu aprendiz de feiticeiro são uma descrição precisa da natureza ilimitadamente aberta de nosso maduro sistema criador. Ele mostra as intensas disciplinas necessárias para dar vazão ao potencial criador. Tanto Castañeda quanto Monroe percebiam os domínios não-ordinários de um modo comum. Monroe considerava esses reinos mundos estabelecidos em si mesmos (o que pode ou não ser o caso), ao passo que Castañeda tinha consciência de que uma força criadora moldava cada evento de que ele participava, tornando crítica a sua reação.

Quando tinha meus trinta e alguns anos, vivi uma experiência que me trouxe uns dois anos de tranqüilidade e distância do medo, mas isso por fim se dissipou, fazendo a minha fragmentação voltar à tona. Todavia, por volta dos 40, tive uma experiência de magnitude avassaladora que ocorreu num estado normal de vigília: a de uma força-presença exterior, que se formou diretamente em contraste comigo. Era, tenho certeza, a figura da *anima* de que fala Carl Jung (embora ele tenha subestimado radicalmente seu escopo). Essa força, que era a minha parte mais ancestral, mais familiar que meu próprio nome e, no entanto, mais feminina na forma, na textura e na psique que qualquer ser vivo, fundiu-se comigo célula após célula, tornou-se eu e envolveu-me num prolongado e indescritível estado de completude, que ia além de qualquer outra coisa que eu já tivesse vivido ou viria a viver. Por fim esse estado dissipou-se, e minha metade maior foi-se como viera, deixando-me arrasado. Até hoje não consegui superar o fato de saber que um estado de tamanha completude pudesse existir, mas só acontecesse uma vez e depois voltasse a ser inatingível. Esforcei-me de todas as maneiras para recuperá-lo e assim tive uma série de episódios extáticos, em geral em sessões matinais de silencioso anseio (eu jamais havia ouvido falar de meditação), durante os quais o mundo se esvaía e eu era levado, por um instante, no vórtice de uma espiral de amor e força. Mas esses eram apenas pálidos ecos da experiência de unidade original.

Anos depois, conheci um mestre e empreendi um caminho disciplinar que provocou uma mudança lenta e sistemática, algo que essas experiências esporádicas, por mais que fossem cheias de dramaticidade, não fizeram. Lembre-se de que o meu mestre me conscientizou do meu "corpo sutil" retirando-me do meu corpo físico e, assim, mudando minhas atitudes e minha orientação. Já relatei diversas experiências não-ordinárias neste livro e, embora as minhas ocasionalmente tenham sido extáticas, a maioria foi didática — ensinando-me algo novo, mudando o meu ponto de vista. Este livro mesmo surgiu de um desses ensinamentos. Em 1979, meu mestre me explicou detalhadamente como o mundo que eu percebia era gerado dentro do meu cérebro-mente-corpo, projetado na "tela da minha mente" e devidamente sentido como exterior por meu sistema perceptivo, que é o oposto do senso comum e da fisiologia clássica. Ele disse que são as freqüências vibratórias em nós que criam a nossa percepção de volumes de espaço, que são então preenchidos com a luz e os objetos percebidos como nosso mundo exterior. Meu mestre afirmou também que a mesma vibração que dá origem ao som dá origem à visão e fornece aos padrões visuais suas dimensões, colocação no espaço e movimento. Ele falou ainda da linguagem como uma força que molda a mente e a realidade e instou-me a descobrir a fonte da *palavra* dentro de mim. Lá eu encontraria a própria fonte da criação e o núcleo do meu eu.

Essa psicologia-cosmologia deixou-me admirado; pensei que fosse um pitoresco mito de criação de antigamente e não acreditei no meu mestre nem o compreendi. Ele me deu antigos textos para ler e, embora eu lutasse com esses textos por semanas a fio, não acreditei mais no que li do que no que ouvi. Meu mestre resolveu a questão por meio de um método didático comum aos mestres do sufismo e da *yoga*. Ele simplesmente *deu-me* uma experiência direta do processo criador. Sem nenhum aviso, foi como se um peso caísse sobre mim, "pressionando-me" ao mais profundo estado de meditação. O mundo percebido e minha história pessoal desapareceram; apesar disso, minha percepção estava intacta. Então todo o processo criador desenrolou-se a partir do meu ponto de percepção, exatamente como ele havia descrito. Surgiram vibrações sonoras, criando volumes de espaço que se expandiam e contraíam, dependendo da força e da duração do som. À medida que os volumes se expandiam, o mesmo ocorria com a minha percepção; o espaço e a minha percepção desse espaço eram uma só coisa. Esses espaços conscientes então inundavam-se de luz e articulavam-se como objetos que assumiam forma tridimensional localizada dentro dos espaços em movimento. O reconhecimento invadiu-me; cada uma daquelas vibrações sonoras, ao mesmo tempo que se originava de um som real "exterior" que provinha do meu ambiente, dava-lhe origem. E enquanto eu reconhecia cada objeto do meu mundo pelo nome, ele se "distanciava" e se tornava objetivo para mim; o mundo se formando e se "re-formando" ao meu redor.

Seguiu-se um delicioso e prolongado período de amnésia absoluta. Eu sabia que tinha um nome e uma história, mas não tinha nenhum acesso a essa história. Porém, tão logo percebi como eram supérfluos aquele nome e aquela história (e eu tinha pensado que eles eram meu *tudo*), eles rapidamente voltaram, como se estivessem ansiosos para ocupar seu lugar. Meu maravilhoso distanciamento se desvaneceu; eu me identifiquei com aquele nome, aquela história limitada e aquela visão de mundo e tornei-me eles — meu eu habitual.

Aprendi muita coisa com esse episódio. Aprendi que havia pessoas que conseguiam injetar uma experiência no fluxo neural de outra; que eu havia vivenciado o modo como a criação se forma em nós; que o âmago da verdadeira autopercepção não depende da memória, da história pessoal ou de um ambiente físico; que eu era, de fato, mais que meu corpo físico e tudo aquilo que estava ligado à minha nomeada história; que havia um estado superior de percepção além dessas características pessoais. (Porém descobri que livrar-me de uma vez por todas dessa bagagem é que era difícil.)

Meu mestre depois me disse que, dentro de dez anos, a comunidade científica forneceria todas as pesquisas necessárias para explicar esse processo criador em termos científicos, o que de fato ocorreu. Ele pediu-me encarecidamente que voltasse a escrever, dali em diante, a partir da minha posição meditativa, o que fiz com empenho. O trabalho que ele realizava continuamente comigo consistia basicamente em romper a minha identificação com este corpo e suas emoções, rompimento esse essencial à primeira fase das pós-operações, permitindo-me *ser/estar* plenamente neste mundo. Ele agia movido pelo amor, que não é um sentimento, mas uma força, aquela inteligência do coração que busca o nosso bem-estar total. O amor vai muito além das nossas noções de felicidade e de bons sentimentos, os quais provêm, afinal, do centro de gratificação existente no nosso sistema límbico.[4] As pós-operações de primeiro estágio costumam trazer o êxtase e a felicidade, já que com elas descobrimos as recompensas dos relacionamentos não-físicos. A natureza usa esse centro de gratificação do nosso sistema límbico para alterar a nossa noção de gratificação, levando-a do físico para o não-físico. Em si mesmos, os estados superiores deixam para trás todas as recompensas emocionais, já que elas são efeitos do nosso cérebro animal. E, após um período inicial bastante feliz no caminho espiritual, à medida que a natureza nos afasta de nossas noções comuns de recompensa, entramos num "deserto" muito árido, onde absolutamente nada parece ser gratificante. Temos de descobrir essas recompensas com base na percepção não-física.

Nossa base natural está na aliança entre o sistema-R e o sistema límbico, que dá origem à nossa personalidade e seus preconceitos, medos, desejos, ambições e todas as demais facetas do nosso eu, conforme reconhecidas não só por nós mesmos como também pelos outros. Essa identidade temporária é parte importante da infância e do início da vida adulta. Mas quando ela se torna permanente, transforma-se em nossa inimiga, arrastando-nos à morte e ao desespero, trazendo-nos o desastre e o pesar social e bloqueando-nos o cumprimento das prioridades superiores da evolução. Isso é difícil de apreender, já que *somos* a nossa identidade do momento. Como observa Bernadette Roberts, o olho não pode ver o próprio olho. Esse eu egóico é tudo o que conhecemos; ele está em cada fibra do nosso ser e, no entanto, não podemos reconhecê-lo porque não temos outra posição de onde vê-lo. Qualquer ameaça a esse fardo estético-emocional de desejo é pior que uma faca na garganta. Nosso maior medo, como disse Susanne Langer, é que a ideação — nossas noções acerca de quem ou o que somos — se torne um caos. Portanto, enquanto eus egóicos, não podemos fazer nem nossa auto-análise nem nossa autocorreção. Apenas uma força "exterior", algo que não o eu egóico, pode tirar-nos do impasse — mas essa força "exterior" na verdade está "dentro" de nós, é a verdadeira força da vida. Ela só é "exterior" porque não é de modo algum o nosso eu egóico, passional e desesperado, que se aferra àquilo que conhece.

Lembre-se de que, apesar de formar-se ainda no útero por necessidades precisas, as estruturas neurais são eliminadas antes do nascimento para não dificultar o estágio seguinte. Assim como aquela *vontade* que se divide entre o vínculo e a absorção é um mecanismo crítico do desenvolvimento, mas deve ser finalmente substituído, o eu egóico que se forma ao longo dos quinze primeiros anos destina-se a atender a necessidades de importância capital, mas deve ser substituído por uma inteligência superior em um momento posterior da vida adulta. Diariamente lemos sobre as atrocidades cometidas por adultos que ainda estão presos na rede emocional de um bebê de 2 anos.

O mesmo se aplica ao nosso passional e medroso eu egóico. As pós-operações precisam colocar essa percepção de ordem mamífera e sua sólida base no corpo físico a serviço das estruturas neocorticais, as que se formam por último. Isso resultará num eu integrado, que não tem quase nenhuma relação com o eu anterior. A primeira forma disso é quando pensamento, sentimento e ação fundem-se numa única inteligência. Enquanto isso não ocorrer, não teremos nenhum poder nem eficácia na vida; seremos como uma casa dividida. A psicologia oriental refere-se a três conjuntos de comportamento, *Tamas, Rajas* e *Satva*, que são idênticos àqueles do sistema tri-uno de MacLean. *Tamas* é o eu do sistema-R, habituado, inflexível, lento, resistente a mudanças; *Rajas* é o eu do sistema límbico, com sua determinação passional, sua energia indomável e seu apetite insaciável; *Satva* é o nosso eu cortical superior, que tem equanimidade, equilíbrio, controle e "domínio sobre a terra", o que significa a libertação de todos os aspectos dos "eus inferiores". Partindo dessa perspectiva, podemos literalmente manipular o mundo físico, que é a dinâmica entre o sistema-R e o sistema límbico. Esse derradeiro estado, que funde o eu inferior e o superior, pode ser aquilo que constitui a nossa clássica noção da união com Deus, o objetivo raramente atingido da maioria dos sistemas espirituais.

Meu mestre me disse: "Você precisa desenvolver seu intelecto o máximo que puder, a fim de que ele se torne um instrumento adequado da inteligência do coração. Mas só o coração pode desenvolver o intelecto até o seu limite máximo." As pós-operações exigem uma inteligência que está fora e além dos sistemas cerebrais, embora o primeiro estágio de seu desenvolvimento utilize o resto do neocórtex como veículo dessa inteligência superior. Uma vez operativa, ela desenvolverá plenamente o intelecto como seu próprio instrumento.

Nossas prioridades gerais podem ser vistas como três estágios dessa força que se concentra no coração e sua constante presença em nós: o primeiro, celular e hormonal, nos mantém fisicamente a partir do nascimento. Quando se desenvolve, esse coração do primeiro estágio mantém o nosso sistema tripartite em equilíbrio e trabalha pela integridade do ego, pelo estabelecimento do vínculo e pelo bem-estar físico. O segundo estágio dessa inteligência do coração deveria desabrochar em meados da adolescência, prenunciando as pós-operações. Isso nos livraria dos ditames, emoções e compulsões primitivas do nosso antigo "coração animal", transformando os sistemas inferiores em servos dos sistemas superiores, conforme é necessário.

Paul Muller-Ortega, professor de religião da University of Michigan, estudou por muitos anos o shivaísmo kashmir e escreveu uma obra de grande importância (*The Triadic Heart of Shiva*) sobre essa psicologia-cosmologia. Por meio do seu editor, ele conheceu o meu mestre, cujo sistema de meditação é descendente direto dessa antiga ciência. Num curso intensivo de meditação que durou três dias, sentado umas quatorze horas diárias num saguão escuro, Muller começou a vivenciar em nítidos diagramas móveis as "formas de onda de Shiva". (*Shiva* é o nome da fonte primordial desse sistema, o shivaísmo kashmir.) Muller viu, com todos os detalhes, os campos de ondas se cruzarem e criarem padrões de interferência, dos quais surgem os reinos de freqüência que, por sua vez, dão origem ao nosso universo, nossa fala e toda experiência. A cada intervalo do curso, ele corria para anotar e descrever a experiência da melhor maneira que podia. Essa experiência "Heureca!" de três dias concretizou e elucidou vinte anos de estudo.

As experiências de Carlos Castañeda com seu mentor, Dom Juan, apesar de igualmente pós-operacionais, decorrem de uma tradição radicalmente distinta, o que lhes confere um sabor ou textura completamente diferentes do discipulado ou da santidade. A feitiçaria representa o criador como uma Águia sinistra que devora bilhões de almas em sua sede insaciável de "percepção". A tarefa do feiticeiro é passar pela Águia sem que esta o veja e penetrar no desconhecido que se estende depois dela. Plotino, que vivenciou várias vezes o estado de união, disse que Deus criava universo após universo a fim de exprimir uma "superplenitude do amor", um amor que sempre excede a sua expressão. Isso está tão longe de uma Águia devoradora quanto se possa imaginar e, no entanto, a função subjacente a ambas as visões pode ser idêntica — as metáforas radicalmente diferentes vêm de diferentes percepções e, com efeito, vivências dessa função. Num determinado ponto de sua busca, Carlos Castañeda viveu esse mesmo "arquétipo do amor" e chorou diante de sua imensidão. Seu mentor, Dom Juan Matus, desdenhava esse sentimento. Os caminhos além do mundo da loucura são demasiado difíceis, particularmente o de Dom Juan, no qual a necessidade era a de "relaxar o propósito e a impecabilidade" (estar livre de pecado — aquilo que se interpõe entre o eu e Deus ou, neste caso, a meta). Qualquer propósito se fragmentaria com um sentimento ou indulgência emocional assim vindo de outro sistema, conforme relatou Carlos. Dom Juan sabia que o ego inconscientemente tenta "sentir o terreno" e manter a sua integridade intacta, resistindo à mudança enquanto brinca de mudar.

Os sábios disseram que o que caracteriza o nosso "coração carnal" é o fato de ele "olhar para baixo", já que abarca em si as inteligências primárias da nossa herança animal e mantém intacto o nosso ser físico. A tarefa da inteligência do coração superior, "sutil", é "devorar o coração carnal", uma metáfora desconcertante da ruptura da identidade por meio da emoção e do sentimento. O coração superior, sutil, olha para "cima", vinculando-nos num nível universal e, por fim, levando-nos além do nosso eu biológico. Aqui está a "linha transversal" vista pelos sábios, que tem o impulso que vem de baixo e o movimento para diante que vem de cima. Se fosse incorporado a esse coração superior, o intelecto não poderia agir contra o nosso bem-estar, como faz agora. O impulso que vem de baixo, sem orientar-se para diante com o que vem de cima, leva ao desastre. Se o intelecto se colocasse a serviço de uma inteligência que estivesse em função de nosso bem-estar, nossa atual crise socioecológico-pessoal não poderia acontecer. Segundo meu mestre, "A inteligência do coração jamais resolve problemas; ela só desfaz a situação em que o problema existe criando uma nova situação".

Esse coração "sutil" de segundo estágio irá ativar e utilizar o restante do neocórtex e o desconhecido bloco de inteligências e potenciais a ele inerente. O inominado nó na garganta que se exprime na adolescência é o nosso coração físico, primário, ansiando pela união com esse coração superior. Quando isso acontece, outro estágio nos aguarda: dentro de nós ainda há um derradeiro "coração", dentre todos o superior, nas fontanelas que recobrem o cérebro. A razão para dar-lhe o nome de "coração" é que ele é a primeira pulsão de vida: Spanda, a freqüência básica que dá origem a todas as freqüências às quais reagem a nossa estrutura tri-una e os nossos corações físico-sutis, o "reino de freqüência" do qual deriva toda a nossa vivência, seja do mundo ou do eu, e a razão para que "a criação inteira esteja dentro de nós".[5]

Em termos de coração, o nosso primeiro estágio está intimamente associado ao sistema límbico e ao sistema-R. O segundo está ligado aos potenciais do neocórtex, o reino causal do potencial puro, a criatividade em si. O terceiro coração é o ponto de onde tudo sai — não temos nem estruturas neurais nem nenhuma outra coisa com que o abordar, imaginar ou atingir. "Isso", esse ponto supremo, precisa preencher a lacuna e *nos* incorporar em *seu* ser. Com enorme esforço, podemos tomar de assalto esse reino, como normalmente fazem iogues e feiticeiros, mas não esta cidadela final. Na união com ela está o dom da graça da própria cidadela. Esse reino da inteligência do *insight* torna-se aquilo que é cada um que se transforma nele e, no entanto, é sempre o mesmo. Meister Eckhart afirmava que quando Deus nasceu em sua alma, ele se tornou simplesmente o próprio Deus, mas que Deus, naquele momento, também se tornara Eckhart. O esplendor da unidade na diversidade como sistema complementar é que você e eu e cada variável diversa somos, ao mesmo tempo, exclusivamente "isso" e a unidade da qual "isso" provém.

CAPÍTULO 25

Acesso ao Campo

[...] Os deuses são posteriores
a esta criação do mundo [...]

RIG VEDA

A aquisição da linguagem requer o acesso ao campo da linguagem por meio de estímulos proporcionados pela presença no ambiente de uma língua. O campo, que é aberto, fecha-se de acordo com a natureza desse modelo (se a mãe for francesa, o bebê falará francês). Os campos neurais desenvolvidos para essa transação em determinado momento tornam-se indistinguíveis do campo de potencial traduzido. A disciplina da ciência determina, a um ponto indefinível, quem nessa disciplina poderá e irá descobrir — e cuidadosamente exclui o material "não-científico" — aquilo que não pode ser controlado dentro do sistema e, por isso, se torna um constrangimento ou ameaça à integridade do sistema.

Mesmo a fonte primordial é um campo de variáveis compatíveis. Cada um de nós é uma variável desse campo, e ele *é* em cada instância conforme com a natureza de sua variável. Mas acessar esse terreno fundamental e tornar-se ele, em vez de apenas expressar uma variável sua, já é outra questão. Cada um de nós é parte de Deus, uma expressão de Deus, em Deus, mas *tornar-se* Deus é outra coisa. Embora seja o objetivo de nossa evolução, isso pressupõe processo. Só podemos ter acesso a esse campo por meio de algum caminho, parâmetro ou meio de acesso, e o meio que usamos determina, a um ponto que não podemos precisar, a natureza do campo que então encontramos. Mesmo que a pessoa que esteja acessando o campo se torne esse campo, ele também se torna a pessoa, conforme a natureza não só da pessoa mas também do acesso pelo qual essa pessoa atinge o campo.

Os deuses são posteriores a essa criação, já que surgem *dela*, como definições suas. O pressuposto de que "criamos" nossos deuses é tão errado quanto o de que criamos nosso mundo. Entretanto, ambas as coisas resultam do mesmo "acoplamento estrutural" do qual somos parte e produto. No shivaísmo kashmir, Shiva é o ponto imóvel do testemunho; Shakti, sua consorte, dá à luz o universo para que seu senhor o testemunhe. Eles são uma força consciente e indivisível, mas, por meio de uma separação e união que se processam a cada instante, a criação de Shakti parece uma peça ou ilusão. Segundo o shivaísmo, cada um de nós, como expressões dessa união, somos já de antemão tanto Shiva quanto Shakti. Nossa meta é a conscientização de quem somos, quando então nos tornamos a peça e a peça ganha novo elenco e enredo.

Na teoria védica, a força criadora é chamada Prakriti. Como a Águia de Castañeda, ela opera sem razão, julgamento ou compaixão. Um escritor da Antigüidade observou que "Prakriti precisa de húmus", sendo este o material orgânico para seu solo de criação infinita. Nós, os seres humanos, somos esse húmus — a menos que possamos transcender Prakriti. Os *Vedas*, porém, apontam para além de Prakriti, para uma testemunha que observa sua criação, já que sem o ato seminal do testemunho, a criação é estéril. Se a testemunha dá origem à deusa como algo a testemunhar ou se é ela que dá origem à testemunha é questão semelhante à da onda-partícula, um paradoxo que nosso *Hino da Origem* deixa pendente.

Ao longo de um aprendizado extremamente difícil e complexo, o feiticeiro, como o yogue, passa por Prakriti, ou a Águia, e vai direto à própria criação, por meio do cultivo do "dom da Águia" — essa mesma força "Prakriti" que todos nós possuímos, já que somos um produto seu. Na verdade, o feiticeiro rouba o seu fogo, mas ela reage a ele como reagiria a qualquer testemunha e, como é de seu feitio, faz desenrolar-se à sua frente um caminho de maravilhas de "tirar o fôlego". Porém, isso que ela faz desenrolar-se reflete as expectativas incutidas no caminho de acesso seguido pelo aprendiz. Dom Juan Matus, o mentor de Castañeda na feitiçaria, provinha de uma antiga linhagem de feiticeiros, o que determinou a natureza do que Castañeda, por sua vez, vivenciou.

O processo não possui critério, julgamento nem lógica, só procedimento. Assim, como algumas das yogas "inferiores", a feitiçaria pode tomar o reino de assalto, até um certo ponto (pois creio que o que se encontra desse modo é apenas o primeiro estágio das pós-operações). O santo, por outro lado, por intermédio de um discipulado igualmente difícil mas extremamente simples, permite que Prakriti o devore, "abdica de sua vida por uma vida maior", um sacrifício que pode levá-lo a transcender Prakriti rumo à testemunha, que não pode ser outra que não o próprio santo. "O que você precisa perceber é que Deus não pode acabar sendo nada a não ser você mesmo", disse meu mestre.

Existem dois caminhos principais para o estado do testemunho: o da meditação oriental ou o da contemplação cristã. Embora estruturalmente análogos, são de texturas bem diferentes. Bernadette Roberts atingiu o mais elevado estado por meio do caminho da contemplação, sem viver nada semelhante ao que relatam os santos orientais. Ela afirma que só podemos entrar nessa jornada a partir de um "parâmetro", um caminho ou meio de atingir a meta.[1] No entanto, ela afirma também que a meta que almejamos deve sempre, necessariamente, exceder qualquer possível parâmetro. Embora nossa meta esteja além do nosso "ovo cósmico", só em um ovo cósmico podemos encontrar a rachadura que leva à meta. Os parâmetros "são posteriores a esta criação" e provêm da nossa experiência, retroalimentam a criação e tornam-se parte dela, enquanto o fim da evolução está além de toda criação e, assim, de todos os parâmetros. É preciso um parâmetro para chegar lá, mas ele não fará mais que isso.

Em determinado momento, fiquei convencido de que o caminho da meditação era a sua própria meta, pois são tantas as suas recompensas. E eu estava certo, de uma certa forma, embora errado de um ponto de vista mais amplo. A palavra *yoga* significa união ou laço. A palavra *religião* é tida popularmente como sinônimo de relação, mas seu sentido literal é "unir estreitamente", o que é uma forma de laço um pouco mais apertada que a yoga. A religião só pode existir enquanto houver partes separadas que anseiem pela união. Se essas partes atingissem a união, a religião desapareceria; entretanto, as religiões, como criações intelectuais nossas, sustentadas por pessoas que nelas investem sua vida, tendem a unir estreitamente as partes separadas à própria religião. O parâmetro torna-se o seu próprio campo e se perpetua — e, assim, embora as recompensas das relações daí decorrentes possam ser imensas, a meta da evolução pode se perder. "Ou crio o meu próprio sistema ou serei escravizado pelo de outro homem", bradou o poeta William Blake.

Aqueles que conseguem romper os "estreitos laços" de um sistema geralmente são suspeitos dentro de sua própria tradição. Nada é tão inquietante para o bispo quanto o boato de que há um santo em sua paróquia. Por não possuir vínculos sectários, William Blake era considerado louco por seus pares. Jesus rompeu com seus parâmetros e colocou-se tão literalmente fora da lei perante os olhos da sociedade que foi morto como um criminoso comum. Bernadette Roberts, como seus predecessores Eckhart e São João da Cruz, sem querer rompeu com seus referenciais católicos a fim de satisfazer seus anseios. Mas, assim fazendo, ela também agiu de acordo com esses referenciais. Não teríamos Eckhart, São João da Cruz nem Bernadette Roberts se não fosse por seus referenciais católicos, embora todos eles tivessem que lutar e transcender esse referencial para poder expressá-lo plenamente.

No *Bhagavad-Gita*, Krishna diz a Arjuna que é praticamente impossível atingir o mais elevado estado sem um mestre. O caminho do "guru informe", que é o mestre há muito perdido ou simplesmente um ideal que existe na mente como modelo, dá margem a que nosso intelecto egóico apenas brinque com idéias de mudança, em vez de mudar. O mestre vivo, ao nos preceder, serve de modelo para a meta e nos guia pelos dúbios caminhos do nosso intelecto egóico, em suas inconscientes tentativas de sobrevivência. Porém Bernadette Roberts chegou ao mais elevado dos estados sem um guia ou modelo visível, e o pior é que, na maior parte do tempo, ela não tinha nem sequer uma idéia do que estava acontecendo. Como freira de um convento desde os 17 anos de idade, havia atingido a "união com Deus" no sentido clássico, como um "sujeito que adora um objeto". Só que isso era metade da jornada. Deus não é objeto, mesmo que seja de adoração, e a adoração é uma emoção, uma função límbica. Assim que esse vínculo com Deus foi selado, ela sentiu-se impelida e abandonar aquele porto seguro e voltar ao mundo (como a criança cujo vínculo é forte cresce e abandona o ninho para tornar-se independente). Começou então uma segunda jornada, que levou vinte anos para dar seu fruto, que era a perda de sua cálida unidade interior, junto com as noções tanto de Deus quanto do eu, deixando restar apenas um singular ponto de testemunho, sem emoção, julgamento, reflexão ou prelibação. A questão da relação deixava de ser um problema, inclusive a relação com Deus, já que isso era tudo o que havia. Ela não podia recorrer ao seu íntimo, àquele centro imóvel, pois a testemunha não testemunha a si própria, assim como o olho não vê o próprio olho. Tudo o que lhe restava era olhar para fora, enquanto uma inteligência incrível e poderosa dentro dela fazia tudo, como sempre fora o tempo todo.

Bernadette Roberts jamais chegou a "romper abertamente com a sua igreja", como poderia fazer uma adolescente rebelde. Ela simplesmente foi levada além de seus parâmetros ordinários pelo poder desse guia interior, que ela provavelmente jamais descobriria se não fosse por essa igreja. Continuou a celebrar o sacramento do pão e do vinho, o coração da prática do catolicismo, e durante a "passagem", quando sua noção de eu estava sendo aniquilada, levou consigo a hóstia (o pão que representa o corpo de Cristo oferecido em sacrifício) o tempo todo e daí, aparentemente, é que provinham sua força e orientação.

George e Charles, os idiotas-sábios calendáricos, brincavam com esse pequeno calendário perpétuo de metal, numa infância que sem ele teria ficado mais pobre, sem fazer a mínima idéia de sua função. O aparato colocou em ação campos neurais que então estavam abertos para aquela categoria de fenômeno. (Lembre-se de que toda experiência é um "pico de atividade numa população de neurônios" e que essa população deve ser posta em ação por meio do acoplamento estrutural, a dinâmica estímulo-reação.) Se um dispositivo mecânico pode funcionar no sentido de predispor um sistema neural para um efeito de campo maior que o imaginável dentro do "dispositivo simbólico" que deflagra aquele campo, considere-se então o efeito propiciado pelo sacramento cristão da comunhão. Esse sacramento foi estabelecido mediante um dos mais dramáticos fatos da História, vem sendo observado por milhões e milhões de pessoas há dois mil anos, "canalizando o acesso" e expandindo a própria base da força. Tomado sistematicamente como o ato mais significativo desta vida — por alguém que, além de inteligência extraordinária e dedicação concentrada e constante, tinha uma paixão por conhecer o sentido ou poder por trás daquele ritual, como era o caso de Bernadette Roberts —, por que não faria a manobra funcionar como desejado? Melhor dizendo, como poderia dar errado? Qualquer outro campo reagiria, e todos *reagem*, como atestam o "avanço" do *laser* de Gordon Gould ou os "quatérnions" do matemático William Hamilton.

Entretanto, Roberts não se sentia ligada à figura histórica de Jesus nem ao símbolo maior do Cristo. Seu caso de amor era única e exclusivamente com Deus. Isso aparentemente mantinha a meta em evidência e dava a tudo o mais papel de apoio. A hóstia, o pão sacramental, fornecia-lhe acesso ao "campo dos campos", isto é, conduzia-a ao campo, em vez de tornar-se um campo para ela. Ao receber o hábito, a freira "casa-se" com Cristo, o corpo da Igreja. Não são poucas as freiras que, em suas celas solitárias, contemplando seu Senhor, meditando em suas chagas, sofrendo com seu salvador (a palavra sofrimento significa permissão), acabam "conseguindo entrar de *penetra* no campo" com essa devoção tão concentrada. Mas o campo no qual elas "penetram" é um campo de devoção. Elas podem muito bem vivenciar os estigmas e sangrar exatamente nas chagas representadas nos inúmeros crucifixos que vêm adornando as igrejas ao longo dos séculos. O campo reage de acordo com a natureza do acesso a ele, mas isso não tem nada a ver com o desconhecido em que Bernadette Roberts mergulhou, que está além de todos os campos.

Eu considerava repugnantes os relatos dos devotos orientais que bebem a água em que são lavados os pés de seus gurus, mas então pensei na afirmação de Jesus de que seus seguidores deviam "comer o seu corpo e beber o seu sangue". Segundo consta, "muitos o abandonaram" dizendo: "Quem tem estômago para isso?" — e eu certamente teria sido o primeiro. Os cristãos argumentam que a afirmação de Jesus era apenas simbólica — e dizendo isso estão, ao mesmo tempo, certos e seriamente equivocados. Lembre-se de que os símbolos participam daquilo para que apontam; eles penetram na nossa conceitualização, cognição, compreensão e recepção seja lá do que for que tratam. Dizer "é só um símbolo", como vêm dizendo os cristãos, é deixar de lado a força. Carl Jung propôs que os símbolos "perdem sua força", mas nós é que racionalizamos a força do símbolo para brincar emocionalmente com ele, em vez de nos submetermos a ele. Os verdadeiros símbolos têm acesso ao seu campo de potencial. O símbolo propicia uma dinâmica que precisa, ao mesmo tempo, ser convidada a entrar e adentrada, quando então a força do símbolo age sobre a nossa capacidade conceitual e muda-a. Quando um símbolo é apresentado de forma "concreta", com a qual podemos interagir de uma maneira tão palpável quanto comendo-o, por exemplo, nós nos abrimos para a força que existe dentro do símbolo, para sua forma "abstrata". Assim é toda aprendizagem, e é essa a razão pela qual há tanta força em "hospedeiros" palpáveis como o sacramento eucarístico e as "águas dos pés do Guru". A cruz, como símbolo, só funciona em conjunto com seu necessário complemento, a Eucaristia, a comunhão por meio do pão e do vinho.[2] Talvez não se possa ter um sem o outro.

Dom Juan, o mentor de Carlos Castañeda, achava que o peiote e outras plantas alucinógenas *eram* os deuses, e não que os "significavam". Essas plantas eram "plantas de força", e a força é ação, movimento, energia. Aquele que devora o deus não o faz para viver uma experiência, mas para assumir sua força, tornar-se esse deus. Trata-se de um ritual sério, levado a cabo sob a mais rígida "regra" desse sistema e sob a orientação de quem já percorreu esse caminho. Então essa força só deve ser usada para desenvolver a força desse caminho. O que se dedica à busca de emoções por meio de uma experiência quimicamente induzida ou à busca espiritual malconcebida, para ganhar a força com facilidade, pode queimar os miolos por sua falta de previsão. Se os cristãos que comungam vissem no pão e no vinho simplesmente um rito emocional — como eu via, enquanto anglicano, ou como os católicos fazem depois da "aposta de Pascal" (de que a igreja *poderia* estar certa e a transubstanciação ser verdade), tentando cobrir suas bases e proteger sua identidade — a força da Eucaristia, embora permanecesse ali, não se revelaria.

O hiato de dois mil anos entre a época de Jesus e os dias de hoje não afeta em nada a força do sacramento, já que nenhum dos campos é temporal ou espacial. Considere-se que a metadona bloqueou, por vários meses, os ferimentos e a dor de um acidentado, levando Lippin a perguntar onde estavam os ferimentos e a dor aquele tempo todo. Do mesmo modo, quando consideramos que uma sugestão pós-hipnótica se exerce após o período especificado, somos levados a perguntar onde estava a bolha e a sensação do queimar durante aquele tempo. Esses são pequenos efeitos dentro de campos sutis limitados, mas é instrutivo constatar que toda força pode funcionar assim.

A palavra *sacrifício* (que significa, como a palavra *sacramento*, "tornar pleno") assumiu conotações que, embora estranhamente negativas, são compreensíveis. Para tornar-se plenas, todas as partes devem ser deixadas para trás, já que o todo não é a soma de suas partes, mas um estado completamente diferente. Eckhart disse que "todos os objetos que têm nome" são deixados para trás quando se entra no desconhecido. Precisamos ir além da fragmentação das partes e deixar o mundo da diversidade para descobrir a única unidade de onde provêm todas as coisas. Bernadette Roberts reconheceu que Jesus só se tornava pleno naquele momento de abandono na cruz, quando clamou: "Meu Deus, por que me abandonaste?" Esse "Pai interior", sua fonte e seu guia, que na verdade o havia atraído àquele terrível acordo, aparentemente para *manter essa mesma relação interior*, desaparecera, deixando-o sem nada. Note-se, porém, que ele havia seguido esse guia interior com total obediência e dessa disciplina é que havia retirado a força e a convicção para segui-lo sempre, fazendo tudo o que fosse preciso para manter esse contato. (A evolução sabe como utilizar essa síndrome de gratificação inerente ao sistema límbico há tanto tempo.) Ele apostou tudo nessa relação interior e estabeleceu toda a operação de acordo com o que lhe era ditado de dentro. Isso incluiu sua última ceia com os apóstolos e o mandamento de "comer o seu corpo e beber o seu sangue" para manter o relacionamento *deles* com ele. Ele fez tudo isso só para manter o *seu* relacionamento e, no fim, não restou nem sinal deste nem de seu próprio eu. Porque uma relação se dá entre duas partes separadas. A primeira percepção de *tornar-se* "isso" era a sensação de completo abandono. Tudo o que restava era uma testemunha, quando tudo o que é testemunhado é Deus.

Porém, exatamente como fora planejado, ao tornar-se aquela meta suprema, o terrível símbolo usado por Jesus para chegar lá permitia acesso — ou "passagem", como a chama Bernadette Roberts — àquela meta. A força inteligente que o impelia àquele episódio concretizou-se naquele momento, gravando-se a ferro e fogo em nossa psique histórica com força inesquecível. Independentemente da nossa reação estética, intelectual ou religiosa à cruz e à comunhão, desse momento em diante passou a existir em nós, assim como o campo matemático, o musical ou qualquer outro, essa força que poderia, se seguida, conduzir-nos para além de todos os campos.

A força que tomou, enganou e tornou-se Jesus (e ele, ela) é que é a questão. Santo Agostinho disse que jamais houve um momento na História em que aquilo que chamamos o Cristo não estivesse entre nós. Jesus disse: "Antes de Abraão ser eu sou." Na psicologia oriental, esse Princípio do Cristo, visto por Agostinho como a estrutura subjacente à História, é chamado de Princípio do Guru, sendo que *guru* significa "mestre", aquele que nos conduz da escuridão da ignorância para a luz do conhecimento. (A palavra *rabi*, título dado a Jesus, também significa "mestre".) Já que toda a aprendizagem vai do concreto para o abstrato, o princípio vem se concretizando, assumindo carne e sangue ao longo das eras, como reconheceu Agostinho, "antes de Abraão" e hoje.[3]

Nos Evangelhos Sinóticos, Jesus afirmou que ele e seu Pai estavam "sempre trabalhando" e, numa aparição depois da crucifixão num Evangelho Gnóstico, Jesus disse, sobre a sua volta: "Estou sempre me transformando naquilo que vocês precisam que eu seja." No *Bhagavad-Gita*, Krishna diz a Arjuna que está sempre trabalhando, e que "era após era eu volto a vocês para trazê-los de volta ao Eu supremo". Isso é a evolução na sua constante tentativa de superar-se com um novo modo de ser, e é por isso que sabemos que, por trás do caráter aparentemente aleatório da criação, jaz um desígnio perfeitamente claro. O relato seguinte indica que essa aparição, ou "teofania", ocorre e sempre ocorreu o tempo todo.

O antropólogo Adolf Jensen nos deu o seguinte relato, feito a ele por um caçador apinaye da tribo Gê do leste do Brasil:

> Eu estava caçando perto das nascentes do riacho Botica. Durante todo o caminho eu estivera agitado e sobressaltado sem saber por quê. De repente, eu o vi sob as ramas que pendiam de uma grande árvore. Ele estava lá, de pé, bem empertigado. Seu cajado estava ao seu lado, apoiado no chão, mas ele o segurava pela ponta. Ele era alto, de pele clara, e seu cabelo quase tocava o chão. Tinha o corpo todo pintado e na parte externa das pernas havia listras vermelhas largas. Seus olhos eram exatamente como duas estrelas. Ele era muito belo.
> Imediatamente, vi que era ele. E então perdi toda a coragem que tinha. Fiquei de cabelos em pé, com os joelhos tremendo. Coloquei minha arma de lado, pois pensei comigo mesmo que teria de dirigir-me a ele. Mas não consegui emitir nenhum som, pois ele não tirava os olhos de mim. Então, baixei a cabeça para poder me recompor, e assim me mantive por um bom tempo. Quando consegui me acalmar um pouco, levantei a cabeça. Ele estava no mesmo lugar e me fitava. Afinal, recobrei a compostura e caminhei em sua direção até que meus joelhos cederam. Novamente fiquei parado, de pé, por um bom tempo. Então baixei a cabeça e tentei, mais uma vez, me recompor. Quando voltei a levantar os olhos, ele já havia se voltado e caminhava, lentamente, por entre as árvores. Fiquei muito triste.[4]

Esse é um perfeito exemplo do princípio do mestre, que está sempre se tornando. "Ele" aparece ao caçador como o caçador perfeito, pois *é* o próprio caçador em sua forma aperfeiçoada. O caçador o reconhece de imediato, já que não poderia ter reconhecido Jesus e a cruz, Krishna e a flauta ou Nossa Senhora de Medjagorge. "Ele" tem aparecido assim através dos tempos, oferecendo o laço, a união que nos levará além do nosso estado. Se o caçador tivesse sido capaz de aceitar esse laço, de falar — como intuitivamente sabia que deveria — e de aceitar o convite para entrar na projeção do seu supremo eu (que o aterrorizou tanto quanto aterrorizaria a qualquer um de nós), teria voltado transformado para a sua aldeia. Ele teria *sido* o caçador perfeito e o modelo de uma nova fase de conscientização entre a sua gente. "Quando eu for elevado, atrairei tudo a mim." (Ao longo dos séculos, inúmeras sociedades têm-se elevado desse modo.)

Durante séculos, as pessoas especularam tolamente sobre "onde" Jesus teria ido para "aprender" a fazer tudo o que fez. Tudo está dentro de cada um de nós e, nas condições adequadas, nossa perfeição "lança uma imagem" e nos convida a entrar, de acordo com um destino sobre o qual não temos controle nem sabemos para onde vai. "Ele" ou "isso", a própria evolução, está tentando continuamente tentando irromper em nossa psique humana. O fim da evolução já estava claramente articulado no primeiro instante da criação. O fim estava no início e já ocorreu no reino não-temporal. Mas o funcionamento do desígnio da evolução no tempo é outra questão, sujeita a inúmeros fatores aleatórios, inclusive os caprichos de nosso ego e vontade individuais.

No início de 1979, minha jornada interior havia encalhado, minha meditação estava inteiramente exaurida e eu me perguntava como encontrar ajuda quando tivesse uma experiência visual imprevista do meu ideal secreto, por tanto tempo acalentado, Jesus. Meu "modelo mítico" apareceu e orientou-me com toda a firmeza a ir em busca do meu mestre, cuja identidade e paradeiro eu desconhecia naquele momento. Essa diretriz me veio de forma tão concreta e simbólica, e de um modo tão compatível com a minha formação, que eu não poderia deixar escapar a mensagem, embora estivesse consternado diante da idéia de um guru estrangeiro. Meu antigo herói "tornou-se aquilo que eu precisava que ele fosse", conduzindo-me a um mestre de carne e osso, que me impeliu a uma fase inteiramente nova da minha jornada interior.

Se eu tivesse sido comungante católico como Roberts, com uma base tão sólida e uma vontade tão inquebrantável quanto a dela, minha necessidade poderia não se haver manifestado jamais ou, mesmo que se manifestasse, poderia ter sido satisfeita com outros métodos. Acontece que, depois de eu estar muitos prolíficos anos compartilhando o caminho do meu guru, meu antigo modelo ressurgiu e me pressionou a empreender outra mudança, uma reviravolta muito mais radical, e a abandonar meus novos parâmetros, tábua de salvação e sistema de apoio em que eu me amparara e que me conduzira a uma posição muito mais forte. O desígnio da evolução não dá garantias, nenhum lugar para "descansar a cabeça", já que sua meta é uma incógnita.

A afirmação: "Deus não pode ser outra coisa que não o seu próprio eu" representa diferentes aspectos dessa jornada. O primeiro é que cada um de nós é uma definição de Deus, uma definição que só poderia vir "depois dessa criação". Deus, nesse sentido, não tem nenhuma outra definição senão nós — para nós —, portanto, só o encontramos dentro de nós. O campo de variáveis compatíveis, ao mesmo tempo que jamais é alterado por suas variáveis, por não ter existência a não ser por meio delas, é um campo que reflete infinita e igualmente cada variável. A questão de Deus e de nossa relação com ele tem surgido em nossa mente através das eras, mas na verdade somos Deus fazendo essa pergunta; a criação deu origem a essa capacidade de autoquestionamento; somos o único veículo por meio do qual poderia surgir uma pergunta assim; e somos a única resposta a essa pergunta que só nós podemos fazer, a verdadeira compensação do fator novidade que temos dentro de nós. E Deus irá "existir" para nós até onde a nossa definição alcance, pois nós O definimos de acordo com a natureza e o caráter de nossos modelos.

Bernadette Roberts não teve os estigmas, já que não se sentia "esposa de Cristo", nem nada semelhante aos símbolos orientais de mediação. Ela nada tinha em que se apoiar senão "isso" que a fazia viver e a inspirava, mas o resultado final é o mesmo — e absolutamente diferente. Roberts progrediu claramente, passando pelos corações físico, sutil e causal, até que a síntese resultante fosse destruída para levá-la ao coração superior, o desconhecido absoluto.

O Deus que vem depois da criação, nossa primeira jornada necessária, evolui conforme os moldes de nossas definições. Conforme Paul Muller-Ortega, o crescimento do Deus Shiva remonta às primeiras e mais primitivas concepções de um deus local da fertilidade até os profundos *insights* de Abhinavagupta e do shivaísmo kashmir não-dual. Observe-se como o Deus primitivo, punitivo, julgador e assassino do Antigo Testamento se torna o Deus do amor por intermédio de Jesus.

"Quem é que sabe? Quem de nós pode dizer? [...] de onde ela veio — esta criação?", pergunta o hino do *Rig Veda*. O conhecimento e o objeto do conhecimento são um só. Segundo o *Rig Veda*, esta criação veio antes dos deuses, mas dela provém a eterna tentativa de essa criação de definir-se, dando lugar a uma infinita procissão de deuses, cada definição proporcionando outra faceta sua. E cada uma dessas definições expande as possibilidades das que as seguem, embora tenda a tornar-se arquetípica, um campo dentro do campo, conduzindo apenas a si mesma e por isso deve, por fim, ser abandonada e superada.

Os antigos dogmas decretavam que nenhum homem pode ver Deus, o que é verdade. Deus não é um objeto. Nós só podemos ver *como Deus*, mas então, quando isso acontece, Deus é tudo o que podemos ver. Walt Whitman perguntou: "Como posso ver Deus melhor que o dia?" e alegava ver Deus em milhares de rostos e nomes na rua. O antigo Rudram, um hino do *Krishna Yajur Veda*, canta os infinitos nomes e faces de Deus, que se encontra como cada um de nós: ele é o ladrão, o marginal, o santo, o escravo, o rei. Todos o definem e cada um precisa então viver a sua definição dele.

Como disse Blake, tudo aquilo em que se pode acreditar é uma imagem da verdade. A verdade é uma função, não uma coisa, uma idéia, um evento ou um *slogan* semântico. A verdade é como funciona a criação. Entendendo a função, não é preciso entender mais nada. O oposto da verdade é a ilusão, o não-funcional. Minha medrosa noção de eu, esse "furioso fardo de desejo num animal moribundo", como o chama William Butler Yeats, é a única ilusão que existe. Tudo mais é Deus. Assim a criação dá origem a Deus conforme é definido, o infinito definido a fim de conhecer-se enquanto um eu, enquanto eu e você. Mas Deus, como nossa definição percebida, ainda é "menos que", ainda é definido. Mesmo uma relação tão grande quanto a minha com o meu Eu maior é uma relação, e o relacionamento requer separação. Então, até mesmo esse tapete, a união do individual ao divino, será puxado sob nossos pés, mais cedo ou mais tarde. E aí se abrirá um novo estágio. Teremos de abandonar o porto seguro até mesmo desse conhecimento superior, já que, como disse Eckhart, todas as coisas conhecidas terão de ser deixadas para trás. Só então iremos expressar o fim da evolução que estava no seu começo, que é a abertura de uma nova evolução.

A gota torna-se o oceano e o oceano se percebe na gota, como observou o poeta Kabir. Tudo é uma dinâmica, e essa dinâmica é Deus. Todos os que avançam até a suprema base é essa base em seu todo, e ela é tudo o que existe. Mesmo assim, e agora? Agora a força criadora fará seus mundos se abrirem diante dessas pessoas, como é de seu feitio. Cada um que atinge o mais alto é igualmente o que é visto, o ato de ver e o que vê, embora simplesmente testemunhe a *sua* dança. Cada testemunha entra, participa, dirige e representa Deus — mas a criação faz a dança. Para onde quer que olhem, criam-se mundos — mas a criação faz esses mundos. A alma de Eckhart só "projeta a imagem para penetrar nela"; mas de onde vem a imagem e quem a está projetando? A eterna pergunta e assombro permanecem: "De onde ela vem, esta criação? Mas quem *é Ela*, que vem antes de todas as coisas?"

Notas

Nota: As referências completas estão na Bibliografia.

ORIGENS
1. *Oriental Philosophies*, John M. Kolber. (Nova York: Scribner's Sons, 1985.)

INTRODUÇÃO
1. Em plena forma aos setenta e tantos anos, Pribram explora ainda mais esses processos paralelos em seu mais recente livro, *Brain and Perception; Holonomy and Structure in Figural Processing* (1991, Hillsdale, New Jersey, Lawrence Erlbaum Associates), embora o faça com base no material mais difícil e nos conceitos mais assombrosos que já vi.
2. Gould, Stephen Jay, 1987.
3. O termo, usado por Gregory Bateson em seu extraordinário trabalho *Mind and Nature* (1979, Nova York, E. P. Dutton), vem do grego e significa aleatoriedade com propósito, tendo sido usado para descrever o modo de profusão da natureza: "Se uma seqüência de eventos alia um componente aleatório a um processo seletivo de forma que apenas certos resultados do aleatório podem resistir, essa seqüência é dita estocástica." Acredito que unidade e diversidade operem estocasticamente.
4. Larry Dossey-*Recovering the Soul: A Scientific and Spiritual Search* (1989, Bantam Book, N. Y.) é incrivelmente parecido em conteúdo e em formato com este livro, mas foi-me enviado demasiado tarde para poder ser usado como referência em meu trabalho — do contrário, eu provavelmente o estaria citando a cada página. O mínimo que posso fazer é sugerir aos leitores que descubram o que esse extraordinário homem da medicina tem a dizer. [*Reencontro com a Alma*, publicado pela Editora Cultrix, São Paulo, 1992.]

1. O ENIGMA DO IDIOTA-SÁBIO
1. Agora eles são conhecidos no mundo anglófono como *idio-savants* (sendo *savant* uma palavra francesa que significa "erudito, estudado"). (N. da T.)
2. Os gêmeos George e Charles viveram muitos anos no Letchworth Village Mental Hospital, nos arredores da cidade de Nova York, e eu encontrei alguns relatos sobre eles no início dos anos 70. Até a publicação do livro de Treffert, só encontrei material a respeito de, no máximo, umas doze pessoas assim.
3. Treffert 1989.
4. William Blake, *Selected Poetry and Prose of William Blake*, organizado por Northrop Frye (Nova York: The Modern Library, 1953), discurso VI, notas marginais, p. 453.

5. Gardner 1984.
6. Walt Whitman, "There Was a Child Went Forth", em *Leaves of Grass*, seleção de Lawrence Clark Powell (Nova York: Crowell, 1964.)
7. Chamberlain 1989; Cheek 1988.
8. Tart, Puthoff e Targ 1980.
9. Jahn e Dunne 1987.
10. Pribram 1977 e 1982.
11. Fontes gerais: Bohm 1957; Bohm e Peat 1987; Bohm e Weber 1978; Jahn e Dunne 1987; Kafatos e Nadeau 1990.
12. Bruner 1962; Laski 1962; McKellar 1957.
13. Gould, Gordon, 1988.
14. Ver Pearce (1971) para uma descrição detalhada do fenômeno Heureca! e Briggs a respeito do processo criador em geral.

2. CAMPOS DE NEURÔNIOS

Epígrafe: Eric I. Knudsen, Sascha du Lac e Steven D. Esterly, *Annual Review of Neuroscience*, vol. 10, p. 59. (Palo Alto, CA: Annual Reviews Inc., 1987.)

1. Sternberg 1975. O trabalho de Saul Sternberg baseia-se numa teoria do grande matemático Henri Poincaré, que, a partir da introspecção sobre seu próprio trabalho criador, propôs isso em 1909.
2. Gardner 1984.
3. Rosenfield 1988.
4. Alguns teóricos acreditam que os neurônios "transduzem" energia potencial. A *transdução* é transferência de energia de um estado a outro sem perda ou custo de energia. Entretanto, o cérebro usa muito mais energia que qualquer outra parte do corpo; portanto *tradução* talvez seja um termo não apenas mais preciso como também mais acessível.
5. Edelman 1987. Gerald Edelman tem uma brilhante teoria a respeito do estabelecimento dos campos. Taubes 1989 descreve graficamente essa estrutura vibratória.
6. Gazzaniga 1985.
7. Humberto Maturana e Francisco Varela mostram por que a expressão *processar informações* está errada, já que o ambiente, que é a "informação", é parte integrante do acoplamento estrutural que está ocorrendo. A expressão é tão convencional e conveniente — e os termos mais precisos que eles sugerem, tão complexos — que infelizmente o melhor que posso fazer aqui é cair no "processamento de informações".
8. Condon 1974. William Condon não encontrou nenhuma reação muscular aos fonemas em recém-nascidos de mães surdas-mudas. Entretanto, dado um ambiente lingüístico suficiente, essas crianças por fim apresentam a reação. Aliando isso ao trabalho anterior de Bernard e Sontag, deduzo que a reação aos fonemas deve desenvolver-se no último trimestre, já que a reação motora à linguagem começa no sétimo mês e se encontra plenamente desenvolvida imediatamente após o nascimento em bebês de mães que podem falar, mas não em crianças filhas de mães surdas-mudas.

Em trabalhos posteriores, Condon fala de vínculos lingüísticos entre mãe e bebê baseados em estruturas universais compartilhadas. Em "More evidence for innate

language concept", de *BMB Themepack* nº 11, vol. I e II, 1977, ele propõe que "os mecanismos psicológicos básicos impõem desde o início estrutura perceptiva".
9. Ver MacLean (1985, p. 414): "O córtex anterior cingulado é importante nos seres humanos para a iniciação de formas emocionais de vocalização." O uso emocional de fonemas forma-se nos primeiros meses, durante e após a estabilização visual.
10. Ver Maturana e Varela (1987) e *BMB* (4 e 18 de abril de 1977) para discussões sobre pontos cegos.
11. Berndt, *Nature*, p. 316.
12. Maturana e Varela 1987, pp. 75-9.
13. Os campos são compatíveis ao dar origem à sua própria categoria de experiência; são variáveis no sentido de que jamais há duas expressões idênticas.
14. Condon e Sander 1974. Os bebês sem problemas auditivos filhos de pais surdos desenvolvem reação muscular e fala normal se submetidos a um ambiente de fala durante os primeiros sete anos. Ver também Woods e Carey, *BMB*, 1980.
15. Beaulieu e Colonnier, *Journal of Comparative Neurology*, pp. 478-94.
16. Bernard e Sontag 1947.
17. Restak 1984, p. 265.
18. Numa viagem que fiz em 1989, enviaram-me esse trabalho acadêmico depois de uma palestra numa universidade. Ele trata da relação entre a população neural e o desenvolvimento, traçando um resumo dos picos de crescimento periódicos, nos quais se formam novas células gliais de apoio e conexões axodendríticas e apresentando novas informações que explicam certos aspectos do desenvolvimento que até então não haviam sido muito bem entendidos. Uso amplamente essa informação na Parte Dois e na introdução à Parte Dois, apesar de o trabalho ser uma fotocópia muito ruim e a fonte não estar legível. Já que suas referências são excelentes e provêm de fontes de várias partes do mundo e já que sempre encontrei pesquisas que o apóiam, decidi usar suas informações mesmo sem poder citar sua fonte exata. A defesa integral de suas diversas proposições exigiria um estudo à parte.
19. Giorgi, *New Science*; Bunge e Eldridge 1986.
20. Changeux e Danchin, *Journal of Comparative Neurology*; Haier 1988.
21. Sheldrake 1982.

3. MENTE E MATÉRIA

Epígrafe: Bohm e Peat 1987, p. 186.
1. Muller-Ortega 1989.
2. Shimony 1988.
3. O Teorema de Bell surgiu de uma longa polêmica entre Albert Einstein e Neils Bohr com relação às influências não-localizadas na estrutura atômica. John Bell propôs um teste de laboratório por meio do qual a questão poderia ser resolvida. Nesse caso, provou-se que Einstein estava errado ao negar a não-localização. Ver Kafatos e Nadeau (1990 e 1991) para uma explicação detalhada.
4. Einstein detectou o que parecia ser uma contradição na física quântica; seu famoso comentário sobre os "assombrosos" atos a distância, na verdade acabou dando

ensejo a toda a questão da "não-localização". Para maiores detalhes, ver Shimony (1988) e Kafatos (1990).
5. Ver Feynman (1985) para uma pesquisa fascinante sobre o efeito elétron-fóton que dá origem à matéria física.
6. Prigogine 1984, p. 293.
7. *Ibid.*, p. 41.
8. Bohm e Peat 1987, p. 183.
9. A sugestão de uma força que organiza ou governa assim é um constrangimento para o pensamento clássico. A proposta de Bohm perdeu respaldo nesse ponto simplesmente por causa de seu risco político, embora seja esse o ponto em que a mudança do nosso atual paradigma se desdobra. A reivindicação final de Bohm está assegurada.
10. Um interessante paralelo entre o shivaísmo não-dualista e a física quântica foi traçado pelos físicos Menas Kafatos e sua mulher, Thalia Kafato. Seu trabalho foi publicado enquanto eu fazia minhas últimas correções a este manuscrito e, por isso, posso apenas fazer-lhe referência.

4. CAMPOS DE INTELIGÊNCIA

Epígrafe: Shri Guru Gita ou Vishnu Saharanama, *The Nectar of Chanting* (SYDA Foundation, South Fallsburg, NY 12779), verso 100.
1. Maturana e Varela 1987, pp. 152-53.
2. Durante muitos anos, MacLean foi chefe do Laboratory of Brain Evolution and Behavior, do National Institute of Health.

5. O CÉREBRO TRI-UNO: AS NOSSAS TRÊS MENTES

Epígrafes: Harwood 1904-1905, p. 838; Sheldrake 1982, p. 283.
1. O Laboratory of Brain Evolution and Behavior, National Institute of Health, Bethesda MD20014, dispõe de reimpressões de muitos dos trabalhos de MacLean.
2. Por uma questão de simplicidade, e sem ferir os princípios da apresentação do sistema-R de Paul MacLean, eu a ampliei para que incluísse os sistemas sensório-motor e basal, assim como a medula espinhal e suas "proto-inteligências", de acordo com o *cérebro nuclear* de Karl Pribram. Tudo isso junto nos dá a percepção de uma experiência física, retroalimentando estruturas corticais superiores, quando necessário, por meio do sistema-R.
3. Assim como uma pessoa hipnotizada pode criar uma bolha se lhe disserem que o bastão que a toca é um ferro em brasa, os sinais enviados pela mente imaginativa superior podem afetar seriamente o sistema-R e o sistema límbico. O uso de imagens no combate às doenças vem crescendo rapidamente.
4. Lorber, *Science*, 1232-234.
5. Cloninger 1986. Dopamina para buscar o novo; serotonina para evitar os danos; norepinefrina para manter o nível de gratificação.
6. Nesse contexto, *testemunhar* significa afastar a mente das emoções e apenas observar — um estado de liberdade que abre um aspecto inteiramente novo da realidade. Baba Muktananda (1978) e a ex-freira católica Bernadette Roberts são os que nos dão a melhor descrição desse estado.

6. IMAGENS DA VIGÍLIA E DO SONHO

Epígrafe: William Blake, *Selected Poetry and Prose of William Blake*, org. por Northrop Frye (Nova York: The Modern Library, 1953), 100.

1. Siegle, *Trends in Neuroscience*.
2. Hubel 1988, 1983.
3. Sacks 1984, p. 162.
4. Jenny 1984.
5. Prigogine 1984, p. 142. O fenômeno em que as moléculas de água formam hexágonos quando atingem o ponto de fervura é chamado de *Instabilidade de Bernard*.
6. Fisher, *Journal of Nervous and Mental Disease*; Foulkes 1971.
7. Monroe 1971. Isso nos leva a algumas das complexas questões brilhantemente analisadas por Robert Monroe, que fez um dos melhores estudos sobre estados sutis já registrados.
8. Herman 1984. Os sujeitos que usam lentes telescópicas inversas durante o dia sonham com miniaturas à noite.
9. Ver Smith e Kelley, *Physiology and Behavior*.
10. REM, de *Rapid Eye Movement*, ou movimento ocular rápido. (N. da T.)
11. Tenho uma amiga, na Austrália, que passou oito anos com um grupo de aborígines que ainda viviam em sua tradicional Hora do Sonho. De acordo com ela, praticamente todos os estudos antropológicos sobre os aborígines têm graves defeitos, e a mudança de realidade é muito mais drástica do que um observador ocidental pode detectar. Outro amigo, um médico que é também psicólogo junguiano, passou um bom tempo com um grupo de aborígines. Embora fisicamente bastante reais, suas experiências pertenciam a uma dimensão inteiramente descartada por outras mentalidades.
12. Katz 1982.
13. Tart 1969.
14. William Blake escreveu: "Com o raciocínio, o homem só pode comparar e julgar aquilo que já percebeu. [...] Da percepção de apenas três sentidos ou três elementos, não se poderia deduzir um quarto ou quinto. [...] Ninguém poderia ter senão pensamentos naturais ou orgânicos se não tivesse senão percepções orgânicas. [...] O que o homem percebe não se prende aos órgãos da percepção; ele percebe muito mais do que os sentidos (por mais agudos que sejam) podem descobrir." (Blake, *Selected Poetry and Prose*, 100.)

7. VISÃO

Epígrafe: Jahn e Dunne 1987, p. 283.

1. Lusseyran 1988.
2. Pettit 1981. Nota: Anna Mae alega ter sonhado em cores.
3. Von Senden (1960) foi quem primeiro reportou o fracasso dessa operação para possibilitar a visão.
4. Kafatos e Nadeau 1990, p. 64.
5. Hubel 1988.
6. Maturana e Varela 1987, p. 162.
7. Isso é chamado de *efeito Mondrian*.
8. Maunsell e Newsome 1987, p. 371; compare-se com Hubel 1988.

9. Vasiliev 1977. Um coágulo sangüíneo na proeminência óptica causou essa peculiaridade.
10. George Wald (1988) mostrou que o olho foi aperfeiçoado cedo na história da evolução e que os olhos do sapo, do coelho e do homem eram bastante parecidos. Só que ele pergunta: "Mas será que o *sapo* vê?"
11. Johnson 1980; Zimmler e Keenan 1983.
12. Restak 1984, p. 65.
13. *Ibid.*, p. 67.
14. Uma das experiências psicodélicas de Carlos Castañeda foi um mosquito de dezenas de metros. Oliver Sacks relatou como sua perna ferida lhe parecia ter cinco centímetros num instante e três metros no outro, a partir do momento em que sua percepção dela começou a se reestabilizar depois do escotoma.

8. SOM

1. Restak 1984, p. 67; Jay e Sparks 1984.
2. Tomatis 1991, p. 41.
3. Tomatis 1983.
4. Chamberlain 1988, pp. 22 e 23. Truby alega que o feto, em sua última fase, pratica todos os delicados controles motores da voz, inclusive o grito da separação, numa preparação para o nascimento.
5. Bernard e Sontag 1947; Chamberlain 1988, p. 25; Tomatis 1991, pp. 35ss. As células que *percebem*, no corpo humano, derivam do tecido que produz as células de Corti.
6. Chamberlain 1988, p. 22.
7. Tomatis 1991, pp. 35ss., 1983.
8. Restak 1984, p. 67.
9. Power 1981.
10. Restak 1984, p. 67.
11. Tomatis 1991, p. 40.
12. Rosenberg 1983; Zurek, *Scientific American*.
13. Brown *et al.* 1983. A teoria de que o som do estado estável do cérebro é produzido pela estrutura capiliforme da cóclea tem sido amplamente desacreditada, e não só por Tomatis. Mesmo o senso comum diz que esses cabelinhos não podem produzir a espantosa faixa de matizes e volumes produzida e cumprir todas as outras tarefas que lhes são atribuídas. Em casos graves de tinido, é possível ouvir a irradiação das vítimas se ficarmos cerca de trinta centímetros de distância delas.
14. Essa freqüência primária, da qual provém a nossa própria transmissão de som, localiza-se no alto do crânio, nas fontanelas, e é o som Om — a fonte de toda criação —, ao qual se refere a psicologia oriental. O zumbido no ouvido é uma das inúmeras freqüências inerentes a essa freqüência primária.
15. Tomatis 1991, p. 40.
16. Zuccarelli 1981.
17. As fitas holofônicas podem ser pedidas ao *New Sense Bulletin*, P.O. Box 42211, Los Angeles, CA 90042 (telefone: 800 553-MIND).
18. Keeton 1977.
19. Landau 1981.
20. Maturana e Varela 1987, p. 244.

9. ESTADOS MENTAIS: O CORPO PARA COMBINAR

1. Muktananda 1978; Muller-Ortega 1989; Pearce 1985.
2. McDermott 1984.
3. "Endorphin system may sidetrack pain below Level of Awareness", *BMB Themepack* nº 15, vol. III, uma explicação de Lippin e Metadona, 1977-78.
4. A dor em membros-fantasma vem sendo estudada desde a Guerra Civil Americana. Hoje ela geralmente é atribuída a mapas cerebrais, o que provavelmente é só metade da história; a outra metade pode estar no fato de que esses mapas traduzem por meio da estrutura neural, mas não estão contidos nela.
5. Sacks 1984, pp. 129ss.
6. *Ibid.*, pp. 138ss.
7. Gackenbach e Bosveld 1989. Lendo Gackenbach e Bosveld, tenho a impressão de que o sonho comum é uma inteligência não-desenvolvida.
8. Sheldrake 1982.
9. Uma relação direta entre a antiga teoria das *samskaras* e os campos mórficos de Sheldrake foi traçada em *BMB Themepack* nº 15, vol. VI, 1981 e outros.
10. Farber 1980.
11. Becker e Selden 1985.

10. QUEM SE LEMBRA?

1. Penfield 1977.
2. Ver Levi-Montalchini 1988; Wong e Miles 1984. Ao que parece, o efeito "célula-alvo" é uma medida comumente tomada pelo cérebro.
3. Chamberlain 1988, pp. 43 e 44.
4. Chamberlain 1989.
5. O poeta George Franklin ajudou-me imensamente com suas revisões a chegar a uma versão inicial de *O Fim da Evolução*. Suas idéias jamais deixaram de abrir novos caminhos para mim, permitindo-me afirmar tranqüilamente que sua inteligência vem exercendo grande influência sobre o meu modo de pensar dos últimos dez anos para cá, pelo menos.
6. Hilgard 1976.
7. Ver Holden e Guest, *BMB* 1991.
8. Blake, *The Marriage of Heaven and Hell*, p. 126.
9. Maturana e Varela 1987, pp. 245-46.

PARTE DOIS: COMO DESENVOLVER O CONHECIMENTO DO MUNDO

1. Epstein, Herman 1974. Gazzaniga 1985.
2. Levi-Montalchini 1988; Rakic 1987. Rakic menciona a superprodução de sistemas neurais nos anos de desenvolvimento e a periódica eliminação de uma grande população de células. Chugain 1987 relata que o metabolismo cerebral aos 2 anos de idade é idêntico ao de adultos, aos 4 anos, o dobro do de adultos, e aos 6 anos, o dobro disso. Esse estado de "sobrecarga" cai por volta dos 10 anos e atinge os níveis normais no adulto aos 14. Os picos de crescimento podem ser em células gliais de apoio, mas se concentram, na maior parte, nos aumentos de conexões axodendríticas.

11. O VÍNCULO CORAÇÃO-MENTE

1. Bernard e Sontag 1947; Whittleston 1978.
2. Atribuído a Christian Barnard.
3. Lacey e Lacey 1977.
4. Cantin e Genest 1986.
5. Cannon (1939) cunhou o termo *homeostase*, que significa "manutenção da mesma estabilidade", para referência à capacidade do organismo de manter todos os seus inúmeros órgãos em sincronia e estabilidade.

12. O VÍNCULO MÃE-FILHO

Epígrafe: MacLean, "The Triune Brain in Conflict", em *Family, Play, and the Separation Call*, vol. 12, p. 215, 1985.

1. Ainsworth 1967, 1964; Geber 1958; Montagu 1962, 1964.
2. Kennell, Trause e Klaus 1975; Klaus 1970.
3. Chamberlain 1988, p. 25.
4. Kennell e Klaus 1979; Klaus 1970; Klaus 1972.
5. Hales *et al.* 1977; Harlow 1959; Harlow e Harlow 1962. A maioria das pesquisas enfatiza o *stress*. A relação entre este e as supra-renais é feita por simples dedução e por pesquisa dos sistemas cognitivo-emocionais.
6. Fantz 1958, 1961.
7. Maunsell e Newsome 1987, p. 389. Muitos pesquisadores observaram a importância do reconhecimento de um rosto situado a uma distância entre quinze e trinta centímetros pelo bebê; essa distância geralmente é atribuída à falta de visão de longo alcance no recém-nascido. Tão importante quanto isso é que o domínio físico do recém-nascido ainda não foi estabelecido; ele existe essencialmente no "corpo" sutil ou implicado, que possui uma ressonância de cerca de quinze a trinta centímetros em torno do corpo físico. Esse é o mundo do bebê, o qual precisa ser penetrado se quisermos estabelecer contato com ele.
8. MacLean 1985. Paul MacLean mostra por que os sistemas cerebrais maiores e mais complexos exigem prole menor, embora esta exija cuidados maiores.
9. Montagu 1971; Prescott 1974, 1975.
10. Maturana e Varela 1987, p. 127.
11. Levine 1960, pp. 80-6.
12. Klaus 1972; ver também Hull, Klaus e Kennell 1976.
13. MacLean 1985. MacLean fala de uma tríade comportamental: fase de amamentação e cuidados maternos; comunicação audiovocal com manutenção do contato mãe-filho; e brincadeira. O desenvolvimento dessa tríade está relacionado com a divisão tálamo-cingular do sistema límbico e ao neocórtex pré-frontal. "O giro cingulado do sistema límbico [permite] prosseguir interpretando com firmeza as nossas esperanças para nossos filhos e os filhos de nossos filhos."
14. Justin Call, médico da University of California at Irvine, realizou estudos longitudinais que mostram que os bebês amamentados pelas mães são mais inteligentes. Ver Call, Kennell e Klaus, *Frontiers of Psychiatry* (Nova York: Basic Books). Durante a minha última viagem à Nova Zelândia, li relatórios médicos que concluíam que os bebês amamentados com leite materno não são mais inteligentes que os amamentados com mamadeira. A Nova Zelândia tem um sistema de partos muito

mais tranqüilo que o nosso; então, pode ser que haja outros fatores — ou esse relatório pode simplesmente ter algum viés. Mais uma vez, ver o trabalho de Geber (1958) e Ainsworth (1967).
15. Ver Ringler *et al.*, 1978.
16. Ainsworth 1967; Geber 1958. No caso de meus próprios filhos, o que nasceu em casa e foi amamentado atingiu a constância dos objetos por volta dos sete meses; no mínimo seis meses antes dos outros.
17. Odent 1986. A relação entre as imunidades e o vínculo foi um dos principais tópicos da Oxford Conference on Birth and Nutrition em 1982.
18. Fontes: International Childbirth Education Association, P.O. Box 20048, Minneapolis, MN 55420; American Foundation for Maternal and Child Health, 439 E. 51 Street, Nova York, NY 10022; NAPSAC International, Box 646, Marble Hill, MO 63764.

13. A RUPTURA DO VÍNCULO

1. Fontes: International Childbirth Education Association, P.O. Box 20048, Minneapolis, MN 55420; American Foundation for Maternal and Child Health, 439 E. 51 Street, New York, NY 10022; NAPSAC International, Box 646, Marble Hill, MO 63764.
2. "Operation Task Force Caesarean", 1977. Esse boletim está disponível no Printing and Publications Management Branch, HEW, 5600 Fishers Lane (Rm 6C02), Rockville, MD 20857.
3. Windle 1969. No parto submerso, os bebês ficam até vinte minutos debaixo d'água depois do nascimento. Não estou recomendando que se faça isso sem os cuidados e a assistência necessários, mas o fato é que o cordão umbilical continua a fornecer oxigênio depois do nascimento enquanto for preciso.
4. Ver Towbin 1968.
5. Windle 1969; ver também Brackbill 1979.
6. Windle 1969.
7. Chamberlain 1988, p. 205.
8. Chatwin (1987) apontou essa relação entre o grito de separação, os predadores em nosso passado remoto e o estranho silêncio dos berçários hospitalares.
9. Spitz 1965: "Concordo com a opinião de Freud de que no nascimento não há consciência; por conseguinte, não pode haver percepção nem experiência consciente. Assim, é raro encontrar a reação do sorriso antes dos três meses de vida." Nada perdura tanto quanto uma idéia má e equivocada.
10. Citada por Beadle (1970). Esse comentário, na verdade, foi feito anos atrás por Katherine Bridges.
11. Jacobson *et al.* 1988; Brackbill 1979.
12. Spitz 1965: "A concepção freudiana do neonato como um organismo psicologicamente indiferenciado [...], [que não possui] consciência, percepção, sensação nem nenhuma das outras funções psicológicas."
13. Ver *The Truth Seeker*, organizado por James Prescott, cuja edição de julho/agosto de 1989 (vol. 1, nº 3) foi inteiramente dedicada à mutilação genital. A questão causou-me um choque, mesmo que eu conhecesse em parte a prática. (*The Truth Seeker*, P. O. Box 2832, San Diego, CA 92112-2832.)

14. Relatórios completos disponíveis por intermédio da NAPSAC International, Box 646, Marble Hill, MO 63764.
15. *An Ounce of Prevention* 1981.
16. Ainsworth 1967; Geber 1958.
17. Relatórios completos disponíveis por intermédio da NAPSAC International, Box 646, Marble Hill, MO 63764; International Childbirth Education Association, P.O. Box 20048, Minneapolis, MN 55420; American Foundation for Maternal and Child Health, 439 E. 51 Street, Nova York, NY 10022; NAPSAC International, Box 646, Marble Hill, MO 63764.

14. NOME E COISA

1. Luria 1961.
2. Furth 1973, 1966. Os estudos de Hans G. Furth mostram que as crianças que sofrem de surdez congênita progridem trilhando o mesmo caminho organizado de desenvolvimento lógico que as crianças de audição normal, embora mais lentamente. Se não dispuserem de um sistema assim, as crianças surdas-mudas estabelecem espontaneamente entre si "sistemas de sinalização" para comunicar-se e concordar quanto aos eventos de sua experiência. Vale a pena lembrar que o som e o tato são apenas duas interpretações da mesma experiência sensorial.
3. Jones 1972. Blurton Jones pertencia ao grupo de etologistas (cientistas do comportamento animal) do prêmio Nobel Nikos Tinbergen.
4. Gardner 1985, p. 327; McFarland e Kennison, *Journal of General Psychology*; Otto, *Biological Psychiatry*, 22:1201-15.

    Otto alega que "[...] a depressão é uma disfunção do hemisfério direito [...]". As visões negativas ativam o hemisfério direito, chamado de "guardião evolucionário". O hemisfério direito está mais intimamente ligado ao despertar em geral, podendo ativar-se a si mesmo e ao hemisfério esquerdo, ao passo que este só se ativa a si próprio.

    De acordo com um relatório sobre o trabalho de Richard Davidson (State University of New York at Purchase), em *BMB Themepack* nº 16, vol. III, 1977-78, "Os hemisférios reagem de forma distinta aos afetos. O conteúdo emocional positivo ativa o hemisfério esquerdo; o negativo, o direito" e assim por diante. Essa pesquisa mostra os efeitos fisicamente "holísticos" do hemisfério direito, mais ligado às estruturas do sistema-R e do sistema límbico e, assim, com maior reação e interesse diante dos relatórios ambientais, principalmente se negativos. O hemisfério esquerdo, mais independente, não está sujeito a esse tipo de *feedback* e, assim, pode operar fora e além das ações das estruturas evolucionariamente inferiores. Além disso, ele não está sujeito ao *feedback* dos sistemas inferiores e representa uma ação evolucionária superior. Assim, as operações intelectuais mais abstratas e "formais" do hemisfério esquerdo abrem-se posteriormente ao desenvolvimento. Além disso, este tipo de pesquisa mostra quais as ações independentes, laterais, de diferentes estruturas cerebrais possíveis, bem como as funções mais integradas.

15. CICLO DE COMPETÊNCIA

Epígrafe: William Blake, *Selected Poetry and Prose of William Blake*, org. por Northrop Frye (Nova York: The Modern Library, 1953.)

1. Bruner 1971.
2. Exemplos de ambientes ideais para a aprendizagem são a magnífica "Workshop Way", de Grace Pilon; as Waldorf Schools, de Rudolph Steiner; as escolas autenticamente montessorianas; a extraordinária Blue Rock School, de Nyack, NY; e a Sudbury Valley School, de Massachusetts. Esses exemplos poderiam facilmente ser multiplicados em nosso país — poupando assim tanto em termos monetários quanto mentais.

    Education Through Music (ETM), Richards Institute, 149, Corte Madera Road, Portola Valley, CA 94025, ou P.O. Box 6249, Bozeman, MT 59771-6249. No Canadá: G. McGeorge, Box 1240, Chatham, Ontario, Canada.

    Waldorf School, Waldorf Institute of Spring Valley, Hungry Hollow Road, Spring Valley, NY 10977.

    Rudolph Steiner College, 9200 Fair Oaks Blvd., Fair Oaks, CA 95628.

    Workshop Way, Xavier University of Louisiana, 7325 Palmetto Street, Box 144C, New Orleans, LA 70125.

    Oakmeadow School, P.O. Box 712, Blackburg, VA 24063 (telefone: 703 552-3263).

    Blue Rock School, P.O. Box 722, West Nyack, NY 10994.

16. A VONTADE E OS DOIS TERRORES
1. White 1975; ver também Pearce 1977.
2. Gazzaniga 1985.

17. INTUIÇÃO: VER DENTRO E VER ALÉM
1. Peterson 1987; Shields 1976. James Petersen escreveu bastante sobre a vida secreta das crianças. *The Secret Life of Kids*, título de um de seus livros, descreve centenas de exemplos de fenômenos intuitivos na primeira e segunda infâncias.

    O médico Gerald Jampolsky escreve sobre as dezenas de crianças de 4 e 5 anos de idade levadas a seu consultório porque os pais achavam que elas estavam apresentando surtos psicóticos — quando, na verdade, tratava-se apenas de fenômenos intuitivos normais.
2. Wallach 1990.
3. Ainsworth 1964; Geber 1958. Segundo me informaram, na Guatemala a mãe que se suja com o pipi do filho depois do primeiro dia é considerada uma mulher burra.
4. Convido-o a ler *Wild Animals I Have Known*, de Ernest Thompson Seton. (Berkeley, CA: VBT Creative Arts Book Company, 1987.)
5. No meu primeiro livro, *The Crack in the Cosmic Egg*, listo uma série de exemplos de atividade paranormal considerados como fatos normais pelos aborígines.
6. Gazzaniga (1985) e Chugain (1987) relataram 50% a mais de conexões sinápticas nas crianças que nos adultos. O cérebro da criança de 4 anos de idade usa o dobro da energia usada pelo cérebro adulto, atinge o pico entre os 6 e os 7 anos, cai por volta dos 10 e atinge níveis adultos em torno dos 14 anos. As idades apontadas por Chugain coincidem com as de outros estudos, mas suas estimativas de conexões são bem inferiores às dos demais.

18. O BRINCAR
1. Langer 1942, p. 60.
2. Barfield 1971; também Northrop Frye, *Fearful Symmetry, A Study of William Blake* (Princeton, NJ: Princeton University Press, 1947). Juntamente com o raciocínio de

Goethe, essa linha de pensamento, contrária às noções cartesianas, percorreu todo o século XIX.
3. Isso poderia ser feito por meio do circuito de retroalimentação do neocórtex ao sistema límbico e também do sistema-R ao sistema límbico e ao neocórtex — ou, talvez, de uma mistura de ambas as possibilidades. De qualquer modo, já que sabemos que o sistema límbico está envolvido na aprendizagem e na memória, ele é sem dúvida medial.
4. Sugiro a leitura de um relato feito por Farley Mowatt sobre o filho de um xamã. Aos 5 anos, esse menino foi colocado junto a uma família de lobos por um dia e uma noite. Lá ele estabeleceu uma relação que duraria a vida inteira com os lobos, e desde então foi capaz de interpretar os uivos que davam quando acompanhavam os movimentos de uma manada de renas selvagens.
5. Fisher *et al.*, *Journal of Nervous and Mental Disease*; Foulkes 1971.
6. O fato de compartilharmos material genético com os primatas superiores não quer dizer que nós "venhamos" deles. A maioria desse material nós compartilhamos também com os lobos e os ursos, além dos macacos — e alguns lobos são mais inteligentes que os macacos (e algumas pessoas). Devemos dizer que os golfinhos "descendem" dos macacos porque eles também compartilham muitos processos biológicos? Os vermes e as minhocas copulam — de uma certa forma —, mas por isso devemos presumir que Romeu e Julieta "descendem" dessa linhagem? Deveríamos pelo menos reconhecer a *ascendência* quando a encontramos.
7. Bettelheim 1987.

19. O FIM DA BRINCADEIRA

1. Buzzell; Healy 1990; Mander 1977.
2. Michael Toms, da New Dimension Radio e Consultor de Aquisições da Harper San Francisco, foi quem me apontou isso.
3. Prose 1990.
4. Buzzell.
5. Hayes e Birnbaum, *Developmental Psychology*.
6. Buzzell; também Mander 1977.
7. Buzzell.
8. Um famoso diretor de TV convidou-me para ser consultor de uma série infantil, supostamente criada para estimular o desenvolvimento da imaginação. A produtora da série já tinha assinado contratos de patrocínio com fabricantes de brinquedos que haviam estipulado os "habituais dezesseis atos de violência por hora" (ou, diz a lógica, as crianças perdem o interesse). O diretor estava preocupado em como incorporar tanta violência à série sem que as crianças fossem afetadas. Eu, discretamente, pulei fora.

20. OPERAÇÕES CONCRETAS

1. Hasted 1981.
2. Josephson 1975.
3. Manning 1975. O cerebelo é uma parte muito complexa e pouco conhecida do cérebro, composta de cada um dos três níveis, mas contendo talvez um trilhão de células granulares, em vez dos habituais neurônios. O cerebelo recebe três vezes mais sinais do que emite, podendo muito bem ter um papel importante na percepção.

4. Sky 1989.
5. Grosvernor 1966.
6. Já pude experimentar, por mais de uma hora, o contato direto e ininterrupto entre a minha pele e carvões em brasa a 750ºC sem bolhas nem qualquer outro efeito prejudicial. A única coisa que senti foi exaltação; mas isso é "café pequeno" se comparado a Sri Lanka.
7. *Education Through Music (ETM)*, Richards Institute, 149 Corte Madera Road, Portola Valley, CA 94025, ou P.O. Box 6249, Bozeman, MT 59771-6249. No Canadá: G. McGeorge, Box 1240, Chatham, Ontario, Canada (telefone: 519 674-2555).

   Waldorf School, Waldorf Institute of Spring Valley, Hungry Hollow Road, Spring Valley, NY 10977.

   Rudolph Steiner College, 9200 Fair Oaks Blvd., Fair Oaks, CA 95628.

   Workshop Way, Xavier University of Louisiana, 7325 Palmetto Street, Box 144C, New Orleans, LA 70125.

   Oakmeadow School, P.O. Box 712, Blackburg, VA 24063 (telefone: 703 552-3263).

   Blue Rock School, P.O. Box 722, West Nyack, NY 10994.
8. Ver Gardner 1985, p. 276. Luria (1977) observa que, com o desenvolvimento, diferentes centros do cérebro passam a ser dominantes.
9. Davies 1987, p. 41.

21. OPERAÇÕES FORMAIS

1. Arthur Koestler, amigo de Paul MacLean, considerava o fato de o hemisfério esquerdo não ter quase que nenhuma ligação com o estabilizador sistema límbico um erro da evolução. Eu diria que pode ser uma aposta da evolução, mas dificilmente um erro. Esse hemisfério, com sua capacidade de raciocínio abstrato, é uma ponte para que possamos atingir estados superiores de consciência. Seu afastamento dos sistemas anteriores é justamente o seu valor — e o que a natureza tinha em mente. Se ele acarreta um intelecto que age com desequilíbrio diante do resto do nosso sistema de vida, é erro nosso, e não da natureza.
2. MacLean 1977. Atualmente estamos absortos no conflito entre o fundamentalismo — proposições semanticamente rigorosas de crença — e certas mudanças de paradigma que ameaçam essas proposições "fundamentais". A religião em questão não vem ao caso; todo sistema egóico baseado em parâmetros será ameaçado se o sistema de crenças que dá forma à sua visão de mundo for ameaçada. Boa parte da educação de uma criança nos países islamitas consiste em decorar o Alcorão inteiro, uma façanha difícil que requer anos de estudo e molda o sistema conceitual em formação; depois esse conhecimento será defendido até a morte. A posição dos cristãos ou cientistas fundamentalistas é essencialmente a do crente muçulmano — exemplos daquilo que Paul MacLean chama de "cérebro tri-uno em conflito".
3. Williams e Herrup 1988; Chun 1987.
4. Ver Jamieson, *Journal of Educational Psychology*. Num estudo em que se disse aos professores que certos alunos, aleatoriamente escolhidos, eram muito inteligentes e "sapecas", esses alunos reagiram apresentando melhoras significativas em termos de QI ao longo do ano. Em outro estudo, com uma turma de alunos de 7 anos de idade, o professor foi informado de que o grupo era lento, e o rendimento geral foi baixo. Quando disseram a outro professor que esse mesmo grupo era

brilhante, o rendimento foi excepcionalmente bom. O fenômeno foi denominado *efeito Pigmalião*.
5. Changeux e Danchin, *Journal of Comparative Neurology*. "A aprendizagem produz uma redistribuição para as sinapses utilizadas mais freqüentemente."
6. De Brown 1988.
7. Alexander (1988) discute a descontinuidade entre as operações anteriores e os estágios superiores depois da adolescência.

22. GRANDES EXPECTATIVAS
1. Ver Staley 1988.
2. Ramamurthi 1988.

23. COMPENSAÇÃO E MORTE
1. Mark Mauer, *Young Black Men and the Criminal Justice System*. Washington D.C.: The Sentencing Project. Ver também Dr. Jerome Miller, National Center of Institutions and Alternatives.
2. Quando eu tinha 9 anos de idade, seria impossível para mim ou para qualquer um de meus colegas estuprar quem quer que fosse. Não tínhamos o equipamento para essa atividade — ele se desenvolvia, em quase todos nós, mais ou menos ao mesmo tempo, por volta dos 14 anos (que, do ponto de vista da História, era estatisticamente o momento para isso). Tampouco teríamos podido imaginar essa atividade, pois estávamos ocupados demais brincando.
3. Ver Schell 1984.
4. Na década de 60, Porto Rico sofreu uma grande seca: os Estados Unidos enviaram, além dos suprimentos de emergência, ração animal processada, para que as galinhas e os porcos — principais ingredientes da dieta dos habitantes da ilha — não morressem. Menos de um ano depois, as crianças porto-riquenhas de 5 anos, tanto meninos quanto meninas, criaram seios e as meninas começaram a menstruar. Não tendo sido expostos a esses hormônios do crescimento antes e sem ter criado tolerância contra eles, as crianças passaram a exibir esses e vários outros sinais de puberdade depois dessa súbita ingestão em larga escala.
5. A principal obra de Williamson e Pearce, *Science, Synthesis and Sanity*, originalmente publicada em 1954 e anos à frente de sua época, é como se fosse um "O Zen e a Arte da Manutenção do Organismo".

24. PÓS-OPERAÇÕES
Epígrafe: Thomas Wolfe, *A Stone, A Leaf, A Door: Poetic Excerpts From the Writings of Thomas Wolfe*. (Nova York: New American Libraries, 1947.)
1. Eu não sabia disso até ler Bernadette Roberts, que elucidou para mim toda uma bateria de enigmas, proporcionando-me uma mudança muito necessária na minha "curva de aprendizagem".
2. Brown 1988.
3. Alexander e Langer 1988.
4. Olds 1958. No mamífero cérebro límbico existe uma área bem delimitada, que é o nosso centro de "gratificação". James Olds descobriu isso há mais de trinta anos.

Com um eletrodo implantado nesse centro e a possibilidade de ativá-lo pressionando uma alavanca, os ratos renunciam a estímulos sexuais e à necessidade de comer e beber — na verdade, eles morrem de fome e sede para poder continuar ativando o eletrodo e mantendo a experiência. Temos uma área exatamente igual no nosso cérebro límbico.
5. Volta e meia, na meditação, o zumbido nos ouvidos passa às fontanelas, onde o percebo simplesmente como uma vibração. Às vezes, a vibração pode continuar assim por muitos dias; não ouço nenhum zumbido nos ouvidos e, no entanto, minha audição está intacta.

25. ACESSO AO CAMPO

Epígrafe: Oriental Philosophies, John M. Keller. (Nova York: Scribner's Sons, 1985.)
1. Leitores de versões anteriores de *O Fim da Evolução* perguntam-me por que inseri, um tanto abruptamente, Bernadette Roberts nas páginas finais da última edição revisada. A razão é que li o livro dela, *The Experience of No-Self*, convenci-me de sua autenticidade — já que, para minha surpresa, essa leitura provocou uma grande mudança no meu rumo de vida — e de que um avanço evolucionário importante se processou nela. Desde então, li muitas vezes os três livros que ela escreveu, participei de um retiro com ela e estou mais deslumbrado ainda diante da magnitude do que aconteceu. Os interessados que estiverem prontos para aceitar um desafio intelectual e espiritual podem adquirir seus dois primeiros livros, *The Experience of No-Self* e *The Path to No-Self*, por intermédio da State University of New York Press, State University Plaza, Albany, N.Y. 12246. Seu terceiro livro — talvez o mais importante e, sem dúvida, o mais difícil —, *What is Self?*, um estudo sobre a jornada espiritual em termos de consciência, publicado por Mary Botsford Goens, Austin, Texas, 1989, pode ser adquirido por meio de Joseph Conti, P.O. Box 18803, Los Angeles, CA 90018.
2. Normalmente, a cruz é símbolo de um sentimento — que, mais uma vez, é uma reação do sistema límbico (ligada à autocomiseração) e não um poder. Talvez por isso o protestantismo tenha produzido teólogos, intelectos religiosos, mas não santos.
3. West (1979) propõe um assombroso argumento que é uma grande prova da Esfinge de Gizé, o maior monólito (monumento feito em um só bloco de pedra) da terra, muito mais antigo que a civilização egípcia. Antes que um grupo de malumeks o usasse como alvo para seu canhãozinho nas primeiras guerras napoleônicas, a Esfinge incorporava três importantes figuras simbólicas: o corpo de um leão, uma cabeça humana e uma imensa serpente que saía da cabeça, na altura das fontanelas, e curvava-se sobre as sobrancelhas. Os malumeks acabaram com a grande serpente, que representa a energia criadora em sua antiga forma evolucionária. A Esfinge incorporava as três principais formas do nosso cérebro tri-uno e mostrava como o fim da nossa evolução estava em trazer o inferior ao superior — o reptiliano irrompendo pelo crânio. Uma explosão solar disposta em torno da cabeça representava a iluminação. Uma raça muito antiga entendeu não só a nossa natureza tri-una, mas também como o nosso estágio superior depende do alinhamento das ordens inferiores, "animais", que estão na nossa base. No nosso amadurecimento está o fim da jornada da evolução, desde o primeiro sistema neural até um estado além de todos os sistemas neurais.
4. Jensen, 1963.

Bibliografia

Nota: Uma de minhas maiores fontes de informação é o *Brain/Mind Bulletin*, Box 42211, Los Angeles, CA 90042. Refiro-me a ele como *BMB* ou, em alguns casos, *Themepacks* do *BMB*. Os *Themepacks*, compilações de determinados temas também disponíveis, são particularmente interessantes para os novos leitores do *BMB* que quiserem resumos dos últimos vinte anos de pesquisa. Além disso, acrescentei as fontes em que se baseiam os artigos do *BMB*, embora neles não constem as datas das publicações citadas.

Agressividade em crianças não-imaginativas. 1989. *BMB*. Fevereiro.
Ainsworth, Dra. Mary. s.d. Deprivation of maternal care: A reassessment of its effect. *Public Health Papers*. Genebra: World Health Organization [Organização Mundial da Saúde]. 14:97-165.
_____. 1967. *Infancy in Uganda*. Baltimore, MD: Johns Hopkins University Press.
_____. 1964. Patterns of attachment behavior shown by the infant in interaction with his mother. *Merrill-Palmer Quarterly*. 10:51-58.
Alexander, C. N., e Langer, E. J. (orgs.). 1988. *Higher Stages of Human Development: Adult Growth Beyond Formal Operations*. Nova York: Oxford University Press.
Arms, Suzanne. 1975. *Immaculate Deception: A New Look at Women and Childbirth in America*. Boston: Houghton Mifflin.
Barfield, Owen. 1971. *What Coleridge Thought*. Middletown, CT: Wesleyan University Press.
Bateson, Gregory. 1979. *Mind and Nature: A Necessary Unity*. Nova York: E. P. Dutton.
Beadle, Muriel. 1970. *A Child's Mind: How Children Learn During the Critical Years from Birth to Age Five*. Nova York: Doubleday.
Beaulieu, Clement, e Colonnier, Marc. *Journal of Comparative Neurology*. 266:478-94.
Becker, Robert, e Selden, Gary. 1985. *The Body Electric*. Nova York: Morrow.
Berard, Guy. 1983. Hearing and dyslexia. *BMB*. Vol. 8.
Berendt, Joachim-Ernst. 1987. *Nada Brahma, The World Is Sound (Music and the Landscape of Consciousness)*. Rochester, VT: Destiny Books. [*Nada Brahma: A Música e o Universo da Consciência*, publicado pela Editora Cultrix, São Paulo, 1993.]
Bergland, Richard. 1986. *Fabric of Mind*. Nova York: Viking; *BMB*. Dezembro de 1986.
Berndt, Rita Sloan. Thesaurus-like indexing of words in brain organized by specific categories. *Nature*. 316:439-40.
Bernard, J., e Sontag, L. 1947. Fetal reactions to sound. *Journal of Genetic Psychology*. 70:209-10.

Bettelheim, Bruno. 1987. The importance of play. *The Atlantic Monthly.* Março.
Blackmore, Susan. 1990. Dreams do what they're told. *New Scientist.* 6 de Janeiro.
Blair, Edmund. 1988. *Remembering and Forgetting.* Nova York: Walker.
Blindsight: An alternative mode of vision. 1977. *BMB.* 4 e 18 de abril.
Blum, Jeffrey. 1978. Pseudoscience and mental ability: The origins and fallacies of the I.Q. controversy. *Monthly Review Press.* Nova York.
Bohm, David. 1980. *Wholeness and the Implicate Order.* Londres: Routledge & Kegan Paul. [*A Totalidade e a Ordem Implicada*, publicado pela Editora Cultrix, São Paulo, 1992.]
_____. 1957. *Causality and Chance in Modern Physics.* Nova York: Van Nostrand.
Bohm, David, e Peat, David. F. 1987. *Science Order and Creativity.* Nova York: Bantam.
Bohm, David, e Weber, Renee. 1978. The enfolding-unfolding universe. *Re-Vision.* Verão/Outono: 35.
Bower, Gordon. State specific learning. *American Psychologist.* 36 (2):129-48; e *Journal of Experimental Psychology: General* 110 (4):451-73; *BMB.* Vol. 7. 1982.
Bower, T. G. R. 1966. The visual world of the infant. *Scientific American.* Dezembro de 1966.
Bowlby, J. 1969. "The Child's Tie to His Mother: Attachment Behavior." Em *Attachment.* Nova York: Basic Books.
Brackbill, Yvonne. 1979. "Effects of Obstetric Drugs on Human Development." Apresentado no congresso Obstetrical Management and Infant Outcome, patrocinado pela American Foundation for *Maternal and Child Health.* Novembro.
Brenner, D., Williamson, S. J., e Kaufman, L. 1977. Magnetic fields in the brain. *Science.* 31 de outubro. (19):480-81; *BMB.* Vol. 1 e 2, 1977.
Briggs, John. 1988. *Fire in the Crucible: The Alchemy of Creative Genius.* Nova York: St. Martin's Press.
Brown, David. 1988. Inside the schizophrenic brain. *The Washington Post.* 13 de dezembro.
Brown, et al. 1983. Intra-cellular recordings from cochlea inner hair cells. *Science.* 222. 7 de outubro.
Bruner, Jerome S. 1971. *The Relevance of Education.* Nova York: Norton.
_____. 1962. *On Knowing, Essays for the Left Hand.* Cambridge, MA: Belknap Press.
Bunge, Mary Bartlett, e Eldridge, Charles F. 1986. Linkage between axonal ensheathment and basal lamina production by Schwann cells. *Annual Review of Neuroscience.* 9:305-28.
Buzzell, Keith A. *The Neurophysiology of Television Viewing: A Preliminary Report.* Disponível por intermédio do próprio Dr. Keith A. Buzzell, 14 Portland Street, Fryeburg, ME 04037.
Campbell, Don (org.). 1991. *Music, Physician for Times to Come.* Wheaton, IL: Quest Books, The Theosophical Publishing House.
Cannon, W. B. 1939. *The Wisdom of the Body.* Nova York: Norton.
Cantin, Marc, e Genest, Jacques. 1986. The heart as an endocrine gland. *Scientific American.* Fevereiro, Vol. 254, nº 2:76.
Chamberlain, David. 1988. "Consciousness at Birth: A Review of the Empirical Evidence." Disponível por intermédio da Chamberlain Publications, 5164 35th St., San Diego, CA 92116.
_____. 1989. "The Expanding Boundaries of Memory", palestra proferida no IV Congresso Internacional de Psicologia Pré-natal e Perinatal. Amherst, MA. 5 de agosto.

_____. 1988. *Babies Remember Birth*. Los Angeles: Tarcher.

Changeux, J. P., e Danchin, A. Learning produces redistribution toward synapses that are more frequently used. *Journal of Comparative Neurology*. 266:478-94.

Cheek, David B. 1988. Prenatal and perinatal imprints: Apparent prenatal consciousness as revealed by hypnosis. *Pre- and Perinatal Psychology Journal*. 1, Inverno:97-110.

Chatwin, Bruce. 1987. *The Song Lines*. Londres: Picador, Jonathan Cape.

Chugain, Harry. 1987. 50 percent more synaptic connections in children than adults. *BMB*. Agosto.

Chun, J. J. M. 1987. Fetal protobrain. *Nature*. 325:617-20; *BMB*. Agosto de 1987.

Cloninger, Robert. Three brain chemical systems. *Science*. 236:410-16.

_____. *Archives of General Psychiatry*. 44: 573-38.

_____. 1986. *Psychiatric Developments* 3:167-226; Relatório no *BMB*. Setembro de 1987.

Condon, William, e Sander, Louis. 1974. Neonate movement is synchronized with adult speech: Interactional participation and language acquisition. *Science*. Janeiro 11:99-101.

_____. *BMB*. Vol. 1 e 2, 1977. "More Evidence for Innate Language Concept." "[...] pode ser que haja um vínculo entre os seres humanos, que talvez estejam participando de formas organizacionais compartilhadas, em vez de serem entidades isoladas, que enviam mensagens separadas."

_____. Entradas em *Child Development* 45:456-62.

_____. *Science* 183:99-101.

_____. *Journal of Autism and Childhood Schizophrenia* 5 (1) 37-56.

Cooper, Lynn, e Shepard, Roger. 1985. Spatial rotation mimics real rotation of objects. *Scientific American*. 256:106-14; *BMB*. Vol. 10, 1985.

Coren, Stanley, e Girgus, Joan Stern. 1979. *Seeing is Deceiving: The Psychology of Visual Illusions*. Somerset, NJ: Halsted/Wiley.

David, Henry. Relatório apresentado na 97ª reunião da American Psychological Association, sobre estudos checos a respeito de crianças não-desejadas. *BMB*. Novembro de 1989. Dytrich David, Z., Matejcek, Z., e Schuller, V. 1988. *Born Unwanted: The Developmental Effects of Denied Abortion*. Nova York: Springer Pub.

Davidson, Richard, e Fox, Nathan. Left hemisphere processes positive feelings, right, negative. *Science*. 218:1235-37; *BMB*. Vol. 8. *BMB* Themepack nº 15, 1983.

Davies, Paul. 1987. The creative cosmos. *The New Scientist*. 17 de dezembro.

De Chateau, Peter, e Wiberg, Britt. 1977. Long-term effect on mother-infant behavior of extra contact during the first hour post partum. *Acta Paediatrix*. 66:137-43.

Desrochers, Allan, e Desrochers, Alain. *Canadian Journal of Psychology*. 33:17-28; *BMB*. Vol. 4, 1979.

Dias, M. G., e Harris, P. L. Make-believe imagining increases ability to reason in young children. *British Journal of Developmental Psychology*. 6:207-21.

Eckhart, Meister. 1980. *Breakthrough: Meister Eckhart's Creation Spirituality*. Organizado e comentado por Matthew Fox. Nova York: Doubleday.

Edelman, Gerald. 1987. *Neural Darwinism: The Theory of Neuronal Group Selection*. Nova York: Basic Books.

Ellisman, Mark H., Palmer, Darryl Erik, e Andre, Michael P. 1987. Diagnostic levels of ultrasound may disrupt myelination. *Experimental Neurology* 90:78-92.

Epstein, Gerald. Imagination-sense realm not subject to laws of time-space. *Advances.* 3 (1):22-31.
Epstein, Gerald, e Fanning, Patrick. 1989. Mental imagery may well become most dramatic tool for healing. *BMB.* Setembro.
Epstein, Herman T. 1974. "Phrenoblysis: Special Brain and Mind Growth Periods." In *Developmental Psychology.* Nova York: Wiley.
Fantz, Robert L. 1961. The origin of form perception. *Scientific American.* Maio: 66-72.
_____. 1958. Pattern vision in young infants. *Psychological Review.* 8:43-47.
Farber, Susan L. 1980. *Identical Twins Reared Apart.* Nova York: Basic Books.
Feinberg, Leonard. 1959. Firewalking in Ceylon. *Atlantic Monthly.* Maio.
Ferguson, Marilyn. 1980. *The Aquarian Conspiracy, Personal and Social Transformation in Our Time.* Los Angeles: Tarcher.
Feynman, Richard P. 1985. *QED The Strange Theory of Light and Matter.* Princeton, NJ: Princeton University Press.
Finke, Ronald. 1987. Imagery and vision. *Scientific American.* Março.
Fisher, Charles, et al. A psychological study of nightmares and night terrors. *Journal of Nervous and Mental Disease.* 187 (2).
Flor-Henry, Pierre. 1985. Left hemisphere mediates positive states. *BMB.* Vol. 10. *BMB* Themepack nº 15.
Foulkes, David. 1971. "Longitudinal Studies of Dreams in Children." In *Dreaming Dynamics,* organizado por Masserman. NY: Grune and Stratton.
Fox, Matthew. 1983. *Meditations with Meister Eckhart.* Santa Fe, NM: Bear & Co.
Frank, Ian, e Levinson, Harold. 1976-1977. Non-conscious knowing: Mediated by cerebellum. *Academic Therapy.* Inverno. 12(2): 133-53.
Furth, Hans G. 1973. *Deafness and Learning.* Nova York: Wadsworth.
_____. 1970. *Piaget and Knowledge.* Englewood Cliffs, NJ: Prentice-Hall.
_____. 1966. *Thinking without Language.* Nova York: The Free Press.
Gackenbach, Jayne, e Bosveld, Jane. 1989. *Control Your Dreams: How Lucid Dreaming Can Help You Uncover Your Hidden Desires, Confront Your Hidden Fears, Explore the Frontiers of Human Consciousness.* Nova York: Harper & Row.
Gardner, Howard. 1985. *The Mind's New Science.* Nova York: Basic Books.
_____. 1983. *Frames of Mind.* Nova York: Basic Books.
Gazzaniga, Michael S. 1988. *Mind Matters: How Mind and Brain Interact to Create Our Conscious Lives.* Boston: Houghton Mifflin.
_____. 1985. *The Social Brain.* Nova York: Basic Books.
Geber, Marcelle. 1958. The psycho-motor development of African children in the first year and the influence of maternal behavior. *Journal of Social Psychology.* 47:185-95.
Giorgi, D. How the brain wraps up. *New Science.* 112:26, 486.
Goleman, Daniel. 1989. Doctors find that surgical patients may still "hear" despite anesthesia. *The New York Times.* 26 de outubro.
Gould, Gordon. 1988. "Inventors on Art, Intuition, Overcoming Resistance." *BMB.* 4 de junho.
Gould, Stephen Jay. 1987. *Time's Arrow, Time's Cycle.* Cambridge, MA: Harvard University Press; citado em *BMB.* Dezembro de 1987.
Grosvernor, Donna, e Grosvernor, Gilbert. 1966. Ceylon. *The National Geographic Magazine.* 120 (4).

Hales, D., Lozof, B., Sosa, R., e Kennell, J. 1977. Defining the limits of the maternal sensitive period. *Developmental Medicine and Child Neurology.* 19 (4): 454-61.

Harlow, Harry F. 1959. Love in infant monkeys. *Scientific American.* Junho.

Harlow, Harry F. e Harlow, Margaret. 1962. Social deprivation in monkeys. *Scientific American.* Novembro.

Harwood, A. C. 1940. *The Way of a Child: An Introduction to the Work of Rudolph Steiner for Children.* Londres: Rudolph Steiner Press.

Harwood, W. S. 1904-1905. A wonder-worker of science: An authoritative account of Luther Burbank's unique work in creating new forms of plant life. *The Century Magazine.* (69): 838.

Hasted, John. 1981. *The Metal Benders.* Londres: Routledge & Kegan Paul.

Haviland, Jeannette. 1988. Effects of mood on adolescent intelligence. *Society for Research in Adolescence.* Março.

Hayes, Donald, e Birnbaum, Dana. 1980. Mixing sound and video tracks unrecognized by young children. *Developmental Psychology.* 16 (5): 410-16. *BMB.* Vol. 5. *BMB* Themepack nº 9.

Healy, Jane M. 1990. *Endangered Minds: Why Our Children Don't Think.* Nova York: Simon & Schuster.

Heit, Gary, Halgeren, Eric, et al. 1988. Memory. *Nature.* 333:773-75; *BMB.* Setembro de 1988.

Hepper, Peter. 1990. Effect of heartbeat on infants. *British Journal of Psychiatry.* 155:289-93; *BMB.* Junho de 1990.

Herman, John. 1984. Dreaming affected by daytime experience. *BMB* Themepack nº 9.

Hilgard, Ernest R. 1976. Two separate cognitive systems. *BMB.* Vol. 1. *BMB* Themepack nº 9, 15 de março.

_____. 1965. *Hypnotic Susceptibility.* Nova York: Harcourt Brace.

Holden, Janice Miner, e Guest, Charlotte. 1991. *Journal of Transpersonal Psychology* 22:1-16; *New Sense Bulletin (BMB)* Vol 16, nº 12. Setembro de 1991.

Hubel, David. 1988. Vision and the brain. *Los Alamos Bulletin* 16.

_____. 1983.

Hudspeth, William J., e Pribram, Karl H. 1992. "Psychophysiological indices of cerebral maturation." *International Journal of Psychology.* 12:19-29.

Hull, David, Klaus, Marshall, e Kennell, John H. 1976. Parent-to-infant attachment. *Recent Advances in Pediatrics.* Nº 5.

Jacobson, Bertil, Nyberg, Karin, Eklund, Gunnar, Bygdeman, Marc, e Rydberg, Ulf. 1988. Obstetric pain medication and eventual adult amphetamine addiction in offspring. *Acta Obstet Gynecol Scand.* 67:677-82.

Jahn, Robert G., e Dunne, Brenda J. 1987. *Margins of Reality: The Role of Consciousness in the Physical World.* San Diego: Harvest Books, Harcourt Brace Jovanovich.

Jamieson, David. 1988. Teacher image affects students. *Journal of Educational Psychology.* 79:461-66; Listening, speaking, and the brain. *BMB.* Vol. 13. *BMB* Themepack nº 7, abril de 1988.

Jay e Sparks. 1984. Auditory receptive fields change with eye position. *Nature.* 309:345-47. 24 de maio.

Jenny, Hans. 1984. Sound and viscous liquids forming geometric patterns. *BMB.* Vol. 9. *BMB* Themepack nº 5.

Jensen, Adolf E. 1963. *Myth and Cult among Primitive Peoples*. Chicago: University of Chicago Press.
Jindrak, Kare, e Jindrak, Heda. 1988. *Medical Hypotheses*. 25:17-20; Listening, speaking, and the brain. *BMB*. Julho de 1988.
Johnson, Marcia. Perception and imagination. *Journal of Experimental Psychology*. 117:390-94.
Johnson, Roger. 1980. Discurso proferido no encontro da American Psychological Association em Nova York. *BMB* Themepack.
Jones, Blurton N. 1972. *Ethnological Studies of Child Behavior*. Nova York: Cambridge University Press.
Josephson, Brian. 1975. Possible connections between psychic phenomena and quantum mechanics. *The Academy*. 14, nº 4 (Dezembro).
Kafatos, Menas, e Nadeau, Robert. 1990. *The Conscious Universe: Part and Whole in Modern Physical Theory*. Nova York: Springer-Verlag.
Katz, Richard. 1982. Boiling Energy: Community Healing Among the Kalahari !Kung. Cambridge, MA: Harvard University Press.
Kaufman, C., e Rosenbloom, L. 1967. Depression in infant monkeys. Science. Fevereiro.
Keeton, William. 1977. Maybe "birdbrain" is a misnomer. *BMB* Themepack 16:2.
Keltikangas-Jarvinen, Liisa, e Kangas, Paula. Inability to imagine alternative behaviors is a cause of aggression in children. *Aggressive Behavior* 14:255-64.
Kennell, John H., e Klaus, Marshall H. 1979. "Early mother-infant contact: Effects on breastfeeding." In *Breastfeeding and Food Policy in a Hungry World*. Nova York: Academic Press.
Kennell, John H., Trause, Mary Anne, e Klaus, Marshall H. 1975. Evidence for a Sensitive Period in the Human Mother. Parent-Infant Interaction: CIBA Foundation Symposium 33.
Klaus, Marshall. 1972. Maternal attachment: Importance of the first post-partum days. *New England Journal of Medicine*. 9:286.
_____. 1970. Human maternal behavior at the first contact with her young. *Pediatrics*. 46, (2): 187-92.
Knudsen, Eric, duLac, Sascha, e Esterly, Steven D. 1987. Computational maps in the brain. *Annual Review of Neurosciences*. 10:41-65.
Lacey, John, e Lacey, Beatrice. 1977. "Conversations Between Heart and Brain." Rockville, MD: Bulletin, National Institute of Mental Health. Novembro; *BMB*. Março de 1987.
Laird, James. 1983. Strong link between emotion and memory. *Journal of Personality and Social Psychology*. 42:646-57; *BMB*. Vol. 8. 1983.
Landau, Barbara. 1981. Brain maps. *Science*. 213:1275-77; *BMB*. Vol. 6. 1981.
Langer, Susanne K. 1942. *Philosophy in a New Key*. Cambridge, MA: Harvard University Press.
Laski, Marghanita. 1962. *Ecstasy, A Study of Some Secular and Religious Experiences*. Bloomington: Indiana University Press.
Levi-Montalchini, Rita. 1988. *In Praise of Imperfection: My Life and Work*. Nova York: Basic Books (Sloane Research Series).
Levine, Seymour. 1960. Stimulation in infancy. *Scientific American*. Maio, 80-86.

Liedloff, Jean. 1987. *The Continuum Concept: Allowing Human Nature to Work Successfully.* Reading, MA: Addison-Wesley.

Lippin, Richard. Methadone and injuries. Reported by Michael Holden on endorphin system. *Journal of Primal Therapy* 4:117-39; BMB. Vol. 3. 1977.

Lorber, John. 1980. Is the brain really necessary? *Science.* 210: 1232-34.

Lozoff, B. 1978. The mother-newborn relationship: Limits of adaptability. *Pediatrics.* 71 (1):1-12.

Luria, A. R. 1977. *The Neuropsychology of Memory.* Nova York: Halstead/Wiley; BMB Themepack nº 9. 1977.

_____. 1961. *The Role of Speech in Normal and Abnormal Behavior.* Nova York: Liveright.

Lusseyran, Jacques. 1988. *And There was Light.* Nova York: Parabola Books.

Lynch, James. 1987. *The Language of the Heart.* Nova York: Basic Books.

MacLean, Paul D. 1985. Brain evolution relating to family, play, and the separation call. *Archives of General Psychiatry.* Volume 42. Abril.

_____. 1978. A mind of three minds: Educating the triune brain. Separata de *Seventy-seventh Yearbook of the National Society for the Study of Education.* Chicago.

_____. 1977. "The Triune Brain in Conflict." In *Psychotherapy and Psychosomatics*, organizado por P. O. Sifneos. Suíça: S. Karger, Basiléia.

_____. 1976. "The Imitative-Creative Interplay of Our Three Mentalities." In *Astride the two Cultures: Arthur Koestler at 70*, organizado por H. Harris. Nova York: Random House.

_____. 1975. "Sensory and Perceptive Factors in Emotional Functions of the Triune Brain." In *Emotions — Their Parameters and Measurement*, organizado por L. Levi. Nova York: Raven Press.

Magid, Ken, e McKelvey, Carole. 1988. *High Risk: Children Without a Conscience.* Nova York: Bantam Books.

Mander, Jerry. 1977. *Four Arguments for the Elimination of Television.* Nova York: Morrow.

Manning, Mathew. 1975. *The Link.* Londes: Van Duren Press.

Marcel, Anthony, e Conkin, Emmanuel. 1984. Recent studies show strong role for unconscious in everyday life. *BMB.* Vol. 9. BMB Themepack nº 11.

Maturana, Humberto R., e Varela, Francisco J. 1987. *The Tree of Knowledge: The Biological Roots of Human Understanding.* Cambridge, MA: New Science Library.

Maunsell, John H. R., e Newsome, William T. 1987. Visual processing in monkey extrastriate cortex. *Annual Review of Neuroscience.* 10:363-401.

McDermott, Robert A. (org.). 1984. *The Essential Steiner: Basic Writings.* San Francisco: Harper & Row.

McFarland, Richard, e Kennison, Robert. 1988. *Journal of General Psychology.* 115:263-72.

McKellar, Peter. 1957. *Imagination and Thinking, A Psychological Analysis.* Nova York: Basic Books.

Mikulak, Marcia. 1991. *The Children of a Bambara Village.* Santa Fe, NM: Santa Fe Research.

Mitchell, Gary. 1975. What monkeys can tell us about human violence. *The Futurist.* Abril.

Mitford, Jessica. 1990. Teach midwifery, go to jail. *This World.* 21 de Outubro: 7-12.

Monroe, Robert. 1971. *Journeys Out of the Body.* Garden City, NY: Doubleday.

Montagu, Ashley. 1971. *Touching: The Human Significance of Skin*. Nova York: Columbia University Press.
_____. 1964. *Life Before Birth*. Nova York: New American Library.
_____. 1962. *Prenatal Influences*. Springfield, IL: Charles C. Thomas.
Muktananda, Baba. 1978. *The Play of Consciousness*. San Francisco: Harper & Row.
Muller-Ortega, Eduardo Paul. 1989. *The Triadic Heart of Siva: Kaula Tantracism of Abhinavagupta in the Non-Dual Shaivism of Kashmir*. Albany, NY: SUNY.
Nathans, Jeremy. 1987. Molecular biology of visual pigments. *Annual Review of Neuroscience*. 10:163-94, esp. 181.
Nazario, Sonia L. 1990. Midwifery is staging revival as demand for prenatal care, low-tech births rises. *The Wall Street Journal*. 25 de setembro.
Odent, Michael. 1986. *Primal Health: A Blueprint for Our Survival*. Londres: Century Pub.
_____. 1981. The evolution of obstetrics at pithiviers. *Birth and the Family Journal*. 8, nº 1 (Primavera).
Olds, James. 1958. Self-stimulating of the brain. *Science*. Vol. 127, nº 3294, 14 de fevereiro.
Ounce of Prevention: Toward an Understanding of the Causes of Violence, An. 1981. Relatório preliminar à população da Califórnia, publicado pela State of California Commission on Crime Control and Violence Prevention. Stanley M. Roden, Presidente.
Patizzi e Robertson. 1988. Tuning in the mammalian cochlea. *Physical Review*. 68:100. Outubro.
Pearce, Joseph C. 1985. *Magical Child Matures*. Nova York: Dutton.
_____. 1983. Nurturing intelligence: The other side of nutrition (discurso proferido no World Health Organization and MacCarrison Medical Society Conference on Nutrition and Childbirth, Oxford University, 1982). *Nutrition and Health*. Londres: A. B. Academic Publishers. 1:143-52.
_____. 1977. *Magical Child*. Nova York: Dutton.
_____. 1971. *The Crack in the Cosmic Egg*. NY: Julian Press.
Pearse, Innes H. 1979. *The Quality of Life: The Peckham Approach to Human Ethology*. Edimburgo: Scottish Academic Press.
Penfield, Wilder. 1977. *The Mystery of the Mind*. Princeton, NJ: Princeton University Press.
Peterson, James W. 1987. *The Secret Life of Kids: An Exploration into Their Psychic Senses*. Wheaton, IL: Quest.
Pettit, Thomas. 1981. Report on Anna Mae Pennica, Jules Stein Eye Institute, UCLA, Los Angeles. *BMB*. Vol. 6. *BMB* Themepack nº 9.
Piaget, Jean. 1951. *The Child's Conception of the World*. Nova York: Humanities.
Power, Roderick. 1981. *Perception*. 10:29; We believe what we see over other sensory input. *BMB*. Vol. 6. 1981.
Prescott, James W. 1975. Body pleasure and the origins of violence. *The Futurist*. Abril.
_____. 1974. Touching. *Intellectual Digest*. 6-8 de março.
Pribram, Karl. 1982. "What the Fuss Is All About." In *The Holographic Paradigm*, organizado por Ken Wilber. Boulder, Londres, Shambhala. [*O Paradigma Holográfico e outros paradoxos*, publicado pela Editora Cultrix, São Paulo, 1991.]
_____. 1977. Primary reality in frequency realm. *BMB*. Vol. 1 e 2.

Prigogine, Ilya. 1984. *Order out of Chaos*. Nova York: Bantam Books.
Prose, Francine. 1990. Confident at eleven, confused at sixteen. *The New York Times Magazine*. 7 de janeiro.
Rakic, Pasko. 1986. Overproduction of neural systems in development and elimination of large population of cells. *Science*. 232:233-35; Developing brain full of surprises. *BMB*. Agosto de 1987.
Ramamurthi, B. 1988. "The Challenge of the Internal Universe." The Sir C. V. Raman Centenary Lecture at the Anna University. 9 de dezembro.
Restak, Richard. 1984. *The Brain*. Nova York: Bantam Books.
Richardson, Rick. 1986. State-bound recall. *Animal Learning and Behavior*. 14:73-79.
Ringler, Norma; Trause Mary; Klaus, Marshall, e Kennell, John. 1978. The effects of extra post-partum contact and maternal speech patterns on children's IQs, speech, and language comprehension at five. *Child Development*. 49:862-65.
Rochlin, Gregory. 1961. "The Dread of Abandonment: A Contribution to the Etiology of the Loss Complex and to Depression." *In The Psychoanalytic Study of the Child*, Vol. 16. Nova York: International University Press.
Rosenberg, Martin. 1983. Tinitus may exaggerate ear's normal sounds. *BMB*. Vol. 8.
Rosenfield, Isaac. 1988. *The Invention of Memory*. Nova York: Basic Books. *BMB*. Julho de 1988.
Ross, Elliott. 1982. Depression as disorder of brain. *The Sciences*. 22(2):8-12.
Ross, John. 1977. Unconscious interpretation precedes "seeing". *Scientific American*. Março.
Sacks, Oliver. 1984. *A Leg to Stand On*. Nova York: Harper & Row.
Saltz, Eli. 1979. Imaginative play and learning. *BMB* Themepack nº 11.
Sandman, Curt. 1987. Influence of heart on brain/mind. *BMB*. Março.
Schatz, Carla. 1989. Pioneer cells in early neural networks. *Science*. 245:978-82.
Schell, Orville. 1984. *Modern Meat: Antibiotics, Hormones and the Pharmaceutical Farm*. Nova York: Random House.
Sergent, Justine. 1983. Human Perception and Performance. *Journal of Experimental Psychology*. 8:1-13, 253-58; *BMB*. Vol. 7. 1983.
_____. 1988. Split-brains. *Brain*. 109:357-69. *BMB*. Maio de 1988.
Shapely, Robert, e Lennie, Peter. 1985. Spatial frequency analysis in the visual system. *Annual Review of Neuroscience*. 8:547-83.
Sheldrake, Rupert. 1982. *A New Science of Life, The Hypothesis of Formative Causation*. Los Angeles: Tarcher.
Sheppard, Kenneth. 1983. Multiple personalities and vision. *BMB*. Vol. 8.
Shields, Eloise. 1976. *Research in Parapsychology*. Metuchen, NJ: Scarecrow Press.
Shimony, Abner. 1988. The reality of the quantum world. *The Scientific American*. Vol. 258, nº 1. Janeiro.
Siegle, Ron. 1980. Universal forms of hallucination aid brain research. *BMB*. Vol. 5. *BMB* Themepack nº 7.
Sky, Michael. 1989. *Dancing with the Fire: Transforming Limitation Through Firewalking*. Santa Fe, NM: Bear & Co.
Smith, Carlyle, e Kelly, Gina. 1988. *Physiology and Behavior* 43:213-16.
Solomon, George. Early handling increases immunity. *Journal of Neuroscience*. 18:1-9.

Sperry, Roger. 1987. *Perspectives in Biology and Medicine*. 29:413:22; Sperry vê a mente no alto da hierarquia. *BMB*. Março de 1987.
Spitz, Renee. 1965. *The First Year of Life: A Psychoanalytic Study of Normal and Deviant Development of Object Relations*. Nova York: International Universities Press.
Staley, Betty. 1988. *Between Form and Freedom: A Practical Guide to the Teenage Years*. Stroud, U.K.: Hawthorne Press.
Sternberg, Saul. 1975. The brain as supercomputer. *Quarterly Journal of Experimental Psychology*. 27; *BMB* Vol 1 e 2. *BMB* Themepack nº 11. 1977.
Stewart, David. *The Five Standards for Safe Childbearing*. Disponível por intermédio da NAPSAC International, Box 646, Marble Hill, MO 63764.
Storfer, Miles. 1990. *Intelligence and Giftedness: The Contributions of Heredity and Early Environment*. San Francisco: Jossey-Bass.
Tart, Charles R. (org.). 1969. *Altered States of Consciousness, A Book of Readings*. Nova York: Wiley.
Tart, Charles, Puthof, Harold, e Targ, Russel (orgs.). 1980. *Mind at Large*. Nova York: Praeger.
Taubes, Gary. 1989. The body chaotic. *Discover*. Maio: 62ss.
Tomatis, Alfred. 1991. "Chant, the Healing Power of Voice and Ear." *In Music, Physician for Times to Come*, organizado por Don Campbell. Wheaton, IL: Quest.
Towbin, Abraham. 1968. Birth spinal injury and sudden infant death. *The Spartanburg, South Carolina Journal*. 2 de março.
Transmitters in heart tissue. 1983. *New Science*. 14 de julho, p. 99.
Treffert, Darold. 1989. *Extraordinary People: Redefining the "Idio-Savant"*. Nova York: Harper & Row.
Truth Seeker, The. 1989. (Edição relativa à circuncisão hospitalar rotineira de recém-nascidos do sexo masculino e outras atrocidades.) Julho/Agosto.
Tweedie, Irina. 1986. *Daughter of Fire: The Diary of a Spiritual Training with a Sufi Master*. Nevada City, CA: Blue Dolphin Pub.
Ullman, Shimon. 1986. Artificial intelligence and the brain. *Annual Review of Neuroscience*. 9:1-26.
Vasiliev, Leonid. 1977. Unusual long-distance vision. *BMB* Vol. 1 e 2. *BMB* Themepack nº 15.
von der Heyt, R. 1984. Visual illusions in higher brain centers. *Science*. 224:1260-62; *BMB*. Vol. 9. 1984.
von Senden, M. 1960. *Space and Sight: The Perception of Space and Shape in the Congenitally Blind before and after Operation*. Londres: Methuen.
Wald, George. 1988. Cosmology of life and mind. *Los Alamos Bulletin* nº 16.
Wallach, Charles, 1990. Infant telepathy. *BMB*. Vol. 15. nº 5. Fevereiro.
Weinberger, Norman. 1984. Unconscious Learning. *Science*. 223:605-7.
West, John Anthony. 1979. *Serpent in the Sky: The High Wisdom of Ancient Egypt*. Nova York: Harper & Row.
White, Burton. 1975. *The First Three Years of Life*. Englewood Cliffs, NJ: Prentice-Hall.
Whittlestone, W. G. 1978. The physiology of early attachment in mammals: Implications for human obstetric care. *The Medical Journal of Australia*. 14 de janeiro. 1:50-53.
Wickes, Frances. 1968. *The Inner World of Childhood*. Nova York: Appleton-Century-Crofts.

Wikswo, John, Barach, John, e Freeman, John. 1980. Magnetic fields. *Science*. 208:_ 55; *BMB*. Vol. 5. 1980.

Wilber, Ken (org.). 1982. *The Holographic Paradigm: And Other Paradoxes*. [*O Paradigma Holográfico e outros paradoxos*, publicado pela Editora Cultrix, São Paulo, 1991.]

Williams, Robert W., e Herrup, Karl. 1988. The control of neuron number. *Annual Review of Neuroscience*. 2:423-53.

Williamson, Scott G., e Pearse, Innes H. 1980. *Science, Synthesis and Sanity: An Enquiry into the Nature of Living*. Edimburgo: Scottish Academic Press.

Windle, W. F. 1969. Brain damage by asphyxia. *Scientific American*. Outubro.

Winson, Jonathan. 1985. *Brain and Psyche: The Biology of the Unconscious*. Garden City, NY: Anchor Press/Doubleday.

Wong, Robert, e Miles, Richard. 1984. Single neuron entrains populations. *Nature* 306:371-73; *BMB*. Vol. 9. 1984.

Woods, Bryan, e Carey, Susan. 1980. Age 8 threshold of vulnerability in language recovery. *Annals of Neurology*. 6:405-9; *BMB*. Vol. 5. 1980.

Zihl, Josef. 1980. *Neurophysiologia*. 18:71-7; Blindsight: Training an alternative mode of vision. *BMB*. Maio de 1980.

Zimmler, Jerome, e Keenan, Janice. 1983. Visual images and spatial configuration of images in congenitally blind. *Journal of Experimental Psychology*. 9:269-82; *BMB*. Vol. 8. 1983.

Zuccarelli, Hugo. 1981. Holophonic sound. *BMB*. 15 de julho.

Zurek, Paul. *Scientific American*. 244 (5):96-7.